Das Buch

Indianerleben, wie es wirklich gelebt wurde in den ersten Jahrzehnten unseres Jahrhunderts, als die alten indianischen Lebensgemeinschaften Nordamerikas mehr und mehr von den weißen Eindringlingen gestört, ja zerstört wurden. Ohne Beschönigung, in anrührender Einfachheit und Lebendigkeit berichten indianische Frauen und Männer von ihrem Leben in der freien Natur, vom täglichen Überlebenskampf, von Nahrungssuche und Jagd, von Sexualität und Liebe, Familien- und Stammesleben, Sitten, Riten, religiösen Vorstellungen – und vom Eindringen der Weißen, von Alkoholismus, Verelendung und sozialer Desintegration. Der Herausgeber präsentiert aus dem breiten Fundus von Berichten, die in Archiven lagern, ein Bild ganz Nordamerikas, von den Cheyenne im Süden bis zu den Inuit (Eskimos) im Norden, ein Bild multikultureller Stammesvielfalt, die in der romantischen Indianerliteratur stets auf »den« Indianer reduziert wurde. Auch berücksichtigt er viele Erzählungen von Frauen, wie sie bisher selten veröffentlicht wurden. Einleitung und Zwischentexte führen kompetent ein in die Stämme und Völker, schildern die Zusammenhänge und geben die notwendigen Hintergrundinformationen.

Der Herausgeber

Hartmut Krech, 1951 geboren, Dr. phil., Mitarbeiter großer Museen in England und Deutschland. Veröffentlichungen zur Geschichte, Kultur und Gegenwart der nordamerikanischen Ureinwohner. Mehrjährige Tätigkeit für die Menschenrechte der Indianer. Sein besonderes Interesse gilt der Anerkennung und Entwicklung kultureller Verschiedenheit.

Meine Seele wird nach Süden ziehen

Lebensgeschichten, von
nordamerikanischen Indianern erzählt

Mit 19 zeitgenössischen Fotografien
von Edward S. Curtis

Herausgegeben, übersetzt und eingeleitet von
Hartmut Krech

Deutscher
Taschenbuch
Verlag

Für Waka und Shiho

Ungekürzte Ausgabe
Dezember 1995
Deutscher Taschenbuch Verlag GmbH & Co. KG,
München
© der deutschsprachigen Ausgabe:
1993 Deutscher Taschenbuch Verlag GmbH & Co. KG,
München
Dieses Buch erschien zuerst 1993 im
Carlsen Verlag GmbH, Hamburg
ISBN 3-551-85009-7
Umschlaggestaltung: Costanza Puglisi unter Verwendung
einer Fotografie von Edward S. Curtis
Satz: Dörlemann Satz, Lemförde
Druck und Bindung: C. H. Beck'sche Buchdruckerei,
Nördlingen
Printed in Germany · ISBN 3-423-30508-8

Inhalt

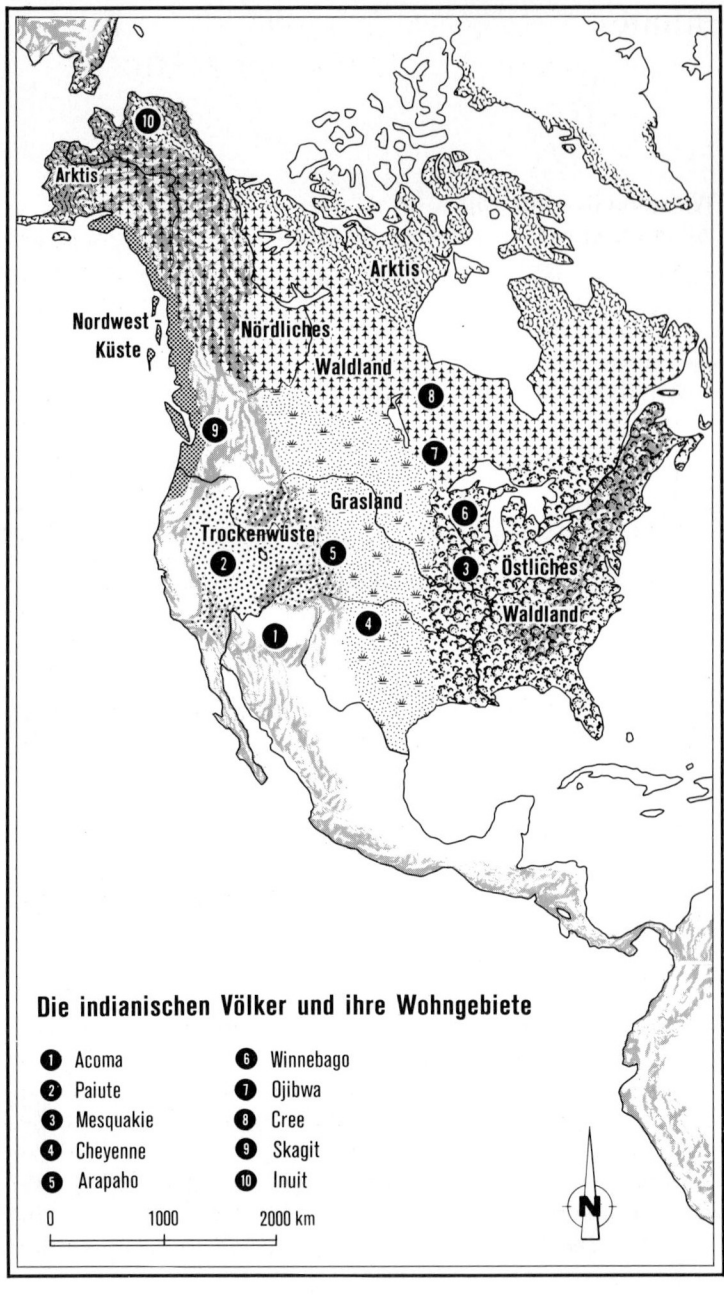

Die indianischen Völker und ihre Wohngebiete

1 Acoma		**6** Winnebago	
2 Paiute		**7** Ojibwa	
3 Mesquakie		**8** Cree	
4 Cheyenne		**9** Skagit	
5 Arapaho		**10** Inuit	

0   1000   2000 km

Wir sprechen eure Sprache –
Innenansichten indianischer Kulturen

Die Indianer sind unter uns. Während wir noch zögern, ob wir den braunhäutigen Menschen vor unserer Tür öffnen sollen, gehören die Erfindungen der amerikanischen Ureinwohner schon längst unserem Alltag an. Machen wir doch einmal den Versuch und stellen wir uns eine Welt vor, in der die Leistungen indianischer Kulturen fehlten.

Zunächst müßten wir auf die Lebens-, Heil- und Genußmittel verzichten, die Indianer zum Nutzen aller Menschen entdeckt haben: Kartoffel, Tomate, Mais, Kürbis, Erdnuß, Ananas, Chinin, Kakao, Tabak und vieles mehr. Die Wolkenkratzer moderner Städte wären ohne das direkte Vorbild indianischer Siedlungsbauten erst sehr viel später entstanden. Kanu, Kajak, Schlitten, Hängematte und Iglu-Zelt haben sich überall auf der Welt bewährt. Poncho, Anorak und Parka sind nur einige Beispiele für die Schöpfungen indianischer Kulturen, an die wir uns gewöhnt haben. Ohne den Gedankenreichtum, die Phantasie und den Erfindergeist der ersten Amerikaner ständen wir Europäer heute wie vor fünfhundert Jahren als Bettler vor den Türen der Reichen.

Die wertvollste Gabe Amerikas könnte aber der Glaube sein, eine neue Welt entdeckt zu haben. Die unvollständigen Seekarten überzeugten zu Beginn der Neuzeit jeden in Europa, daß man die Pforten in ungesehene Räume aufgestoßen hatte. Nicht nur das: Die Bewohner des Doppelkontinents schienen ihren Eroberern eine urtümliche Freiheit zu beweisen, die in Europa nicht lange nach dem Ende der letzten Eiszeit untergegangen war. Unbeeinflußt von den Viehzüchterkulturen in den Großreichen der Alten Welt waren in Amerika Tendenzen fortgeführt worden, die zum ältesten Gemeinbesitz der Menschheit gehören. Auch die indianischen Kulturen hatten manchen Irrweg beschritten, doch gleichzeitig mit ihrer Unterwerfung und Ausrottung wurden sie noch zu Modellen eines anderen, freieren Zusammenlebens erklärt.

Allerdings spricht nicht viel dafür, daß in Amerika eine

»neue« Welt entdeckt wurde. Nur für Kartographen bildet die Meerenge zwischen Amerika und Asien eine natürliche Grenze. Den Menschen, die seit Jahrtausenden an den Küsten des Ozeans lebten, kam es nie in den Sinn, einen neuen Kontinent zu betreten, nachdem sie in ihren Booten der warmen Meeresströmung gefolgt waren. Mit den Mitteln ihrer Kultur erhielten sie eine ständige Verbindung zwischen Sibirien und Alaska aufrecht.

Aus der Sicht der Ureinwohner beginnt Amerika bereits in Asien. Die »Neue Welt« ist für sie ein Mißverständnis oder ein uneingelöstes Versprechen. Das ändert jedoch wenig daran, daß Europäer bis zum heutigen Tag einen Drang nach neuen Welten, nach der Begegnung mit dem Ungewohnten verspüren, so daß sie sogar den Plan fassen konnten, die Schwerkraft der Erde und ihrer Lebensverhältnisse zu überwinden, um die Welt aus dem All neu zu sehen. Bei der Erkundung ihres Heimatplaneten hatten sie naturwissenschaftliche Erkenntnisse gesammelt, die bis zu ihrem Nachbargestirn und weit darüber hinaus getragen haben. Um das Anderssein menschlicher Kulturen zu verstehen und Brücken der Verständigung zu schlagen, fehlen uns dagegen immer noch angemessene Begriffe.

Wenn man zum Beispiel von »den Indianern« spricht, denkt man im Rahmen eines Weltbildes, in dem eine jahrhundertealte Situation erstarrt ist. Als »Indianer« bezeichnete man früher gleichermaßen Bewohner Asiens wie Amerikas, die im Kolonialhandel mit Spanien und Portugal standen. Bis heute unterscheiden viele europäische Sprachen nicht zwischen »Indern« und »Indianern«, deren einzige Gemeinsamkeit darin besteht, daß Europa im selben Zeitraum Kontakt zu ihnen aufgenommen hat. Die Völker Südasiens sind immerhin durch die Traditionen des Buddhismus und des Hinduismus miteinander verbunden. Auf die Bewohner der westlichen Hemisphäre angewandt, verdeckt die Bezeichnung »Indianer« jedoch zahlreiche Sprachen und Kulturen, die an keinem Ort der Welt in einer solchen Vielfalt entstanden sind.

In Amerika lebten Völker von wenigen Hundert Personen, die sich mit Hilfe der schwierigsten Sprachen verständigten, die Wissenschaftler beschrieben haben. Sprachen, die sich um Gruppen von Konsonanten aufbauen, in denen Europäer orientierungslos nach Vokalen suchen. Andere Sprachen, die mit wenigen Wortstämmen auskommen, die jedoch in mehreren Tonhöhen ausgesprochen oder um Leersilben erweitert werden, um die ganze Bedeutungsfülle einer lebenden Sprache wiederzugeben. Sprachen, die den Inhalt eines Satzes in einem einzigen Wort zusammenfassen. Wieder andere Sprachen, die Dutzende von Namen für Farben und Ortslagen kennen, aber auf Tätigkeitswörter verzichten, indem sie Handlungen, Veränderungen und Wirkungen an den Gegenständen darstellen. Sprachen, in denen Männer und Frauen eigene Dialekte sprechen und dieselben Dinge anders benennen oder in denen Wörter, die nicht mehr verwendet werden dürfen, den Toten ins Grab folgen.

Die moderne Wissenschaft hat gerade erst begonnen, den Reichtum menschlicher Kulturen in Begriffe zu fassen. Aus der Verwandtschaft der Sprachen erkennt man zum Beispiel das Alter, die Herkunft und die frühe Verbreitung ganzer Völker. Indem man Wortsammlungen miteinander vergleicht, kann man Sprachfamilien aufstellen, die auf gemeinsame Ursprünge zurückgehen, aber eine gegenseitige Verständigung nicht mehr ermöglichen. Um sie von gesprochenen Sprachen zu unterscheiden, erweitert man ein willkürlich gewähltes Wort um die englische Silbe »-an«, wie beispielsweise »Algonkin« zu »Algonki-an«, wenn man keine Einzelsprache, sondern die »algonkinische« oder »Algonkin-Sprachfamilie« meint.

Ist erst einmal bekannt, welche Sprachen ursprünglich zusammengehörten, kann man die Veränderungen in der Lebensweise eines Volkes nachvollziehen, wenn es durch Wanderungen seine Umwelt gewechselt hat. Mit dem Verhältnis zur Natur, der Wirtschaftsweise eines Volkes, ändert sich nämlich die Regelung der Beziehungen zwischen den Menschen und schließlich auch ihre Sprache. Häufig bildeten in Amerika Stämme, die keine gemeinsame Sprache miteinander teilten, eine enge wirtschaftliche und politische Einheit, bevor ihre Sprachen sich allmählich annäherten.

Die Sprache war also nicht der einzige Zusammenhang, der indianische Menschen miteinander verband. Aber sie wurde als Mittel eingesetzt, um den notwendigen Beziehungen in der Gesellschaft Dauer zu verleihen und Verantwortungsbereiche abzugrenzen. Bei allen Völkern wurden mehrere

Mitglieder einer Familie mit demselben Verwandtschaftsnamen – als »Vater«, als »Mutter«, als »Bruder« oder als »Schwester« – angesprochen, wodurch sie ganz bestimmte Rechte und Pflichten erhielten. Andererseits fehlt in manchen Sprachen ein Wort für die erste Person in der Einzahl. In diesen Kulturen ist es nicht üblich, Gedanken zu formulieren, die ein »Ich« hervorheben; die Zugehörigkeit zu einer Gemeinschaft gilt bei ihnen mehr als der Selbstbehauptungswille gegenüber seinesgleichen. Was in Europa als letzte Bastion menschlicher Würde angesehen wird, erfreute sich im indianischen Nordamerika derselben Daseinsberechtigung, die man allen Dingen der Natur zugestand.

Es sind gerade die Selbstverständlichkeiten des menschlichen Lebens, wodurch Kulturen sich unterscheiden. Andere Menschen werden uns in dem Maß fremd, in dem wir ihnen unser eigenes Denken unterstellen. Erst wenn wir ihnen das Recht auf ein anderes Denken und Verhalten einräumen und uns bemühen, den anderen Standpunkt in uns selbst zu entdecken, kommen wir fremden Daseinsentwürfen näher.

In vielen Bereichen der europäischen Gesellschaft ist man bis zum heutigen Tag davon überzeugt, daß es eigentlich nur eine einzige menschliche Persönlichkeit gibt, die der allgemeinen Erwartung zu entsprechen hat. Als Alexander Gottlieb Baumgarten (1714–1762) eine Wissenschaft der »biographischen Anthropologie« anregte, dachte man deshalb vor allem an das Studium der allgemeinen Gesetze der Entwicklung, die für alle Menschen gleich sind. Damals waren die meisten Kulturen der Menschheit in der Alten Welt noch nicht bekannt. Zweihundert Jahre später hatte sich das Bild gewandelt. Als amerikanische Anthropologen die Erinnerungen der Ureinwohner aufzeichnen wollten, waren sie bereits auf die Aussagen der letzten Überlebenden angewiesen, die mit eigenen Worten die ganze Verschiedenheit ihrer Kulturen vor Eintreffen der Europäer schildern konnten.

June M. Collins berichtet in ihrem Buch ›Das Tal der Geister‹, wie sie als zweiundzwanzigjährige Studentin an einem kalten, regnerischen Januartag in ein kleines Dorf am Skagit-Fluß kam, um die alten Leute nach ihrer indianischen Religion zu befragen. Überall begegnete ihr nur Ablehnung, bis ihr aus Verzweiflung Tränen in die Augen traten. Mit einem Mal gewährte man ihr jede Unterstützung, die sie vergeblich erbeten hatte. Später erfuhr sie, daß man ihr Weinen und ihren Schmerz als Zeichen verstand, daß ein Schutzgeist Besitz von ihr ergriffen hatte, so daß man ihre Wünsche nicht länger zurückweisen konnte.

Die Autobiographie des Heilers John, die sie in langen Sitzungen aufgeschrieben hat, ist vielleicht das letzte authentische Zeugnis der alten Skagit-Kultur. Den Originaltext zu verstehen gleicht der Entzifferung einer undeutlichen Schrift, denn es sind nicht unsere europäischen Gedanken, die mit dem Werkzeug der fremden Sprache geformt wurden. Sätze stehen unverbunden nebeneinander, Fürwörter und Wiederholungen häufen sich, so daß es nicht leichtfällt, der Erzählung bis zum Schluß zu folgen.

Bei vielen Texten, die als Quellenmaterial gesammelt und veröffentlicht wurden, verhält es sich ebenso. Wenn man jedoch vom Standpunkt der Erzähler ausgeht und ihre Berichte gewissermaßen synchronisiert, ihre Aussagen in unserer Sprache ausformuliert, begegnet man dem Anderssein fremder Kulturen, ohne sie den Maßstäben der eigenen zu unterwerfen. Erst jetzt sieht man sich überhaupt gezwungen, Vergleiche anzustellen und Begriffe zu finden für die Ereignisse und Erlebnisse, denen man dann unversehens gegenübersteht.

Nun können wir uns auch eine Welt vorstellen, die sich nicht nach dem europäischen Modell entwickelt hat. Eine Welt, in der beispielsweise eine Frau mit ihren Schwestern denselben Mann heiratet und mit ihnen und seinen Kindern unter einem Dach lebt. Eine Welt, in der Frauen nur in der Ehe Freiheit genießen und ein Mann sein Leben lang ein Versager bleibt, wenn er niemals von einem großen Traum ergriffen wurde. Eine Welt, in der wir mehrere »Väter« und »Mütter« haben und Gleichaltrige als »Großvater« oder »Großmutter« ansprechen. Aus einem anderen Blickwinkel erkennen wir dann, daß sich Kulturen in den Erfahrungen der Männer und der Frauen, der Alten und der Jungen unterscheiden.

Wer sind aber die Menschen, die wir Indianer nennen? Als die Urbevölkerung Nordamerikas auf wenige Hunderttausend Personen zurückgegangen war, wurden überall im Land die

Lebenserfahrungen der alten Männer und Frauen aufgezeichnet. Die Anthropologen interessierten sich nicht für den einzelnen Menschen, wie ihn der Missionar, der Beamte oder der Richter sieht. Sie nahmen das Schicksal des einzelnen als Beispiel für die Lebensweise eines Volkes, die sich immer wieder neuen Einflüssen anpaßt. Auch in der Auseinandersetzung der Indianer mit den europäischen Einwanderern erkannten sie das Unverwechselbare einer jeden Kultur. Deshalb ist nur in wenigen Fällen die Identität der Männer und Frauen bekannt, deren Lebensbeschreibungen aufgezeichnet wurden. Wir haben ihnen für dieses Buch andere Namen gegeben, weil ihr persönliches Schicksal stellvertretend für das Leben in einer bestimmten Kultur genommen werden soll.

Die folgenden Autobiographien erzählen die Geschichte des indianischen Menschen in Nordamerika in einer Reihe von Innenansichten ihrer wichtigsten Kulturen und Sprachen. Die Erinnerungen der Männer und Frauen reichen aus den Jahren vor der europäischen Besiedlung bis in unsere Gegenwart. Sie erlauben uns, Vorstellungen und Verhaltensweisen nachzuerleben, die nicht selten im Sand der Geschichte verlorengingen oder in veränderter Form fortgeführt werden. Mit ihrer Hilfe können wir einen Blick in Lebenswelten werfen, die allen Menschen offenstehen. Nicht zuletzt erklären sie das Selbstverständnis, das heutige Indianer in ihren Äußerungen zum Ausdruck bringen.

Als die Beiträge dieses Buchs aufgezeichnet wurden, konnten noch Berichte aus voreuropäischer Zeit gesammelt werden. Damals bereiste Edward S. Curtis (1868–1952) den nordamerikanischen Kontinent, um seine Fotografien indianischer Menschen aufzunehmen. Sie zeigen uns Gesichter und illustrieren einige der Szenen, die in den Texten dieses Buchs erstmals aus indianischer Sicht dargestellt sind. Die Bilder des Fotografen und die Erzählungen der Indianer beweisen, daß die größte Entfernung, die noch zu überwinden ist, zwischen uns Menschen liegt.

Die Acoma – Bewohner der Dörfer

Man zählt die Acoma zu den »klassischen Kulturen« Amerikas und vergleicht ihre Gemeinwesen mit den antiken Stadtstaaten Griechenlands. Doch nur das Zusammenleben in kleinen Dörfern eint diese Völker, denen wir den Namen »Pueblo« gegeben haben, denn durch Sprache und Herkunft unterscheiden sie sich voneinander.

Nach gefährlichem Aufstieg über steile Felshänge erreicht man Acoma in einhundertdreißig Meter Höhe auf einem der eigenartigen Tafelberge, die der trockene Wüstenwind aus den Hochebenen im Südwesten Amerikas geschnitten hat. Hier leben seit über tausend Jahren Indianer. Mit der Ortschaft Oraibi weiter im Westen gehört Acoma zu den ältesten ständig bewohnten Siedlungen in Nordamerika.

Fast zweihundert kleine Häuser aus luftgetrockneten Lehmziegeln, die sich mehrere Stockwerke über den Felsboden erheben, bieten anderthalbtausend Menschen Raum. Frühzeitig haben Bewohner aus Acoma, die sich selbst Keres nennen, weitere Dörfer im Tal des Rio Grande gegründet. Ungefähr achttausend Indianer sprechen heute außer in Acoma auch in Cochiti, Santo Domingo, San Felipe, Santa Ana, Zia und Laguna eine Keresan-Sprache. Wo liegt aber die älteste Heimat der Keres? Die Fachleute stehen vor einem Rätsel. Vielleicht sind alle Siouan-Sprachen, die über den ganzen Kontinent verbreitet sind, ursprünglich mit dem Keresan verwandt, das sich vor sehr langer Zeit von den Sprachen an der Pazifikküste des Nordwestens getrennt hat.

Das Trockenklima der Wüste erfordert sehr viel Erfahrung und Geschick, wenn der Bodenbau (Mais, Getreide, Kürbis, Obst und Gemüse) ein bescheidenes Auskommen bieten soll. Die einzigen Handelsartikel entstammen der Töpferei der Frauen und der Schafzucht der Männer. Männer und Frauen teilen sich die Gartenarbeit und den Hausbau, während das Schafehüten und die Jagd den Männern und der Haushalt den Frauen vorbehalten sind. Viele Familienaufgaben, wie die Erziehung der Kinder, haben die Eltern auf Verbände übertragen, in die jeder Keres durch Geburt und später durch Adoption aufgenommen wird.

Damit das Zusammenleben vieler Menschen auf begrenztem Raum nicht durch Starrsinn und Besitzstreben gestört wurde, war in Acoma die Enge der biologischen Familie in einem weiten Kosmos sozialer Beziehungen aufgelöst. Rechte und Pflichten, gesellschaftlicher Rang und vorgeschriebenes Verhalten, Zeremonialobjekte und geheimes Wissen waren unter alle Stammesmitglieder in einer Vielfalt verteilt, die niemanden zu kurz kommen ließ. Jeder fühlte sich in demselben Maß für alle und für alles verantwortlich, wie sein eigenes Dasein die Anerkennung seiner Mitmenschen fand. Der amerikanische Anthropologe Leslie A. White (1900–1975), der das folgende autobiographische Fragment in den vierziger Jahren aufzeichnete, spricht deshalb von einer gewissen »Sphärizität« in Acoma: »Jeder Punkt der Sozialordnung ist mit jedem anderen Punkt (mehr oder weniger direkt) verbunden oder vernetzt.«

Ein junger Keres wurde nicht in eine biologische Familie hineingeboren, wie man sie in Europa kennt, sondern in den sphärischen Kosmos der sozialen Verwandtschaft aufgenommen. Nicht die Mutter, sondern die Schwester des Vaters pflegte den Säugling während der ersten vier Tage nach der Geburt. In der Nacht des vierten Tages adoptierte ein Medizinmann aus der Sippe des Vaters das Neugeborene, dem er seinen ersten Namen gab, der sich für Jungen oder Mädchen nicht unterschied. Erst mit der Heirat wurde die Ungleichheit der Geschlechter deutlich, wenn der Sohn, nicht die Tochter, das Haus der Mutter verließ und künftig bei seiner Partnerin wohnte. Am Ende ihres Lebens kehrten alle Acoma in die Sippe des Vaters zurück, wenn sie mit kurzgeschnittenem Haar und mit derselben Gesichtsbemalung wie nach ihrer Geburt beigesetzt wurden.

Nach der Heirat lebte also ein Keres-Mann im Haus seiner Gefährtin. Seine Kinder wurden von der Sippe seiner Frau erzogen, wie überhaupt die Häuser und die Schafherden in weiblicher Linie vererbt wurden. Es war ein weiteres Vorrecht einer Keres-Frau, daß sexuelle Initiativen meist von ihr ausgingen. Weil die Erziehung der Kinder nicht in den Händen ihrer leiblichen Eltern lag, gab es in Acoma keine Waisenkinder, und Scheidungen waren in alter Zeit fast so häufig wie Eheschließungen.

Im Lauf seines Lebens erhielt ein Keres mehrmals die Gelegenheit, einer Geheimgesellschaft beizutreten und dadurch die Beschränkungen oder die Übermacht der Verwandtschaftsgruppe auszugleichen, der er angehörte. In den Zeremonialbünden wurde das Heilwissen der Medizinmänner der Wüstenvölker überliefert, und der Wunsch, von einer Krankheit befreit zu werden, war der häufigste Grund, die Aufnahme in einer solchen Gesellschaft zu erbitten. Durch seinen Beitritt erwarb der Keres nicht nur besonderes Wissen und eine neue Verantwortung gegenüber der Gemeinschaft, sondern er vergrößerte auch die Zahl der Personen, die er als »Vater« oder »Mutter« ansprechen konnte. Die Acoma erweiterten also den vorhandenen sozialen Raum, indem sie die Zahl der sozialen Verbände vermehrten und damit auch die Rollen und die Bezugspersonen des einzelnen.

Bevor in den Wüsten des Südwestens Brunnen gegraben und Flüsse gestaut wurden, hatte der spärliche Regenfall überragende Bedeutung für die Ernährung der Bevölkerung. Alle Acoma wurden schon im Kindesalter in die Katsina-Gesellschaft eingeweiht, damit das Ritual der Maskentänze streng befolgt werden konnte, so daß sich die natürlichen Zisternen wieder mit Regenwasser füllten. Der Dorfälteste, Kazike, mußte stets dem Antilopen-Klan angehören und wurde immer auf Lebenszeit gewählt. Er bestimmte den Zeitpunkt für die Ausführung der Tänze, für die Aussaat und für die Ernte nach einem Sonnenkalender, wie er den Azteken bekannt war.

Ein kollektives Gemeinwesen wie die Keres-Gesellschaft war mit einer Religion unvereinbar, die den einzelnen und die engere Familie in den Mittelpunkt stellte. Vierhundert Jahre lang leisteten alle Pueblo über trennende Schranken hinweg Widerstand gegen den Einfluß der westlichen Gesellschaft. Erst die Verbesserung der Gesundheitsversorgung und des Bildungswesens führte dazu, daß sich immer mehr Acoma für die europäische Lebensart entschieden. Sie leben in den Städten oder in neuen Siedlungen am Fuße des Tafelberges, doch zu den religiösen Zeremonien zieht es sie nach Acoma zurück.

Hakan (Acoma)

Es gab schon eine Kirche hier, als ich auf die Welt kam [ca. 1868]. Damals lebte ein katholischer Priester ganz allein in Acoma. Lange vorher wohnten hier außer dem Priester noch Beamte und Polizisten, denn alle mußten zur Kirche gehen. Wenn sich ein Mann oder eine Frau dagegen wehrten, kamen die Beamten oder Polizisten, packten sie und schleppten sie zur Kirche. Dort wurden sie an einen Pfosten gebunden und so lange geschlagen, bis sie ihren Widerstand aufgaben. Wenn man verheiratet war, konnte man die Beamten sogar um Hilfe rufen, wenn man von seinem Partner verlassen worden war. Dann wurde entschieden, was mit den Beschuldigten geschehen sollte. Wurden sie des Ehebruchs überführt, trieb man sie zur Komanira, dem Rathaus, und peitschte sie aus.

Alle mußten den Priester, die Beamten und die Polizisten mit Essen und Brennholz versorgen. Die Gerichtsdiener, Bickale, wachten darüber, daß jede Familie ihre Abgaben leistete. Die unverheirateten Mädchen und Jungen mußten in der Kirche, in der Schule und in den Unterkünften des Priesters, der Beamten und der Polizisten arbeiten. Damals gab es hier auch eine Schule, in der die Kinder Spanisch lesen und schreiben lernten und in katholischer Religion unterrichtet wurden. Wenn allerdings die Katsina-Tänze in Acoma abgehalten wurden, mußten der Priester und die Polizisten während dieser Zeit in ihren Wohnungen bleiben oder den Ort verlassen.

Als ich noch ein kleiner Junge war, lebte der Priester ganz allein in Acoma. Ich weiß nicht, warum die Lehrer und die Beamten fortgegangen waren. Man erzählt mir, daß sie mit den Indianern in Streit geraten waren, so daß die Indianer sie schließlich töten wollten. Ich kann mich noch daran erinnern, daß sich die Kirche in meiner Kindheit in gutem Zustand befand und sehr schön anzusehen war. Jeden Morgen und auch am Sonntag wurde die Messe gelesen. Der Priester lebt jetzt nicht mehr in Acoma. Er kommt einmal im Jahr zum Fest des Heiligen Stefan [2. September] aus Old Laguna herüber.

In dem Haus, in dem ich zur Welt kam, lebten außer meiner Mutter und meinem Vater noch die Eltern meiner Mutter, drei Brüder und zwei Schwestern meiner Mutter und die Großmutter meiner Mutter. Der älteste meiner Mutterbrüder, Sanawe, hatte geheiratet und wohnte nun im Haus seiner Frau. Auch die älteste Schwester meiner Mutter war verheiratet, so daß ihr Mann bei uns lebte. Ich war der Älteste meiner Brüder und Schwestern.

Damals gab es keine Türen im Erdgeschoß der Häuser. In die kleinen Fenster waren Fischblasen eingesetzt, und es gab keine Frischluft, außer vielleicht durch ein kleines Loch im Fenster. Wenn auf der Straße etwas ausgerufen wurde, mußte meine Mutter an diesem Loch horchen oder nach draußen gehen. Im Winter verbrachten wir die meiste Zeit im Erdgeschoß; im Sommer lebten wir im ersten oder im zweiten Stockwerk. Wir schliefen auf Schaffellen.

Ich spielte mit einem etwa gleichaltrigen Jungen, der nebenan wohnte, aber nicht mit mir verwandt war. Wir jagten Eichhörnchen und Vögel mit Pfeil und Bogen auf dem Tafelberg und unten im Tal. Geschichten erzählten mir die Mutter meiner Mutter, Sapapa, und ganz besonders der Vater meiner Mutter, Sanana. Einen großen Teil meiner Zeit verbrachte ich mit ihnen zusammen.

Wir hatten damals noch keine Fuhrwagen oder Öllampen. Einige besaßen Karren mit zwei massiven Holzrädern. Zur Beleuchtung nahmen wir Schalen mit Schaffett, in das wir einen Docht steckten. Streichhölzer gab es überhaupt nicht, und deshalb machten wir Feuer mit einem Drillbohrer. Die wenigen Gewehre in unserem Pueblo hatten Feuersteinschlösser. Die Jäger gebrauchten fast nur Pfeil und Bogen oder Keulen. Einige Leute besaßen zwar etwas mexikanisches Geschirr, aber die meisten Familien benützten nur ihre indianischen Töpferwaren.

Damals wurden noch keine Felder im Tal von Acomita bestellt. Es gab nur wenige Häuser in Acomita. Sie gehörten den Leuten, die ihre Schafe da unten weideten.

Als ich noch sehr klein war, gingen die Eltern meiner Mutter nach Laguna, um Töpfe gegen andere Sachen einzutauschen. Sie brachten Weizen mit zurück, und das war das erste Mal, daß ich etwas davon sah. Manchmal bekam man auch etwas Kaffee und Zucker. Meine arme Mutter! Sie mochte den Kaffee so gerne, aber wir waren sehr arm und hatten nie viel davon.

Mein Vater war ein Medizinmann: Er war das Oberhaupt der Feuer-Gesellschaft. Die Medizinmänner, Tcaianyi, hielten ihre Zeremonie zweimal im Jahr ab. Meine Mutter und ich waren immer dabei. Man mußte oben vor dem Eingang der Kiva warten, bis die Tcaianyi das Lied sangen, daß wir in den Zeremonialbau hinabsteigen sollten. Wenn sie dieses Lied sangen, kam ein Medizinmann nach oben und verwischte mit seinem Feuerstein eine Linie aus Asche auf dem Boden, die niemand überschreiten durfte. Alle drängten sich nun vor, um als erste hinabzusteigen und die guten Plätze zu bekommen. Für Frauen mit kleinen Kindern war ein Platz an der Westseite der Kiva vorgesehen.

Damals gab es noch viele Medizinmänner, mehr als es heute gibt. Wenn wir die Kiva betraten, hatten die Tcaianyi bereits ihren Altar aus bemalten Holzleisten, Yabaicini, aufgestellt. Ihr Anführer saß vor einem Sandgemälde neben seinen beiden aus Gips geformten Medizinschalen. An diesen waren seitlich Stufen angebracht, auf denen Bilder von Schlangen, Wolken, Blitzen und so weiter eingeritzt und aufgemalt waren. [...]

Ich fürchtete mich immer vor diesen Zeremonien. Die Tcaianyi erzählten uns von Zauberern und wie sie umherstrichen und Menschen töteten. Wenn sie in den Mácaiyoyo-Quarzkristall blickten, durch den man hellsehen konnte, schrien sie plötzlich laut auf und machten uns Angst.

Meine Mutter, meine Schwestern und ich mußten bis lange nach dem Ende der Zeremonie warten, weil es die Aufgabe meiner Mutter war, die Sachen meines Vaters zusammenzupacken und nach Hause zu tragen. Mein Vater besaß drei oder fünf Yaya, Maiskolbenfetische; einer war bei seiner Aufnahme in die Gesellschaft für ihn gemacht worden, die anderen hatte er geerbt, wenn ein Mitglied seiner Gesellschaft gestorben war.

Festtag in Acoma

Damals gab es noch keinen amerikanischen Arzt in der Nähe von Acoma. Wir hatten nur unsere Medizinmänner, die Tcaianyi, aber davon gab es viele: Wir hatten Medizinmänner. der Hakanyi- (Feuer-), der Hictianyi- (Feuerstein-), der Kapina- und der Sii- (Ameisen-)Gesellschaft.

Ich war fünf Jahre alt, als ich der Katsina-Gesellschaft der Maskentänzer beitreten mußte. Sie waren damals noch sehr streng mit der Katsina-Zeremonie, nicht wie heute; jeder mußte an den Maskentänzen teilnehmen. Ich hatte ziemliche Angst, als ich aufgenommen wurde, weil ich glaubte, daß es Tsitsinïts, der die Kinder schlägt, wirklich gibt. Erst nach zwei oder drei Jahren, als wir alt genug waren, solche Dinge zu verstehen, zeigte man uns, wie man die Masken aufsetzt.

In meiner Jugend fanden keine Kämpfe mehr gegen andere Stämme statt. Als ich etwa sieben Jahre alt war, kam eine Gruppe von Indianern aus Cochiti, Domingo und anderen Pueblos der Umgebung, ungefähr vierzig an der Zahl, auf ihrem Weg nach Kalifornien auch durch Acoma. Sie hatten vor, als Schafhirten oder mit anderen Arbeiten Geld zu verdienen, um Pferde kaufen zu können. Sie blieben in Acoma über Nacht. Nach dem Abendessen zogen sie durch die Gassen und sangen: »Californiya omíarotsi, wiya heya . . .« Es war ein Lied der Comanche-Indianer und bedeutete etwa: »Kalifornien, dahin gehe ich!« Das war wohl eins der ersten Lieder nach Art des bekannten »California, here I come!« Schon früh am nächsten Morgen setzten sie ihre Reise fort. Ein Bruder meiner Mutter zog damals nach Kalifornien mit und blieb über zehn Jahre lang dort.

Als ich etwa zehn Jahre alt war, hatten wir unter einer großen Hungersnot zu leiden. Die Ernten waren schlecht ausgefallen, und es blieb nicht genug zu essen übrig. Wir mußten sogar Scheibenkakteen essen und wildwachsende Knollen ausgraben. Wir kochten sie mit reiner Töpfererde und aßen sie so. Das war bestimmt eine schwere Zeit für uns.

Mit zwölf Jahren ging ich nach Albuquerque, um dort die Missionsschule zu besuchen, weil es in Acoma keine Schule mehr gab. Ich konnte weder Englisch noch Spanisch sprechen. Auf dem Weg nach Albuquerque mußten wir den Fluß mit einem

Boot überqueren, weil es damals noch keine Brücke gab. Wir ließen unsere Maultiere am westlichen Ufer zurück und machten die Überfahrt in einem flachen Kahn.

Drei Jahre verbrachte ich in der Mission, ohne ein einziges Mal nach Hause zurückzukehren. Manchmal besuchten Leute aus Acoma ihre Söhne in der Schule. Die Eisenbahn wurde damals gerade bis nach Albuquerque gebaut. Oft gingen wir Schüler zur Baustelle, um bei der Arbeit zuzusehen. Als wir zum erstenmal eine Lokomotive aus der Nähe sahen, wären wir vor Schreck fast in Ohnmacht gefallen. Wir dachten, sie würde uns verschlucken, verbrennen oder überfahren.

Nach drei Jahren fuhren wir wieder in unsere Heimat zurück. Die Schienen waren bis McCarty verlegt, und deshalb benutzten wir für unsere Reise einen offenen Güterwagen. Allerdings brauchten wir auf diese Weise einen ganzen Tag für unsere Heimfahrt. In Acoma hielt man die Lokomotive und den Zug für übernatürliche Wesen, fertigte Gebetsstäbe für sie an, steckte sie unter die Bahnschwellen oder Schienen und erbat sich von der Maschine, was man gerade am dringendsten benötigte. Wer etwas mutiger war und sich ganz nah an die Lokomotive herantraute, bewarf sie sogar mit geweihtem Mehl.

Am Ende des Sommers brachte uns der Güterwagen wieder nach Albuquerque. In meinen ersten drei Schuljahren hatte ich Englisch sprechen gelernt und sogar einen englischen Namen erhalten. Meine Eltern haben nie Englisch gelernt. Im Herbst halfen alle Schüler beim Bau einer neuen Schule. Wir formten und brannten die Ziegelsteine. Es gingen auch einige Ute-Indianer zur Schule, ziemlich zähe Burschen. Sie wollten sich einfach nicht die Haare schneiden lassen. Damals – 1883 – bekam ich meine Bibel. Ich habe sie heute noch.

In den Jahren 1885 und 1886 ging ich nicht zur Schule. Die Missionare waren Presbyterianer, und meine Familie mochte sie nicht. Sie meinten, daß ich katholische Lehrer haben sollte. Also fuhr ich nach Santa Fé in die katholische Schule, diesmal in einem Personenzug. Mein Vater starb im August 1887, und der Mann der Schwester meiner Mutter, den ich in meiner Sprache ebenfalls meinen »Vater« nenne, holte mich nach Hause. Er war der Kriegshäuptling von Acoma. Er kam zu Pferd und führte ein zweites für mich hinter sich her.

Auf dem Rückweg machten wir in Domingo Rast. Mein Onkel hatte einen Bruder, der sich nach dort verheiratet hatte und bei seiner Frau und seinen Kindern lebte. Sie freuten sich, uns zu sehen. Die Domingos glauben nämlich, daß die Dörfer der Acoma und der Zuñi nicht weit von Wenima gelegen sind, der Heimat der Katsina oder Regengötter. Wenn also jemand von dort nach Domingo kommt, meinen sie, daß es bestimmt bald regnen wird, weil sie doch aus der Heimat der Katsina Besuch bekommen haben.

Am nächsten Tag wurde gleich ein Katsina-Tanz abgehalten. Man tanzte die Tsaiyaityuwi-Katsina mit sechs Paaren von Seitentänzern. Den ganzen Morgen waren sie in Bewegung. Zur Mittagszeit forderten die Tänzer alle auf, nach Hause zu gehen und die Türen zu schließen, während die Katsina bewirtet wurden. Man durfte nicht einmal die alten Frauen sehen, die ihnen das Essen brachten. In Acoma ist man nicht so streng. Dort nehmen die Katsina ihre Mahlzeit hinter der Kirche ein. Niemand darf dann dorthin gehen, wo sie sich ausruhen, nur die alten Frauen mit den Speisen. Aber jeder darf zusehen, wie man den Tänzern aufträgt.

Nachdem auch wir gegessen hatten, kehrten wir auf die Plaza zurück. Die Tänzer waren wirklich sehr streng. Sie erlaubten niemandem, vom Dach der Häuser zuzuschauen. Alle mußten auf der Plaza sein und dort auch bleiben. Bis der Tanz zu Ende war, durfte sich niemand entfernen. Wer sich unbedingt erleichtern mußte, nahm eine Tonschüssel dafür.

Am Nachmittag lief ein kleiner Junge über die Plaza. Die Tänzer brüllten vor Wut auf und jagten hinter ihm her. Die Tsatyao Hotcani, die Kriegshäuptlinge, und ihre Helfer stürzten hervor und hielten sie mit ihren Yapi-Zeremonialstäben zurück. Hätten sie das nicht getan, hätten die Seitentänzer den Jungen töten oder schwer verletzen können, und niemand hätte sie deswegen zur Rechenschaft gezogen. Sie durften das mit jedem tun. Einer der Tsatyao Hotcani packte den kleinen Jungen und trug ihn zu seiner Mutter zurück. Am späten Nachmittag zogen sich Wolken zusammen, und es begann, heftig zu regnen. Die Katsina hörten aber nicht auf zu tanzen, und wir mußten alle draußen im Regen warten, bis sie fertig waren.

An jenem Abend übernachteten wir im Haus meines »Onkels«. Bei ihnen lebte ein Mädchen, das sich in mich verliebt hatte. Sie wollte, daß ich in Domingo bleibe und ihr Mann werde. Ich folgte ihrer Einladung und verbrachte die Nacht mit ihr, aber am nächsten Morgen schloß ich mich meinem Onkel an. Sie begleitete uns, bis wir weit über einen Kilometer zurückgelegt hatten. Sie war zwar nett und hübsch, doch fürs Heiraten hielt ich mich noch zu jung. [. . .]

Nachdem ich im Herbst 1887 die Schule verlassen hatte, bereitete man einen großen Jagdzug vor. Südlich von Acoma wollten sie Antilopen und Rotwild jagen. Vierundsiebzig Jäger hatten sich dafür zusammengetan. Sie fanden außerdem vier Männer, die für sie kochen sollten, und weitere acht, die sich um die Maultiere kümmerten. Man nahm besonders viele Packtiere mit, um alles Fleisch heimtragen zu können. Ich begleitete sie als ihr Dolmetscher. Mein Sanawe, Mutterbruder, hatte zwei Gewehre aus Kalifornien mitgebracht, und ich durfte eines davon ausprobieren.

Wir ritten nach Süden an einen Ort namens Hóck'anyik'ot, den die Mexikaner Datil nennen. Dort lebte ein Weißer, und es gab sogar ein Postamt. Wir baten ihn um seine Erlaubnis, unseren Stützpunkt in der Nähe einer Quelle einzurichten. »Gut«, antwortete er uns, »aber haltet euch nicht allzu nah von hier auf.« Nun konnten wir unser Lager aufschlagen. Die Reitburschen bauten ein großes Gatter für die Maultiere und unsere Pferde, und die Köche entzündeten ein Feuer, um eine Antilope für uns zu braten.

Der Kriegshäuptling erwartete von uns allen, daß wir an diesem Abend zusammenblieben, um unsere Jagdlieder zu singen. Nach dem Abendessen errichteten die Jungen ein großes Lagerfeuer, und der Kriegshäuptling stellte zwei Honani, Maiskolbenfetische, davor auf. Der eine gehörte dem Kaziken, der nicht mitgekommen war, und der andere einem Medizinmann aus unserer Gruppe. Jeder Jäger besaß ein Caiyaik, ein Jagdamulett aus Stein, das er in einem Lederbeutel mit Maismehl, Perlen und anderen Sachen aufbewahrte. Die Jäger legten nun ihre Fetische vor den beiden Honani auf den Boden. Dann sangen alle bis gegen Mitternacht unsere Jagdlieder.

Mit Tagesanbruch war jeder aufgestanden, und sobald alle gegessen hatten, begann die Jagd. Die Männer hatten sich als Jagdtiere verkleidet: Auf dem Kopf trugen sie einen präparierten Antilopenschädel, ihr Gesicht hatten sie bemalt und vielleicht noch ein besonderes Hemd angezogen, um einer Antilope möglichst ähnlich zu sehen.

Ich begleitete meinen Sanawe. Als wir uns ein paar Kilometer von unserem Stützpunkt entfernt hatten, entdeckten wir eine große Schar Antilopen, so viele wie in einer großen Schafherde. An diesem einzigen Tag erlegten die Jäger siebenhundertvierundvierzig Tiere. Ein Mann brachte es allein auf vierunddreißig Antilopen. Wenn die Beute getötet war, hielt sich der Schütze nicht mit dem Abhäuten auf, sondern setzte das Töten fort. Erst gegen Abend begann man damit, die Tiere zu häuten und das Fleisch zu zerteilen, um es dörren zu können.

Bevor der Jäger einer Antilope das Fell abzog, schnitt er ihr das Herz heraus und tauchte sein Caiyaik-Amulett in das Blut, um es zu füttern. Dann steckte er den Fetisch in seinen Lederbeutel zurück. War es ein Antilopenweibchen, nahm er ihr den Magen heraus, schnitt ihn auf, legte ihre Scheide in den Magen und bestreute beides mit Blütenstaub. Hatte der Jäger dagegen einen Bock erlegt, wurden das Glied und die Hoden des Tieres in den herausgeschnittenen Magen gesteckt und mit Pollen bestäubt. Mit Wild verfuhr man genauso. [...]

Fast zwei Wochen lang waren wir ganz und gar mit dem Zerlegen und Dörren unserer Beute beschäftigt. Manchmal haben wir noch gejagt, aber nicht mehr so viele Tiere wie am ersten Tag zur Strecke gebracht. Als wir schon zum Aufbruch bereit waren, stellte sich heraus, daß wir doch nicht genug Maultiere mitgebracht hatten, um alles Fleisch forttragen zu können, so daß der Kriegshäuptling einige Jungen nach Acoma zurückschicken mußte, um weitere Packtiere zu holen.

Während wir auf ihre Rückkehr warteten, gingen wir noch

einmal auf die Jagd. Eines Tages war ich mit einem anderen Mann in die Berge aufgestiegen. Er war ein Tcaianyi der Kapina-Gesellschaft. Am späten Nachmittag erreichten wir einen kleinen Hügel, wo wir uns zu einer kurzen Rast niederließen. »Ich werde auf dieser Seite ins Tal hinabsteigen«, sagte mir mein Gefährte, »und du nimmst die andere Richtung. Dort unten treffen wir uns dann.« »Gut!« antwortete ich ihm. Mit diesen Worten machte er sich auf den Weg.

Ich blieb noch eine Weile dort sitzen. Ziemlich bald hörte ich, daß sich etwas mit knackendem Geräusch näherte. Es war ein Bär! Er knabberte Eicheln, wie man an dem lauten Knacken erkennen konnte. Er trottete immer näher, sah mich aber nicht. Ich bekam Angst. Nie zuvor hatte ich einem lebendigen Bären so nah gegenübergestanden. Ich wußte nicht, was ich tun sollte, ob ich fortlaufen oder auf ihn schießen sollte. Schließlich gab ich einen Schuß auf ihn ab. Er sprang hoch auf und rannte im Kreis herum. So schnell ich konnte, lief ich davon, rief meinen Gefährten zu Hilfe und überhaupt jeden, der mich dort oben hören konnte. Als mein Partner herbeigelaufen kam, erklärte ich ihm: »Ich habe einen Bären geschossen.« »Wo ist das gewesen?« fragte er mich. »Hast du ihn genau getroffen?« »Das weiß ich nicht«, antwortete ich.

Dann nahmen wir die Verfolgung auf. Immer wieder fanden wir einen Blutfleck auf dem Boden. Von Zeit zu Zeit hatte sich das Tier offenbar auf dem Boden gewälzt. Nach einer ganzen Weile holten wir es ein. Unter einem Felsvorsprung lag es ausgestreckt. Ich hatte immer noch Angst. »Vielleicht sollte ich noch einmal auf ihn schießen«, meinte ich. »Nein!« fand mein Begleiter. Er holte einen langen Stock und stocherte damit im Fell des Bären. Ich hielt mein Gewehr schußbereit, aber das Tier bewegte sich nicht. Es war tot. Meine Kugel hatte den Rücken getroffen und Leber und Lunge durchschlagen.

Dann begannen wir mit dem Häuten. Mein Gefährte sagte mir, daß ich das Fell der Pranken nicht abziehen sollte. Ich fragte ihn, ob wir die Macínyi, die Bärentatzen, als Fetische aufbewahren wollten. »Ja!« antwortete er. Nach dem Häuten entdeckten wir ein dickes Fettpolster unter dem Pelz. Als mein Begleiter den

Magen des Bären entnommen hatte und gerade damit beschäftigt war, das Herz herauszulösen, bat er mich, ihn einen Augenblick allein zu lassen. Deshalb konnte ich nicht beobachten, was er mit dem Herzen und dem Magen des Bären anstellte. Nur die Tcaianyi wissen, wie man mit solchen Sachen umgeht; niemand darf ihnen dabei zusehen. Nach einer Weile rief er mich zurück. Das Herz und der Magen waren nicht mehr da.

Dann zerlegten wir den Bären. Er war fett und sehr schwer. Deshalb brachten wir zunächst nur das Fell und zwei Rippenstücke ins Lager zurück. Der Medizinmann begann sogleich damit, die Macínyi-Tatzen haltbar zu machen. Er füllte sie mit heißem Sand, um sie auszudörren. Vor unserer Rückkehr hatte er sie bereits mit Gras ausgestopft. Am nächsten Morgen holten wir die übrigen Teile des Bären. Das Fleisch läßt sich gut essen und schmeckt wie frisches Schweinefleisch.

Die Jungen waren mit Maultieren aus Acoma zurückgekehrt, so daß wir unsere Beute aufladen und die Heimreise antreten konnten. Als wir zu Hause eintrafen, schenkte ich die Bärenhaut einem Medizinmann der Feuer-Gesellschaft. Er verwendete sie in der Nakats-Zeremonie als Sitzplatz für den Opi-Krieger. Mein Partner behielt als Medizinmann der Kapina-Gesellschaft die Macínyi-Tatzen. [. . .]

Nachdem mein Vater gestorben war, ging ich nie wieder zur Schule. Meine Mutter zog in das Haus einer ihrer Schwestern, bei der sie künftig lebte. Ich mußte mich nun um die Felder und die Schafe kümmern. Obwohl ich doch für immer nach Acoma zurückgekehrt war, beteiligte ich mich nicht mehr an den Zeremonien und an ihrer Religion. Ich wollte keine Gebetsstäbe mehr anfertigen und nicht mehr in die »Estufa« gehen [so hatten die Spanier die indianischen Zeremonialbauten abschätzig als »Öfen« bezeichnet]. Ich glaubte an die Bibel.

Wenn eine Zeremonie stattfinden sollte, wie etwa ein Katsina-Tanz, ging ich auf die Schafweide, während sie ihre Vorbereitungen trafen, und kam am Tag des Tanzes nach Acoma zurück. Die Alten und die Würdenträger mochten das nicht. Sie kamen zusammen, um die Angelegenheit zu besprechen. Sie beschlossen, daß die Jungen, die etwas von amerikanischer Lebensart angenommen hatten, an allen Zeremonien und an der indianischen Religion teilnehmen müßten.

Eines Nachmittags suchten mich einige Männer draußen im Schaflager auf. Zwei waren Bickale, Amtsdiener des Kaziken, und einer war ein Tsatyao Hotcani, ein Kriegshäuptling. Sie befahlen mir, mit ihnen zurückzukommen. »Worum geht es denn?« fragte ich. »Das wirst du sehen, wenn du mitkommst«, sagten sie mir. Als wir in Acoma angekommen waren, ließen sie mich in mein Haus gehen. Als meine Mutter mich sah, legte sie ihre Arme um mich und weinte unaufhörlich. Nach einer Weile kamen einige »Kleine Häuptlinge«, Helfer des Kriegshäuptlings, und brachten mich zur Mauharots-Kiva. Das war die Haupt-Kiva. Dort waren schon viele Leute. Wenn man an den Einstieg im Dach trat, spürte man ihren Dunst aufsteigen.

Die Kleinen Häuptlinge geleiteten mich hinunter. Es war stickig heiß und eng da unten. Sie führten mich in eine Ecke, wo bereits andere Jungen meines Alters warteten. Es war ein ziemliches Gedränge in der Estufa. Der Kazike, die Kriegshäuptlinge und alle Medizinmänner waren dort. José Poacanti, der amtierende Gouverneur, sprach mit lauter Stimme über Kawecdima [ein mythischer Berg im Norden, wo ein übernatürliches Wesen wohnt und den Indianern den Schnee schickt]. Einige junge Männer hatten skeptische Fragen gestellt, etwa: »Wie können Medizinmänner einen Toten zum Leben erwecken?« und so weiter. José Poacanti redete nun über die Macht der Medizinmänner und wie sie diesen Berg in Bewegung bringen könnten.

Ich setzte mich am Eingang neben die Leiter. Einige Leute fragten darauf die Kleinen Häuptlinge: »Warum führt ihr sie nicht in die Mitte?« und »Warum sollen sie nicht auch vor uns knien?« Die Bickale befahlen uns nun, in die Mitte der Estufa zu gehen. Dann fragten uns die alten Männer, ob wir dieses oder jenes gesagt hätten. José Poacanti nahm eine große mexikanische Pferdepeitsche und begann, uns damit zu schlagen. Wir waren etwa zwanzig oder dreißig junge Männer. José schlug einen nach dem anderen. Dann mußten wir uns niederknien. Einige Männer zogen uns die Hemden hoch, und José Poacanti schlug uns mit der Peitsche auf den nackten Rücken. Er war ganz außer sich, als er das tat, und bekam Schaum vor den Mund.

Nachdem wir so geschlagen worden waren, fragte man uns, ob wir künftig in die Kiva gehen, Gebetsstäbe anfertigen, am Katsina-Tanz teilnehmen wollten und so weiter. Ich sagte gar nichts. Zwei Sanawe, Mutterbrüder, von mir waren auch dort. Sie versuchten, mich zu überreden, der alten Lebensweise treuzubleiben. Tatsächlich war es einer meiner Sanawe gewesen, der den Medizinmännern von meinem Hang zur amerikanischen Lebensweise berichtet hatte.

So ging das die ganze Nacht und den ganzen nächsten Tag weiter. Als am Nachmittag alle Jungen, denen ein amerikanischer Lebenswandel vorgeworfen wurde, in die Estufa gebracht worden waren, hatte der Kriegshäuptling den Befehl gegeben, die Leiter hochzuziehen, so daß niemand fortgehen konnte. Wir mußten also den ganzen Abend, die ganze Nacht und den ganzen nächsten Tag dort ausharren.

Nachdem wir alle ausgepeitscht worden waren, verhöhnte uns José: »Na, tut euch das nicht gut, ha?« Dann hielt der Kriegshäuptling eine lange Ansprache, danach der Kazike, darauf die Oberhäupter der Medizingesellschaften und schließlich noch jeder einzelne Medizinmann. Alle meinten dasselbe: »Wir müssen ein einiges Volk bleiben und an die Medizinmänner, an die Katsinas und an unsere Religion glauben.« Alle baten uns unter Tränen, Erbarmen mit ihnen zu haben.

Gegen Abend ließen sie uns endlich gehen. Als ich nach Hause kam, weinte meine Mutter mit ihren Schwestern und Brüdern. Sie bildeten einen Kreis um mich, nahmen mich in ihre Mitte, legten ihre Arme umeinander und weinten. Meine Mutter schluchzte so herzzerreißend, daß ich zu Tränen gerührt wurde. In der Estufa hatte ich keine Regung gezeigt, doch jetzt empfand ich Mitleid mit meiner Mutter und ihren Brüdern und Schwestern. Mein Rücken war zerschunden und blutete, weshalb meine Mutter vorsichtig etwas Schmalz auftrug, damit die Wunde schneller heilte. Drei Nächte lang konnte ich nicht schlafen, dann schälte sich die Haut in großen Streifen von meinem Rücken.

Seither ging ich wieder in die Estufa, fertigte Gebetsstäbe an,

Ein Mann aus Acoma

tanzte bei den Katsina mit und nahm an der alten Lebensweise teil. Keiner meiner Brüder oder Vettern war wie ich geschlagen worden, doch niemals wurde ich von ihnen deswegen beschimpft oder verspottet. Einige Zeit nach dem Vorfall zog ich in unser Schaflager und blieb lange dort, weil ich nicht mehr wußte, welchen Weg ich einschlagen sollte. Ich las viel in der Bibel. Gleichzeitig ließ ich mein Haar wieder lang wachsen und trug einen Beutel mit geweihtem Maismehl bei mir.

Es blieb bei diesem einzigen Mal, daß die jungen Männer derart geschlagen wurden. Einige Leute hatten sich über die Züchtigungen empört und ließen José Poacanti verhaften, so daß er zehn Jahre im Gefängnis von Albuquerque bleiben mußte.

Als er entlassen wurde, versammelten sich alle in der Komanira, dem Rathaus, damit José einige Worte an sie richten konnte. Er gestand ihnen unter Tränen, daß er unrecht getan hatte, und bat sie, nicht böse oder feindselig über ihn zu denken. Danach erlaubten die alten Leute den jüngeren, lange Hosen, Schuhe, überhaupt westliche Kleidung zu tragen. Die Alten konnten den Jungen raten und ans Herz legen, Indianer zu bleiben, aber sie durften niemanden mehr bestrafen, der sich zur amerikanischen Lebensweise hingezogen fühlte. [. . .]

Eines Tages sagte meine Mutter zu mir: »Die Kacale kommen irgendwann heute abend nach Einbruch der Dunkelheit, um dich zu holen.« Mein Vater hatte mich der Kacale-Gesellschaft versprochen, als ich noch ein kleiner Junge war. Nun wollten sie mich bei sich aufnehmen.

Als es Nacht geworden war, kamen zwei Kacale bis an unser Haus. Zuerst beteten sie, dann geleiteten sie mich über einen heiligen Pfad, den sie aus Maismehl auf dem Boden ausgelegt hatten, in ihr Versammlungshaus. Dort ließen sie mich mit verschränkten Armen Platz nehmen, weil sie noch weitere Kandidaten holen wollten, die wie ich eingeweiht werden sollten. Einer der Anführer der Kacale war ein Medizinmann der Feuerstein-Gesellschaft. Nachdem sie alle Novizen geholt hatten, erklärte uns das Oberhaupt der Kacale, warum man uns gerufen hatte und was wir zu tun hätten.

Nun begannen drei Kacale, den Boden mit einem Gemälde aus

farbigem Mehl zu bedecken, danach holten sie ihre Sachen: Maiskolbenfetische, Medizinschalen, Perlen, Amulette, Habichtschwanzfedern, die sie auf dem Altar niederlegten. Dann nahm ihr Anführer etwas rotbraune Erdfarbe und malte jedem von uns einen Punkt auf den Kopf und auf die Brust. Dann begannen sie zu singen.

Bald wurden wir zu dem Altar geführt. Das Oberhaupt der Kacale tauchte seine Habichtschwanzfedern in die Medizinschale und besprengte uns, den Altar und alles in der Nähe. Es war auch eine alte Kacale-Frau dort, die uns das Haar kämmte. Dann sangen sie bis gegen Mitternacht Gacputi-Lieder, bis wir nach Hause gehen durften.

An vier aufeinanderfolgenden Abenden mußten wir in ihr Haus kommen. Am dritten Abend setzten sie uns ein unbeschreibliches Gebräu vor [eine Brühe aus Wasser und Maismehl, der die abscheulichsten Dinge, die sich ein Acoma vorstellen kann, beigemischt waren]. Als wir den Trank endlich hinuntergewürgt hatten, rauchten sie eine Zigarette mit uns, die sie an einem glimmenden Stück Kaktusholz angezündet hatten. Erleichtert zogen wir den Rauch ein. Am vierten Abend überreichte uns der Anführer der Kacale Fächer aus Gebetsfedern, die wir in den Händen hielten, als wir uns nach Osten wandten und dieses Lied sangen:

> Mit einer Bitte komme ich zu dir
> Ye-a, ye-a
> Mit einer Bitte komme ich zu dir
> Schreitend komme ich
> Nach Osten wende ich mich
> Auf dem Muschelpfad schreite ich
> Nach Osten wende ich mich
> Wo das Wasser des Lebens fließt
> Wo die Sonne sich erhebt
> Die Leben, Gesundheit und Glück
> Zur Erde schickt

Am Ostrand des Tafelberges angelangt, beteten wir, fingen den Atem des Lebens ein und kehrten dann in das Haus der Kacale zurück. Als wir dort eingetroffen waren, fegten die Kacale ihr Gemälde aus Mehl zusammen und füllten es in Maisblätter, die sie mit den anderen Sachen fortpackten. Später benutzten wir das Mehl, um jeden Morgen und Abend heilige Pfade auf dem Boden der Estufa auszulegen. Am fünften Abend bereiteten wir uns auf die Nakats-Zeremonie vor.

Die Paiute – Sammler der Wüste

Die ersten Indianervölker, die von Asien nach Amerika vordrangen, lebten wie die Paiute von der Jagd und vom Sammeln wilder Früchte. Deshalb findet man viele Vorstellungen und Verhaltensweisen, die bei den Paiute üblich waren, auch bei anderen Völkern, bei den Pueblo ebenso wie bei den Stämmen des Waldlandes. Und doch trennen Jahrtausende der Entwicklung die eiszeitlichen Jäger von den Bewohnern der Wüste.

Nur auf den ersten Blick und ohne nähere Kenntnis erscheint die Paiute-Kultur einfach und unkompliziert. Doch wie viele Versuche und wie viele Fehlschläge waren nötig, um in der dürren Beckenlandschaft des Felsengebirges Nahrungspflanze von Heilkraut und Giftgewächs unterscheiden zu lernen? Können wir uns überhaupt vorstellen, welchen Sachverstand es erfordert, über zweihundert Pflanzennamen mit dem dazugehörigen Wissen über Standort, Reifezeit, Zubereitung und Verwendung ohne Hilfe einer Schrift von einer Generation zur andern weiterzugeben?

Dreiviertel aller Nahrungsmittel der Paiute waren pflanzlicher Herkunft: Eicheln, Kastanien, Nüsse, Beeren, Gräser und Samen wurden geerntet und als Brei, Mehlpaste, Fladenbrot oder Suppe unter Zugabe von Beeren und Körnern zubereitet. Das Rösten und Backen der Nüsse geschah in kleinen Körben, die ständig bewegt werden mußten, damit sie nicht verbrannten. Als Zutat verwendete man Salz, Honig und Rohzucker, den grüne Insekten zusammengetragen hatten.

Der defizitäre Kreislauf der Natur ließ keinen Zweifel daran, daß Mangel hier ein ewiges Prinzip ist. Die Barriere des Felsengebirges fängt zwar genügend Niederschläge auf, doch die wenigen Flüsse verlieren sich schon bald in den Salzsümpfen der Wüste. Anderthalb Quadratkilometer Land ernährten zwei bis drei Menschen. Jede Siedlungsgemeinschaft durchstreifte auf ihrer jährlichen Nahrungssuche ein Revier von zwanzig bis dreißig Kilometern im Umkreis, häufig mehr. Die genaue Verteilung der Dinge im Raum war daher das erste, was ein Paiute lernen mußte und nie wieder vergaß.

Dem sichtbaren Mangel der Natur setzten die Paiute rationelle Techniken entgegen. So wurden Sträucher mit langen Hölzern abgeklopft, bis alle Früchte in große, geflochtene Matten gefallen waren, die am Boden ausgebreitet lagen. Wildpflanzungen bewässerte man künstlich, um die jährlichen Erträge zu sichern. Fischfang und Kaninchenjagd der Männer und das Beeren- und Nüssesammeln der Frauen waren gesellige Unternehmungen, die sich jedes Jahr wiederholten.

Die schweifende Lebensweise der Paiute stellte hohe Anforderungen an eine leichte Bauweise der Wohnungen, für die nur wenige Materialien zur Verfügung standen. Kuppeldächer aus Zweigen, Rinde, Gras oder Riedmatten boten im Sommer Schutz vor Sonne und Wind. Im Winter suchte man Täler in der Nähe von Wasser und Brennholz auf. Dann trafen sich die männlichen Paiute in unterirdischen Grubenhäusern, die den Kivas der Pueblo-Indianer ähneln.

Krieg gab es nur selten zwischen den benachbarten Gruppen, die zusammen etwa dreitausend Personen zählten. Man respektierte das Revier der anderen, in dem es kaum etwas zu erobern gab. Tapferkeit bewies man auf der Großwildjagd oder als Schamane und Heiler im Umgang mit der Geisterwelt. Öffentliche Anerkennung fand vor allem die Großzügigkeit. Wenn die Vorratslager gefüllt waren, blieb noch viel Zeit für Geselligkeit – Geschichtenerzählen, Glücksspiel, Wettbewerbe und Maskentänze, die Männer und Frauen zusammenführten. Im Herbst traf sich der ganze Stamm fünf Tage lang zum großen Tanzfest, dem Fandango.

Erst die moderne Wissenschaft hat zeigen können, wieviel ungeschriebene Geschichte unter der Oberfläche des Wüstenlebens verborgen ist. Nach den Forschungen von Benjamin Lee Whorf (1897–1941) sind die Sprachen der Paiute in Nordamerika und der klassischen Maya in Guatemala enger verwandt als die indogermanischen Sprachen Europas und Indiens. Aus dieser ursprünglichen Sprachgemeinschaft lösten sich etwa zur Zeitenwende die Azteken und begannen ihren Weg, der in den Tempeln und Palästen Mexikos endete. Um das Jahr 1000 überwanden die Vorfahren der Paiute das Felsengebirge von der Pazifikküste her und besiedelten die Wüsten des Großen Beckens. Sechshundert Jahre später übernahmen einige dieser Paiute, die am weitesten nach Osten vorgedrungen waren, von den Spaniern Pferd und Sattel. Aus diesen Gruppen entstanden die Völker der Shoshone, der Ute und der Comanche am Schnittpunkt von Pferdezucht und Pelzhandel. Sie vergaßen schon bald das Wissen der Wüste, das ihre Brüder und Schwestern im Westen überlieferten.

Die Sprache der Paiute, die sich selbst »nümü« (»wir Menschen«) nennen, wurde einer Lebensweise gerecht, die vom Zusammenwirken aller abhing, die sich dazugehörig fühlten. Die europäischen Sprachen errichten bereits in der engeren Familie Schranken auf der Grundlage des Geschlechts (»Bruder«/»Schwester«) und der Nähe der Verwandtschaft (»Geschwister«/»Cousins«). In der Paiute-Sprache werden diese Personengruppen unter demselben Begriff zusammengefaßt, allerdings für männliche und weibliche Sprecher verschieden: Ein Mann oder eine Frau bezeichnen ihre Brüder und Schwestern, Vettern und Basen gleichermaßen als »das Geschwister eines Mannes« oder »das Geschwister einer Frau«. Die Paiute-Sprache respektiert also den Unterschied der Geschlechter, soweit er die eigene Identität fördert, mißbraucht ihn aber nicht, um die Angehörigen derselben Generation zu trennen. Natürlich ist das Paiute wie alle Sprachen imstande, das Geschlecht und den Verwandtschaftsgrad durch eine Kombination von Wörtern zu umschreiben.

Ein weiteres Beispiel soll den Einfluß der Sprache auf das Zusammenleben der Menschen verdeutlichen: Das enge Verhältnis zwischen Großeltern und Enkelkindern kommt darin zum Ausdruck, daß beide Generationen mit derselben Bezeichnung angesprochen werden, ein »Enkel« also gewissermaßen als »Großvater«, wenn wir Wörter aus unserer Sprache einsetzen wollen. Tatsächlich wurden familiäre Bande sogar über große Entfernungen hinweg allein durch sprachliche Mittel aufrechterhalten. Selbst eine lange Trennung konnte ihnen dadurch nichts von ihrer Unmittelbarkeit nehmen. Nur der Tod sollte diese Verbundenheit endgültig auflösen. Deshalb war es verpönt, Verstorbene überhaupt noch zu erwähnen, so daß man sich an ihre Namen einfach nicht mehr »erinnern« konnte.

Auch eine Heirat war für die Paiute keine Angelegenheit zwischen Einzelpersonen, sondern eine Verbindung zweier

Gruppen, die über die Kinder des Paares zu einer einzigen Gemeinschaft zusammenwuchsen. Üblicherweise tauschten zwei Familien Geschenke miteinander aus, bis der Ehemann in das Haus seiner Braut zog. Dem Paiute-Mann war es dann verboten, mit seiner Schwiegermutter zu sprechen, und man achtete darauf, daß seine Söhne ihre Frauen nicht aus dem eigenen Dorf wählten, sondern neue Verwandtschaftsbeziehungen herstellten.

Die folgenden Texte wurden in den zwanziger Jahren von dem amerikanischen Anthropologen Julian H. Steward (1902–1972) aufgezeichnet. Sie beweisen die große Vielfalt der Persönlichkeiten, die jede Kultur hervorbringt. Das Leben dieser beiden Menschen, Sam und Jack, ist aber auch in unterschiedlicher Weise von denselben geschichtlichen Veränderungen beeinflußt worden. Der Verlust der nächsten Angehörigen durch epidemische Krankheiten hat verheerende Folgen in einer Gesellschaft, die dem einzelnen nur als Mitglied einer Familie Schutz und Halt gewährt.

Sam (Paiute)

Ich wurde in Pitana Patü geboren. Meine Eltern stammten aus demselben Ort, aber ich kann ihre Namen nicht sagen. Ich verbrachte meine Jugendzeit in Pitana Patü, solange meine Mutter für mich sorgte, nachdem mein Vater gestorben war. Wir hatten unser Lager in der Nähe des Glas-Berges in einer Schlucht an der Nordseite des Tupi Mada-Berges aufgeschlagen, um wie jedes Jahr im Herbst Piniennüsse zu ernten, als mein Vater plötzlich krank wurde und starb. Die Leute bestatteten ihn und zogen in eine Klamm am Westhang des Berges, wo sie gleich oberhalb der Baumgrenze den ganzen Winter lang von Piniennüssen lebten.

Ich hatte zwar noch einen älteren Bruder, doch er war vor seiner Zeit gestorben. Außerdem hatte ich zwei Schwestern, beide älter als ich, und wir hätten wenig Fleisch zu essen bekommen, wenn ihre Ehemänner nicht gewesen wären, weil ich vom Jagen nichts verstand. Die Männer meiner Schwestern waren gute Jäger. Einer von ihnen, der Gatte meiner Schwester Saiyunipü'ü, war sogar für die Bewässerung der Nahavita-Sträucher oberhalb von Bishop zuständig. Ich kann mich nicht mehr an seinen Namen oder an den meiner anderen Schwester erinnern, aber ihr Gatte hieß Nauwahijugo; das bedeutet: »Der viel besitzt.«

Im Frühjahr nach dem Tod meines Vaters kehrten wir nach Bishop zurück. Ich lebte bei meiner Mutter, weil sie als einzige übriggeblieben war, die für mich sorgen konnte. Meine Großmutter war gestorben, bevor wir uns zur Piniennußernte auf den Weg gemacht hatten, und mein Onkel starb kurz vor unserer Rückkehr aus Tupi Mada.

Im Herbst nach dem Tod meines Vaters zog meine Mutter an einen Ort westlich von Pitana Patü, um Tupusi'i-Nüsse für den Winter zu sammeln. Später besuchten wir den großen Tanz (»Fandango«) in Nü'gatûhâ'va gleich unterhalb des Damms am Paiute-Graben. Wenn gerade kein Tanz stattfand, verbrachten die Leute ihre Zeit beim Glücksspiel. In diesem Jahr war das Reifenwerfspiel, Paicinu, sehr begehrt. Hohe Einsätze an Muschelperlen wurden bei der Wette gewonnen und verloren. Ein Mann mit Namen O'tigivâ'sitü'ü, der Bruder meines Vaters, war besonders geschickt und trug einen Sieg nach dem andern davon. Die Leute lagen sich oft wegen eines Spiels in den Haaren, und ein Wortwechsel endete manchmal mit Blutvergießen. Als ich bei einem Spiel zusah, gerieten wieder einmal zwei Männer aneinander, beruhigten sich aber bald, weil sie fürchteten, einander verletzen zu können.

Indianer aus dem ganzen Owens-Tal, bis hinunter nach Fort Independence im Süden, hatten sich hier versammelt. Von Deep Springs war niemand gekommen, weil sie dort seltener Besuche machten, aber aus dem Runden Tal waren alle da. Die Männer aus der Gegend von Fort Independence sind besonders gute Tänzer, deshalb wurden sie gebeten, den Totso'ho-Tanz aufzuführen, bei dem vier Männer Hemden mit Federn und Adlerdaunen tragen. Wir tanzten fünf Tage und Nächte, bis alle Besucher ihren Heimweg antraten.

Danach gingen wir auf Kaninchenjagd, weil der Nügatu-Tanz in diesem Jahr etwas zu früh abgehalten worden war. Der Ehemann von Saiyunipü'ü, mein Schwager, leitete das Unternehmen. Er entschied, wann die Jagd stattfinden sollte, und gab das Zeichen zum Anfangen. Als es soweit war, machten wir unsere Sachen fertig und jagten mit unseren Netzen und Bogen zunächst von Pitana Patü aus. Dann zogen wir zu den warmen Quellen von Keough weiter, wo wir noch einmal drei Tage lang Kaninchen jagten. In jenen Tagen lebten dort erst wenige Indianer. Darauf überquerten wir den Fluß und verbrachten weitere drei Tage auf der Ostseite des Tals. Von dort kehrten wir nach Pitana Patü zurück; wir hatten unser Revier gründlich durchforscht. Nachdem wir also die Region um Pitana Patü bejagt hatten, wanderten wir ins Hammil-Tal hinauf, das damals von Indianern noch kaum bewohnt war. Auch dabei führte uns mein Schwager.

Als wir unsere Kaninchenjagd beendet hatten, bezogen wir in Bishop unser Winterlager. Es wurde ein strenger Winter mit so viel Schnee, daß die Beifußbüsche ganz zugeweht wurden, bis die Spitzen der Sträucher nicht mehr zu sehen waren. Wir bereiteten

Mehl aus Waiya-Getreide, Mono-Gras, Tupusi'i-Nüssen, Naha-vita-Binsen und anderen Sämereien, die meine Mutter gesammelt hatte. In diesem Herbst waren keine Piniennüsse in den Bergen gereift, sonst hätten wir sie geerntet und in der Nähe den Winter verbracht. Wir hatten aber noch ein Vorratslager aus dem vorigen Jahr in Tupi Mada übrigbehalten und unternahmen mehrere Fahrten dorthin, um Nüsse nach Pitana Patü zu holen.

Schon als Kind hatte ich kein Glück beim Jagen, obwohl ich es oft versucht habe. Vermutlich kam meine Ungeschicklichkeit daher, daß ich meinen Vater verloren hatte, als ich noch ganz klein war. Weder mein Onkel noch andere Verwandte fühlten sich verpflichtet, es mir beizubringen. Ich habe auch nie von einer Geisterkraft geträumt. Manchmal nahm ich zwar an den Wett-kämpfen der Jungen teil, doch immer mit sehr wenig Erfolg. Beim Reifenwerfen verlor ich meistens all meine Pfeile, denn ich wußte nicht, wie man sie zuschneidet und richtig wirft. Beim Glücks-spiel hat deshalb mein Vetter Yârovü'gavü'ü die Ehre unserer Familie verteidigt, weil er gute Pfeile machen konnte und immer gewann. Wenn ich dagegen an den Spielen teilnahm, bei denen man ein Ziel durch Werfen oder Schießen treffen mußte, verlor ich immer. [. . .]

Etwas später im Sommer zogen wir an den Owens-Fluß nördlich von Pitana Patü, um Fische zu fangen. Die Männer stauten das Gewässer zu einem See. Dann zerschmetterten sie mit Felsbrocken kleine Lachse, die sie mitgebracht hatten, und warfen sie ins Wasser. Das verwirrte die übrigen Fische so sehr, daß wir sie nur noch einzusammeln brauchten. Während wir sie fingen, bereiteten die Frauen unser Essen zu. Nach diesem Fisch-zug kehrten wir nach Bishop zurück. Der nächste Winter war wieder sehr streng. Wir hatten wenig Brennholz und mußten uns durch den Schnee graben, um an die Beifußbüsche zu gelangen.

Im vorausgehenden Herbst war eine Erdhütte aus Waidava-Zweigen gebaut worden, in der ich viele Nächte mit den anderen Jungen meines Alters zubrachte. Die Männer hatten uns dort eine Ecke zum Schlafen gegeben. Nur die alten und die unverheirate-ten jungen Männer wohnten in einem Grubenhaus. Die anderen blieben bei ihrer Familie. Dort wurden aber keine Glücksspiele ausgetragen, sondern man erzählte sich sehr viel, und ich lernte manches aus den Geschichten, die ich damals hörte. Tagsüber vertrieben wir uns die Zeit mit Reifenwerfen auf dem Platz gleich neben dem Männerhaus. Die Hütte wurde noch einige Jahre genutzt, bevor sie zusammenfiel.

Bei Frühlingsanfang trafen sich die Leute zu einem großen Fest, Tuwâ'pâ'it, um jemanden zu wählen, der im kommenden Sommer für die Bewässerung der Nahavita-Sträucher zuständig sein sollte. Aus diesem Anlaß versammelten sich alle Männer und Frauen im Grubenhaus. Bei der Abstimmung wurde mein Schwager als Tuvaiju'u wiedergewählt, und man sagte ihm, wann er mit der Bewässerung der Sträucher beginnen sollte. Niemand wollte ihm bei dieser Arbeit helfen, doch das kümmerte ihn nicht, weil er seine Wahl als Auszeichnung betrachtete.

Als kaltes Wetter nicht mehr zu befürchten war und die Bewässerungszeit begann, gingen die größeren Siedlungen auseinander, um Nahrung zu suchen. Meine Leute hatten sich in Tsâ'wâ Wua'a aufgehalten, und östlich von uns gab es noch ein großes Dorf mit Namen Pawona Witu. Einige Familien wanderten zu ihren Ernteplätzen in die Berge, um Huki-Gras, Pasida-Körner und Wai-Samen zu ernten; andere zogen an den Fluß, um Fische zu fangen; wieder andere gingen nach Norden, wo bestimmte Saatkörner zu finden waren. Wir ernteten, was wir nur konnten, damit uns die Vorräte nicht ausgingen.

Weil ich ein schlechter Jäger war, beschlossen meine Vettern, mir eine Lehre zu erteilen. »Du verstehst wirklich nichts von der Pirsch«, verspotteten sie mich. »Trotzdem wollen wir dich als Helfer mitnehmen, denn du kannst bestimmt das Wild aufscheuchen.« Das wollte ich gerne versuchen, obwohl ich bisher noch keinen Erfolg auf der Jagd gehabt hatte. Mitten im Hochsommer wanderten wir den Bishop-Bach aufwärts. Als wir auf der anderen Seite des Sabrine-Sees angelangt waren, sagte mir mein ältester Vetter, daß ich weiter bergauf steigen sollte, um an einer bestimmten Stelle Feuer zu legen. Von dort würde es sich geschwind ausbreiten und das Wild in Panik versetzen, so daß es ihm in die Schußlinie gelaufen käme. Ich erledigte meinen Auftrag erwartungsgemäß.

»Wir ernteten, soviel wir konnten.«

Nach einer Weile nahm ich eine Fährte auf, die den Berg hinabführte, aber ich konnte das Wild nicht sehen. Deshalb kletterte ich zu meinem Vetter hinunter und fand ihn fest eingeschlafen in seinem Versteck. »Ich weiß schon«, kam er mir zuvor, »ein Hirsch ist hier vor kurzem vorbeigelaufen, als ich gerade eingeschlafen war. Er hat mich völlig überrumpelt, und ich kam einfach nicht mehr zum Schuß.« Das war aber nicht ernstgemeint, denn nachdem wir ein Stück des Weges zum Sabrine-See hinabgestiegen waren, fragte er mich plötzlich: »Was liegt denn dort unten?« Ich eilte zu der Stelle, auf die er gezeigt hatte, und fand einen toten Hirsch. Ich hatte ihn mit meinem Feuer aufgestöbert, so daß ihn mein Vetter nur noch zu erlegen brauchte. Nachdem auch mein anderer Vetter zu uns gestoßen war, häuteten wir unsere Beute. Sie gaben mir den Nacken und andere kleine Stücke und teilten das übrige unter sich.

Bald darauf fand eine große Treibjagd nahe dem hohen Berg zwischen dem mittleren und dem südlichen Zweig des Bishop-Baches statt. Wir hatten unser Lager ungefähr dort aufgeschlagen, wo heute das Transformatorenhaus steht. Die besten Jäger stellten sich an den Wildschneisen auf, meist so, daß sie das Wild schon aus einiger Entfernung beobachten konnten. Wir jungen Männer halfen als Wasu, die den Jägern das Wild zutreiben.

Ich hatte zu diesem Unternehmen Pfeil und Bogen mitgenommen. Ich weiß nicht wozu, denn ich konnte kaum damit umgehen. Bald sah ich zwei Hirsche und schoß auf sie, aber ich war ein solch schlechter Schütze, daß ich mehrere Male danebenschoß, bevor ich ein Tier verwundete. Der Hirsch flüchtete, und ich bat einen anderen Indianer, mir beim Aufspüren zu helfen. Wir suchten zwei Tage lang und konnten ihn nicht finden, so daß ich ins Tal zurückging. Mein Schwager, der ein guter Jäger war, nahm die Suche auf. Er fand das Tier schließlich, als es schon mehrere Tage tot und von den Bussarden zerrissen worden war. Als mein Onkel davon hörte, kam er und bat um die Hälfte des Fells. Doch mein Schwager lehnte ab, weil er das Tier gefunden hatte. Später kehrte mein Onkel zurück, als mein Schwager nicht zu Hause war und holte sich die bessere Hälfte des Fells.

Ich war schon ein ziemlich großer Junge, doch ich betrachtete mich immer noch als Kind. Deshalb ging ich in die Sümpfe und grub Wurzeln aus, die ich mit Salz verspeiste. Im Herbst lebte ich dann mit meiner Mutter bei meiner jüngeren Schwester und ihrem Ehemann. Mein anderer Schwager hatte uns verlassen, als meine ältere Schwester gestorben war, und lebte nun in Red Hill. Es gab damals viele strenge Winter, und jedes Jahr begrub der Schnee die Spitzen der Beifußbüsche unter sich. Doch wir hatten immer genug Sämereien aus dem Sommer, um den Winter zu überstehen.

Im nächsten Jahr lief ich mit einigen Jungen fort, die ein wenig älter waren als ich. Gegen Herbstanfang hatten unsere Leute ihr Lager an der Quelle von Padatuni oben in der Marmor-Schlucht und sammelten Piniennüsse. Wir Jungen beschlossen, eine Reise nach Osten zu unternehmen, und erreichten als erstes ein Piniennußlager namens Tupiko. Am nächsten Tag wanderten wir zu einem anderen Piniennußlager, Hunaduduga, wo wir über Nacht blieben. Die Leute bewirteten uns mit Piniennußbrei. Ein Vetter von mir lebte bei ihnen; seine Frau erhielt gerade eine Heilbehandlung. Der Heiler bemühte sich die ganze Nacht um sie, doch ich war zu jung und nicht sehr daran interessiert, so daß ich bald schlafen ging.

Wir zogen nach Norden durch die Weißen Berge und suchten weitere Piniennußlager auf. Dann durchquerten wir das Tal des Fisch-Sees und wandten uns nach Toyo Toyo in der Silver-Peak-Bergkette. Unser Anführer hatte keine Eltern mehr und wollte sich seiner Schwester anschließen, die in Toyo Toyo lebte. Doch wir wurden von der Nacht überrascht und mußten eine Fackel aus Beifußzweigen anzünden, um unseren Weg mühsam bergauf fortzusetzen.

Kurz bevor wir Toyo Toyo erreichten, trafen wir einen Shoshone-Indianer, einen Vetter unseres Anführers. Sie unterhielten sich in der Shoshone-Sprache, und er sagte schließlich zu uns: »Ich glaube, daß ich diesen jungen Mann hier kenne. Er scheint ein Geschwister von der anderen Seite der Berge zu sein.« Der Shoshone erzählte uns, daß gerade ein großes Fest in Toyo Toyo stattfand, und setzte dann seinen Weg nach Westen fort.

Auf dem Fest begegnete ich mehreren Leuten, die ich aus Big

Pine kannte. Man spielte Reifenwerfen, und ein Mann aus Toyo Toyo namens Kidohivi'i gewann unaufhörlich. Nachdem er gerade einen Gegner aus dem Tal des Fisch-Sees besiegt hatte, forderte er den nächsten heraus, mit ihm um die Wette zu spielen. Der alte Mann war einverstanden und unterlag genau wie seine Vorgänger. Wir hatten schon bald nach unserer Ankunft ein Abendessen bekommen und sahen jetzt bei den Tänzen zu. Die Männer und Frauen trafen sich zu einem Kreistanz. Aber ich nahm nicht daran teil, weil ich kein guter Tänzer war.

Nach zwei Tagen näherte sich das Fest seinem Ende, und ich ging ohne die anderen nach Bishop zurück. Mein erstes Nachtlager teilte ich mit jemandem, den ich aus Big Pine kannte. Am zweiten Tag erreichte ich eine Quelle, wo ich einen Freund aus Big Pine namens Tuvana'a traf, der mich einlud, nach Pitana Patü mitzukommen. Doch er ließ mich im Stich und zog ohne mich weiter. Am nächsten Morgen brach ich schon früh auf und holte eine Gruppe Indianer ein, die nach Norden unterwegs war. Hier traf ich Tuvana'a wieder, der ein ausgezeichneter Läufer war. Ich bekam Piniennüsse zu essen, und Tuvana'a begleitete mich nach Bishop zurück. Dazu mußten wir die Weißen Berge überqueren und die Silber-Schlucht hinabsteigen.

Die ersten Weißen, an die ich mich erinnern kann, hatten sich in der Nähe von Bishop niedergelassen. Nach einem großen Regen blieb ihr Vieh im Schlamm stecken, und wir töteten mehrere Tiere. Wir haben auch Pferde gestohlen und gegessen. Als einige Indianer wieder einmal ihren Hunger an Pferdefleisch stillten, wurden sie von Weißen überrascht, und einer der Männer blieb auf der Strecke. Da gab es Ärger. Die weißen Soldaten kamen und griffen die Indianer gleich nördlich von Big Pine an. Alle konnten jedoch fliehen, bis auf drei Männer, die dachten, daß sie in einer Schlucht gefangensaßen. Einer der drei bekam sogar einen Schreikrampf, doch schließlich entkamen auch sie.

Bald darauf kehrten die Soldaten zurück und griffen uns in der Nähe von Keoughs Quellen an, aber diesmal schlugen wir sie in die Flucht. Meine Leute befanden sich gerade auf ihrem Weg ins Runde Tal, als ich mit einem anderen Mann sah, wie die Kavallerie auf uns zugeritten kam. Als wir den anderen nacheilten, um sie zu warnen, nahmen die Soldaten die Verfolgung auf. Unser Anführer sagte uns, daß wir versuchen sollten, ihren Hauptmann zu töten, der hinter den Soldaten herritt und ihnen Befehle gab, wie er uns erklärte. Das gelang uns auch, und es versetzte den Soldaten einen solchen Schrecken, daß sie sich sofort zurückzogen. Wir machten uns an den Hauptmann heran und nahmen ihm seine Kleider und sonstige Habe, doch am Abend holten die Soldaten seinen Leichnam und legten Mehl und Fleisch an der Stelle nieder, wo sie den Toten gefunden hatten. Sie bestatteten ihn auf der Bishops Ranch und kehrten zu ihrem Stützpunkt zurück. Wir zogen danach ins Lange Tal, wo eine große Menge Nahavita-Sträucher wuchs, und blieben mehrere Tage dort, während die Frauen mit Sammeln beschäftigt waren. [. . .]

Nach einiger Zeit gesellte sich ein alter Indianer namens Old Joe zu uns. Er lebte oben am Bishop-Bach und schlug mir vor, daß wir ein Lager in den Bergen besuchen sollten, wo Piüga-Raupen gesammelt wurden. Drei von uns wollten ihn begleiten. Während wir das Runde Tal durchquerten, regnete es. Als es wieder aufklarte, stießen wir auf Bärenspuren, die auf uns zu kamen. Die Fährte brach jedoch plötzlich ab und wies in die entgegengesetzte Richtung. Wir verstanden das so, daß der Bär uns gewittert hatte und umgekehrt war. Überall hielten wir nach ihm Ausschau, und als ich ihn entdeckte, sagte ich es gleich Old Joe. Er forderte uns auf, ganz still zu bleiben und uns nicht zu rühren.

Ein Bär ist fast wie ein Mensch. Er kann aufrecht gehen und Dinge in seinen Tatzen halten. Weil Old Joe ein erfahrener Krieger war, sprach er ihn an. »Geh fort«, beschwor er ihn, »und laß diese Leute hier in Frieden.« Aber der Bär nahm keine Notiz von ihm und trottete weiter auf uns zu. Old Joe ermahnte uns noch einmal zur Ruhe und befahl dem Bär, nicht weiterzugehen. Doch das Tier beachtete ihn einfach nicht und setzte seinen Weg fort.

Als der Bär etwa fünfzig Meter von uns entfernt war, machte Old Joe Pfeil und Bogen schußbereit, zielte auf den Boden und drohte: »Halt! Wenn du jetzt weitergehst, bekommst du etwas ab!« Da erhob sich der Bär auf seine Hinterpfoten und streckte beide Pranken von sich. Als er etwa eine Minute lang so gestanden hatte, kehrte er plötzlich um und trottete davon. Wir waren froh, daß er uns angeblickt hatte, als er seine Pranken ausstreckte, denn er wäre sicher umgeschwenkt und hätte uns angefallen, wenn er uns zuerst den Rücken zugekehrt hätte. Nach diesem Erlebnis änderten wir unser Vorhaben und traten unseren Heimweg an.

Als wir unser Dorf erreichten, brachten drei Indianer den Soldaten, die in der Nähe von Bishop lagerten, eine Meldung aus Fort Independence. Alle Indianer sollten umgehend am Stützpunkt zusammenkommen. Jetzt gingen wir doch noch zum Piüga-Lager und brachten den Leuten dort oben die Nachricht, daß der Krieg zwischen den Indianern und den Weißen vorbei war. Nun sollten keine Kämpfe mehr stattfinden, und am Stützpunkt würde ein großes Fest für uns veranstaltet. Deshalb fanden sich alle schon bald dort ein und kamen gerade rechtzeitig zum Kanonensalut am Unabhängigkeitstag. Mit den anderen Indianern bezogen wir ein Lager, bauten Hütten aus Weidenzweigen und bereiteten uns darauf vor, eine Zeitlang zu bleiben.

Nach drei Tagen erklärte uns Bill Chico, ein Indianer, der bei den Weißen lebte: »Wir müssen morgen ein Bad nehmen. Dann wird unser Vater uns neue Kleider schenken, weil wir unsere Lebensweise ändern sollen.« Wir badeten also am nächsten Tag und gingen nachmittags zu den Soldaten. Sie gaben uns Fleisch und Mehl, aber keine Kleider. Das verwirrte unsere Leute so sehr, daß sie die ganze Nacht hindurch aufgeregt darüber diskutierten. »Wir ziehen besser fort«, meinten einige. »Morgen wird man uns bestimmt etwas antun wollen.« Aber bei Tagesanbruch hatte sich die Stimmung beruhigt.

Am Vormittag luden sie unsere Frauen und Kinder auf Wagen und ließen uns unter der Bewachung von Soldaten hinterherlaufen. An diesem Tag kamen wir bis Long Pine und erfuhren, daß dort kurz zuvor eine Indianerfrau aus dem Saline-Tal erschossen worden war. Nun waren wir ganz sicher, daß man zuerst unsere Frauen und dann uns töten wollte, weil wir keine Waffen mehr besaßen. In dieser Nacht hatten wir große Angst, und einige von uns flohen.

Man brachte uns darauf nach Olancha, und wir glaubten immer noch, daß man uns töten würde. Noch mehr von unseren

Leuten flüchteten. Wir marschierten am Kleinen See entlang, überquerten die Berge und bezogen ein Lager am Kern-Fluß. Hier durchschwammen dreißig Shoshone-Indianer aus dem Saline-Tal den Strom und entkamen. Wir folgten dem Kern-Fluß abwärts und legten in Wap und dann bei den Wiutapi-Quellen eine Rast ein.

Unterwegs trafen wir einen Weißen auf seiner Ranch, der ein indianisches Waisenkind adoptieren wollte. Wir gaben ihm ein Kind von sechs oder sieben Jahren. Schließlich erreichten wir Fort Tejon, wo wir reichlich Mehl, Reis und Speck und dann auch Getreide aus einem großen Speicher erhielten. Aber alles war schnell wieder aufgebraucht. Da erzählte man uns von einem Berg, an dessen Hängen Nußsträucher wuchsen, und wir sammelten ein paar Wochen lang Nüsse. Als wir jedoch zum Stützpunkt zurückkehrten, befürchteten wir weitere Betrügereien und waren so sehr beunruhigt, daß noch mehr von uns flohen, darunter auch meine Mutter.

Ich blieb den ganzen Winter lang dort, doch im Frühjahr war ich mit vier anderen Männern auf und davon. Wir überquerten den Walker-Paß und sammelten überall auf unserem Weg Piniennüsse. Als wir uns gerade an einem Ort namens Mogohupowamutü hinter den Alabama-Bergen aufhielten und von Nüssen ernährten, kamen vier bewaffnete Männer auf uns zu geritten. »Sie wollen uns töten«, rief ich. »Laßt uns also fliehen!« Hals über Kopf machten wir uns aus dem Staub. Damals war ich ein guter Läufer und überholte sogar meine vier Begleiter, aber wir konnten alle entkommen. So schlugen wir uns weiter durch und zehrten von einem Vorratslager in der Nähe von Bishop. Als ich erfuhr, daß meine Mutter in Tupi Mada Nüsse sammelte und vor Sehnsucht nach mir geweint hatte, besuchte ich sie mit meinem Freund.

Nach Bishop zurückgekehrt, hörte ich, daß man Salz abbauen wollte, um es im nächsten Jahr auf der anderen Seite der Sierra Nevada zu tauschen. Mit den anderen suchte ich eine Lagerstätte in der Wüste auf und gewann genug Salz für zwei große Portionen. Als mehrere Männer im darauffolgenden Frühsommer eine Handelsreise unternahmen, begleitete ich sie mit meinen beiden

Salzkugeln. Ich hatte nämlich zwei Kugeln aus dem Salz geformt, weil ich hoffte, daß die Menschen jenseits der Berge sie den Salztafeln der anderen vorziehen würden.

Sechs von uns, alles Männer, traten an einem Spätnachmittag ihre Reise an. In der ersten Nacht kamen wir bis Tönô'vü, wo immer die erste Rast eingelegt wird, weil es dort einen Mahlstein gibt, auf dem man frisches Mehl aus den mitgebrachten Körnern bereiten kann. Wegen unserer schweren Lasten kamen wir jeden Tag nur langsam voran.

Auf der anderen Seite der Berge nahmen uns die Indianer freundlich auf und luden uns zum Essen ein. Wir waren gerade bei einer Familie zu Gast, als ein Nachbar hereinkam und uns ansprach: »Wenn ihr fertig seid, möchte ich euch bei mir bewirten.« Also gingen wir später zu ihm hinüber und bekamen noch einmal zu essen. Wir unterhielten uns mit ihnen in unserer eigenen Sprache, aber wir konnten sie nur schwer verstehen.

Am nächsten Morgen begannen wir unser Tauschgeschäft. Die Leute waren sehr daran interessiert, Salz von uns zu bekommen, und wir waren zu jedem Handel bereit. Aber sie mochten die Salzplatten der anderen nicht. Ein Mann suchte eine dünne Tafel heraus und legte sie beiseite: »Die ist nicht gut«, erklärte er, »die wird zu schnell aufgebraucht sein.« Da sah er meine Salzkugeln und meinte: »So ist es recht! Das hat Leib und Seele und ist von Dauer.« Nach diesen Worten legte er eine rote Wolldecke auf einen Felsen und rief: »Wem dieses Salz gehört, der soll vortreten und sich diese Decke holen.«

Aber meine zweite Salzkugel war zu groß, und ich konnte sie nicht verkaufen. Schließlich gab ich sie einem indianischen Heiler, den ich kannte. Im Gegentausch .schenkte er mir eine lange Muschelkette, die er um den Hals getragen hatte, ein gepunktetes Hemd, ein Paar Hosen und ein ziemlich schlechtes Rehfell. Das war weit mehr, als ich erwartet hatte. Die anderen Männer bekamen für ihr Salz Stoffe, Kleider, Decken und so weiter.

Unsere Gruppe trat in großer Eile den Heimweg an. Sie wanderten so schnell, daß ich nicht Schritt halten konnte. Alle waren älter als ich bis auf einen Mann, der mich begleitete. Die anderen erreichten in der ersten Nacht Wa'akanovi'i, doch wir kamen nur bis Saiva. Ein paar Tage später gelangten wir in die Schlucht unterhalb des Nord-Sees am Bishop-Bach.

Dort entdeckten wir ein Stachelschwein in einem Baum, das mein Begleiter mit einem Schlag auf die Nase tötete. Noch am selben Abend nahmen wir es aus, sengten die Stacheln und Borsten ab und hielten es während der ganzen Nacht mit glühenden Kohlen und Sand bedeckt. Am nächsten Morgen war es gar und lieferte ein schmackhaftes Frühstück. Wir aßen dazu einen Brei aus Eichelmehl, den wir mit heißen Steinen in einem Korb gekocht hatten, der uns auf der anderen Bergseite geschenkt worden war. In der folgenden Nacht erreichten wir das Heim meines Begleiters, der jenseits des Roten Berges lebte.

Einige Jahre später heiratete ich. Meine Mutter zog mit uns zusammen und lebte viele Jahre bei uns, bevor sie in hohem Alter starb.

Jack (Paiute)

Ich wurde im Dorf meiner Mutter, in Tovowahamatü, geboren. Indianer aus anderen Orten nennen mich deshalb einen Tovowahazi. Mein Vater stammte aus Ozangwitü. Manchmal besuchten wir die Verwandten meines Vaters, aber ich war bei meiner Mutter zu Hause. Tovowahamatü ist der Ort, an den ich zuerst denke.

Ich lernte jagen, als ich noch ein kleiner Junge war. Pfeil und Bogen schnitt ich mir selbst zurecht, damit ich im Tal Hasen und Enten schießen konnte. Meine Kenntnisse habe ich teils von den älteren Jungen, die schon etwas davon verstanden, und teils aus den Lehren meines Vaters bezogen.

Als meine Familie einmal das Dorf meines Vaters in Ozangwitü besuchte, erklärte mir mein Vater, wie ich jagen sollte. Er sagte mir: »Du mußt zum Schwarzen Berg hoch gehen, dann wird alles, was dir begegnet, von Norden kommen. Ein Bergschaf wird es sein. Du wirst darauf schießen, und dann wirst du es verfolgen. Schließlich wirst du es erlegen.« Später hatte ich einen Traum und sah, was mein Vater mir erzählt hatte. Ich lag in den Bergen im Versteck und beobachtete einige Bergschafe, die in meine Richtung zogen. Als sie näher gekommen waren, nahm ich zwei Pfeile und schoß, verfehlte sie aber beidemal. »Das ist merkwürdig«, dachte ich. »Was mein Vater vorhergesehen hat, ist doch nicht in Erfüllung gegangen.« Einige Jahre später hatte ich denselben Traum. Da wußte ich, daß mein Vater sich geirrt hatte. Ich sagte mir also: »Was ich von meinem Vater lernen kann, entspricht nicht der Wahrheit. Künftig werde ich auf der Jagd nur noch meinem eigenen Urteil folgen.« Seit ich mich ganz auf mich selbst verlasse, bin ich ein sehr erfolgreicher Jäger geworden.

Als ich etwas älter war, träumte ich, daß meine Seele zu mir sprach: »Jetzt bin ich ein junger Mann. Ich will also jagen gehen und Tiere töten.« Dann sah ich, daß ich Bogen und Pfeile angefertigt und die Pfeilschäfte bei den Federn blau und kurz davor rot gemalt hatte. Ich habe meine Pfeile genauso gemacht, wie ich es geträumt hatte. Das Blau erhielt ich von einem Gewächs auf dem Kaninchenstrauch. Diese Farben haben keine bestimmte Kraft. Sie sollen die Pfeile nur schön aussehen lassen. In derselben Nacht träumte ich noch, daß ich mir eine Adlerschwinge besorgt und an meinem Hinterkopf befestigt hatte. Meine Seele erklärte dazu: »Ich will hoch oben in der Sierra Nevada jagen gehen, wie es die Adler tun. Kein Hindernis soll mich aufhalten; alles will ich überwinden können.« Deshalb wurde ich ein erfolgreicher Jäger. Ich überstand lange und mühsame Bergtouren und durchquerte das wildeste Land.

Bald nach diesen Träumen als junger Mann bekam ich meine erste Gelegenheit, richtig auf Jagd zu gehen. Meine Familie hatte mehrere Jahre in Ozangwitü im Tal der tiefen Quellen gelebt, wo wir die Leute meines Vaters besuchten. Einmal unternahmen wir im Herbst eine Tour in die Weißen Berge, um einen Vorrat an Grassamen für den Winter anzulegen. Auf dem Weg dorthin verließ ich meine Gruppe und jagte in der Nähe der Schwarzen Berge. Dort erlegte ich mein erstes Wild.

Als ich noch ein junger Mann war, erschien mir der Birken-Berg in einem Traum und versprach mir: »Du wirst immer kräftig und gesund sein. Nichts kann dich verletzen, und du wirst sehr alt werden.« Danach sah ich den Birken-Berg öfter in meinen Träumen, und er half mir, wenn ich in Schwierigkeiten war, indem er mir sein Wort gab, daß alles gutgehen würde. Deshalb ist mir nichts geschehen, und ich habe dieses hohe Alter erreichen können.

Nicht lange danach wurde ich verhext, und nur meine Geisterkraft hat mir da herausgeholfen. Ich hatte eines der Dörfer in Pitana Patü besucht und war auf dem Heimweg nach Tovowahamatü, als mir ein Mann begegnete, der mich zum Essen in sein Haus einlud. Ich wußte, daß ein Zauberer in der Nähe lebte. Ich machte mir aber nicht viel aus solchen Gerüchten, ließ mir ein üppiges Mahl aus gekochtem Fleisch schmecken und setzte dann meinen Heimweg fort. Nachdem ich ein paar Kilometer gelaufen war, wurde mir sehr schlecht, und ich verlor fast das Bewußtsein. Ich ging weiter, doch meine Kräfte schwanden, und als ich die heißen Quellen ein paar Kilometer nördlich von Big Pine erreichte, ließ ich mich unter einem Busch nieder. Lange Zeit lag ich dort. Als es zu dunkeln begann, erhob ich mich wieder und sagte zu meiner Seele: »Weil mein Berg mir versprochen hat, daß mir nichts geschehen wird, warum sollte ich dann hier sterben?« Ich schleppte mich nach Tovowahamatü weiter und richtete gleich außerhalb der Siedlung ein dürftiges Nachtlager her. Am nächsten Morgen ging ich ins Dorf.

Gleich nach meiner Ankunft riefen meine Verwandten zwei Heiler, die sofort kamen und den ganzen Tag mit mir beschäftigt waren. Sie beschrieben zwei Pfeile, vor denen sie eine Adlerschwinge sahen. Natürlich war das mein eigener Traum, den sie mir erzählten, weil sie den Namen des Mannes nicht nennen wollten, der mich verhext hatte. Sie meinten, daß meine eigene Geisterkraft mich krank machte. Das stimmte aber nicht.

Als es diesen Männern nicht gelang, mich gesund zu machen, wurde ein »Stock-Heiler« gerufen, der mein Vetter war und in Pitana Patü lebte. Er kam noch am selben Abend und trat an mein Bett. »Wie geht es dir?« fragte er. »Hörst du mich?« Es ging mir inzwischen furchtbar schlecht, und ich konnte kaum antworten: »Es ist bald aus mit mir.« Dann begann der Heiler mit seiner Arbeit. Er drehte seinen Feuerbohrer, bis das Ende glühte, und setzte ihn mir auf den Bauch, bis ich Brandwunden davon bekam. Dann knetete er meinen Körper mit beiden Händen. Das tat gut. Aber er sang nicht dabei; Stock-Heiler wie er brauchen das nicht. Nach einer Weile sagte er: »Bald wird der Morgenstern aufgehen, und danach wird ein Stern kommen, der heller als der Morgenstern ist. Dann wird es dir besser gehen.« Es geschah, wie der Heiler gesagt hatte. Als der helle Stern aufging, spürte ich eine Besserung, und bald war ich ganz gesund. Dieser Heiler half mir ganz zweifellos, aber nur meine eigene Geisterkraft, der Birken-Berg, hatte mich eigentlich gerettet.

Nicht lange danach wurde der Stock-Heiler von demselben Mann verhext, der mich zu töten versucht hatte. Fast wäre er sogar gestorben. Aber der Heiler war kein Mann, den man leicht töten konnte, weil er über gute und starke Kräfte verfügte. Er konnte jemanden töten, indem er bloß sagte: »Ich wünsche diesem Menschen den Tod!«

Das trug sich folgendermaßen zu. Der Stock-Heiler hatte seine Geisterkraft von einer ganzen Reihe verschiedener Vögel bekommen, die ihm alle im Traum erschienen waren. Der Zauberer fing sie und tötete alle bis auf einen, den Würgervogel, der entkommen konnte und das Leben des Heilers rettete. Wenn der Zauberer sämtliche Vögel umgebracht hätte, wäre der Heiler mit Sicherheit gestorben.

Wie alle Menschen, die Schlechtes tun, nahm auch der Zauberer ein böses Ende. Man beschuldigte ihn, sehr viele Menschen, besonders Frauen, auf dem Gewissen zu haben. Er hatte oft den Frauen nachgestellt und sie bedroht, wenn er sie haben wollte. Wenn sie ihm dann nicht zu Willen waren, tötete er sie. Es dauerte nicht lange, bis er jedes Maß verlor und meinte, niemand würde es wagen, ihn zur Verantwortung zu ziehen. Aber unsere Leute waren über seine bösen Taten sehr aufgebracht und beauftragten zwei Männer, Paiyote Charlie und Patsu'u, den Zauberer in einem Hinterhalt zu töten.

Auch ich interessierte mich für Frauen. Meine Seele bekannte sich ganz offen und frei dazu. Einmal sprach sie zu mir im Traum: »Was ich mir nicht abgewöhnen kann, ist die Liebe zu Frauen. Ich kann auf andere Dinge verzichten, aber ohne Frauen kann ich nicht leben. Es wird mir nie gelingen, davon loszukommen.« Dieser Ansicht stimmte ich zu und verbrachte viel Zeit in weiblicher Gesellschaft.

Doch schon bald bekam ich Ärger, so daß ich meine Geisterkraft zu Hilfe rufen mußte. Nicht lange, nachdem ich zum erstenmal mit Frauen umgegangen war, fühlte ich mich elend. Ich glaube, es war eine Geschlechtskrankheit, weil etwa zur selben Zeit der Weiße Mann in unser Tal gekommen war. Das Leiden, das auch mich befallen hatte, breitete sich am Anfang sehr schnell aus und tötete viele Menschen. Ich wurde so krank, daß ich bereits mit dem Leben abschloß. Meine Seele wollte es sogar geschehen lassen, daß ich sterbe.

Ich starb, und meine Seele flog südwärts nach Tüpüsi Witü,

dem Ruheplatz der Toten. Während der Reise blickte ich nach unten, und meine Seele sah einen Pfahl im Boden stecken, nicht ganz so groß wie ein Mann. Ich ging auf ihn zu und steckte meinen Fuß etwa knöcheltief in den Sand. Dann wandte ich mich an ihn und sagte: »Du bist also der Seelenpfahl.« Ich ergriff ihn und blickte zu meinem Berg zurück, der meine Geisterkraft war. Da wußte ich, daß ich gesund werden und ewig leben würde, weil jede Seele weiß, daß sie zurückkommen wird, wenn sie auf ihrem Weg nach Süden den Seelenpfahl sieht. Meine Seele kehrte nach Tovowahamatü zurück, und am nächsten Tag begann ich, mich selbst zu heilen. Ich stieg in die Berge und sammelte Navitanidu-Wurzeln, die ich kochte und auf meine Geschwüre legte. Schon bald war ich wieder gesund.

Selbst dann verbrachte ich noch viel Zeit mit Frauen. Nachdem sich der Weiße Mann in unserem Tal niedergelassen hatte, lebte ich lange bei den Soldaten von Fort Independence, arbeitete im Garten oder half in der Küche. Gelegentlich bekamen wir Schnaps von ihnen, doch gewöhnlich gingen wir nüchtern mit den Frauen aus und schliefen oft mit ihnen. Manchmal weigerten sie sich, und ich drängte sie dann nicht, obwohl das viele Männer taten.

Ein anderes Mal kam noch eine Krankheit der Weißen in unser Tal und raffte fast alle alten Menschen hin. Auch ich steckte mich an. Nach einiger Zeit war es so weit mit mir gekommen, daß ich den Verstand verlor. Während ich darniederlag, sah ich, wie ein gutgekleideter Mann einen Wagen mit schönen Pferden über den Himmel lenkte. Das war reine Einbildung. Ich weiß nicht, was es zu bedeuten hatte. Ich wurde bald gesund, indem ich einen Tee trank, den ich aus einer Pflanze zubereitet hatte, die ich beim Owens-Fluß fand.

Meine Geisterkraft vom Birken-Berg half mir auf der Jagd genauso wie bei Krankheiten. Mein bevorzugtes Jagdrevier für Hochwild lag in der Sierra Nevada, westlich von Tovowahamatü, in der Nähe meines Berges. Es geschah oft, wenn ich Wild aufgespürt hatte und mich anpirschte, daß es Witterung aufnahm und in Richtung meines Berges flüchtete. »Mein Berg«, sagte ich dann, »ich bitte dich um deine Hilfe, einige dieser Hirsche zu

»Es wird von Norden kommen,
und es wird ein Bergschaf sein.«

bekommen. Sie gehören dir, denn sie leben bei dir.« Danach stellte ich immer ein Tier und erlegte es, während es unter einem Mahagonibaum lag oder am Berghang Zuflucht nahm. Das geschah viele Male. Nach einem solchen Jagderfolg blieb ich über Nacht in den Bergen und genoß ein Festmahl aus Wildbret. Am nächsten Tag kehrte ich ins Tal zurück, teilte das Fleisch an meine Leute aus und verkaufte die vordere Hälfte, die dem Jäger zusteht.

Als ich wieder einmal am Big-Pine-Bach entlang bis zum Fuß meines Berges wanderte, bat ich meine Geisterkraft, mir bei der Pirsch zu helfen. »Nun, großer Berg«, sagte ich, »ich möchte, daß du mir von deinem Wild zu essen gibst. Es leben so viele Tiere bei dir. Wenn du einige entbehren kannst, möchte ich sie am Fuß des Berges, nicht so weit oben erlegen.« Bald traf ich auf ein Rudel Hirsche, direkt am Fuß des Berges, wie ich es gewünscht hatte, und erlegte ein Tier. Als ich es in mein Dorf zurückschleppte, entdeckte ich eine Herde Bergschafe. Ich suchte mir ein Versteck, um sie zu beobachten, und während ich dort wartete, kam eins auf mich zu. Ich erlegte es ohne große Mühe und stieg mit beiden Tieren weiter ins Tal hinab. Zu Hause verteilte ich meine Beute und verkaufte den Rest. Mein Berg meint es immer gut mit mir.

An dem Hirsch und dem Bergschaf hatte ich einiges zu tragen, weil ich beide auf einmal zu Tal bringen wollte. Als junger Mann war mir nichts zu schwer. Es machte mir sogar Spaß, meine Kraft an einer schweren Last zu messen. Kam sie nicht von dem Berg, auf dessen Rücken gewaltige Felsen ruhten, die ihm nichts anhatten? Genauso ging es mir, als ich meine Kraft unter Beweis stellte, indem ich einen Baumstamm aufhob, der von niemandem bewegt werden konnte. Meine Seele hatte mir versprochen, daß kein Berg zu hoch und kein Ort zu weit für mich seien. Deshalb gelang es mir immer, jeden Ort zu erreichen, den ich mir zum Ziel genommen hatte.

Zweimal wurde ich zum Heiler berufen. Als junger Mann bekam ich meine erste Gelegenheit, als mein Berg im Traum zu mir sprach und mich bat, Heiler zu werden. Er erklärte mir genau, wie ich heilen sollte. [. . .] Ich sollte die ganze Nacht bei meinem Patienten sitzen, meine Hände über ihn halten und singen. Sobald der Morgenstern aufgegangen war, sollte ich aufstehen, einige Runden tanzen und dann meine Hand ausstrecken, in der ich so etwas wie Schnee finden würde. Ich sollte das meinem Patienten in den Mund geben und blasen. Aber meine Seele wehrte sich gegen diese Kraft, weil sie ahnte, daß sie irgendwann in meinem Alter versagen würde, so daß ich sterben müßte. Ich war mir sicher, daß diese Arbeit gefährlich war. In einem anderen Traum sah ich Blut auf einem Felsen, was bedeutete, daß ich sterben müßte, wenn ich als ein solcher Heiler praktizieren würde. Ich wehrte mich gegen diese Kraft, weil ich lange leben wollte. Dazu brauchte ich sie nur abzulehnen.

Als ich einmal Tovowahamatü besuchte, wurde ich plötzlich krank, wußte aber nicht warum. Ich kaufte etwas Medizin, die ich zum Big-Pine-Bach mitnahm und zubereitete. Ich trank sie und rieb mich mit ihr ein, aber es half nicht. Ich legte mich daher zu Hause ins Bett. Und während ich schlief, sagte der große Morgenstern, der gerade aufgegangen war, zu mir: »Was ist los mit dir, daß du zu Hause liegst? Das ist wirklich kein Grund, krank zu sein!« Am nächsten Tag war ich gesund und konnte wieder aufstehen. Davor war mir der Morgenstern noch nie im Traum erschienen.

Als junger Mann gab ich mir das Versprechen, immer friedfertig zu bleiben. In einem Traum sagte meine Seele zu mir: »Ich will niemanden töten. Nur um mich selbst zu schützen, werde ich bis zum äußersten gehen.« Später bin ich oft gebeten worden, an der Ermordung eines Zauberers teilzunehmen, doch ich habe immer abgelehnt, weil ich nur zur Selbstverteidigung kämpfen wollte.

Einmal kam es zu einer Reiberei, als ich bei einem Freund in Fort Independence lebte. Ich hatte mit drei Männern Karten gespielt, aber sie gerieten über das Geld in Streit. Das geschah oft. Die drei Männer gingen nach Independence, das neben dem Stützpunkt lag, und betranken sich. Als sie aus dem Ort zurückkamen, jagte man sie gleich davon, doch später kehrten sie wieder, und einer von ihnen hatte ein Taschenmesser dabei, um mich anzugreifen. Vermutlich wollten sie mich töten, denn ihr Anführer Sawmill Jack hatte einen schlechten Ruf. Er war als Totschläger bekannt. Doch ich wußte, daß meine Geisterkraft mir helfen würde. Ich konnte meinem Angreifer das Messer entwinden, wobei er eine tiefe Schnittwunde erhielt, und warf es fort. Nun mußten wir unseren Kampf mit Fäusten austragen, bis alle blutig geschlagen waren. Nur ich hatte ihre Schläge kaum zu spüren bekommen, weil ich ihnen immer ausgewichen war. Als am nächsten Morgen wieder einer der Männer hinter mir herlief, rief ich ihm zu: »Du kommst mir gerade recht! Jetzt, in hellem Tageslicht, wenn wir uns genau sehen können, müssen wir miteinander kämpfen. Bringen wir es also hinter uns!« Da machte er große Augen, und danach haben sie mich in Ruhe gelassen.

Erst in der Mitte des Lebens habe ich geheiratet. Meine Eltern hatten eine Vereinbarung für mich getroffen, daß ich ein Mädchen in Pitana Patü heiraten sollte. Ihre Eltern hielten das auch für eine gute Idee, und ich hatte nichts dagegen einzuwenden. Meine Verwandten machten den Angehörigen des Mädchens Geschenke und erhielten Gegengaben zurück. Als das geschehen war, setzte ich mich nach Bishop in Bewegung, um bei ihnen zu wohnen. Ich wurde freundlich aufgenommen und wie ein Familienmitglied behandelt. Aber meine Braut beachtete mich überhaupt nicht. Abend für Abend wartete ich auf sie, doch sie kam einfach nicht an mein Bett.

Im darauf folgenden Herbst glaubte ich, daß meine Chance endlich gekommen war. Als ich mit ihren Leuten in den Weißen Bergen Piniennüsse sammelte, gab ihr Vater mir eine Flinte. Damit ging ich auf die Jagd und erlegte so viele Bergschafe, daß ihr Lager mit einer großen Menge Fleisch versorgt war. Nun war ich sicher, daß die Mutter ihre Tochter bestimmt nachts zu mir schicken würde. Viele Nächte wartete ich wieder vergebens, denn sie kam immer noch nicht zu mir. Schließlich war ich es leid, mich hinhalten zu lassen, und verließ sie. Ich ging nach Osten in das Tal des Fisch-Sees an einen Ort namens Cazavaí. Dort nahm ich an Glücksspielen teil. Beim Reifenwerfen gewann ich eine große Menge Geld. Durch meine Geisterkraft hatte ich Erfolg im Spiel wie bei anderen Sachen, denn ich war stets ein guter Spieler in meinen Träumen und gewann drei von fünf Spielen.

Danach kehrte ich über das Tal der tiefen Quellen nach Big Pine zurück. Als ich in Tovowahamatü eintraf, erfuhr ich, daß die

Soldaten alle Indianer in Fort Independence zusammengezogen und dann südwärts über den Tejon-Paß in die Gefangenschaft geführt hatten, so daß kaum noch Verwandte von mir im Tal lebten.

Ich besuchte daraufhin ein Dorf mit Namen Tsigoki'i, das östlich vom Owens-Fluß und gleich südlich von der Silber-Schlucht lag. Als ich dort lebte, besuchte mich einer meiner weißen Freunde in Begleitung eines anderen Weißen. Sie kamen in einer Maultierkutsche und fragten mich, ob ich sie zum Haus ihres Freundes im Westen begleiten wollte. Ich nahm die Einladung an, obwohl ich keine Vorstellung hatte, wohin sie fuhren. Ich hatte aber auch keine Angst, sondern wollte wissen, wo mein weißer Freund wohnte.

Wir nahmen den Weg über Benton und Carson und wollten die Sierra Nevada in der Nähe des Tahoe-Sees überqueren. Nach einem Tag begegneten wir einem Trupp Washo-Indianer, die so gefährlich aussahen, daß mein Begleiter mich am Boden des Wagens versteckte. Durch einen Spalt im Holz erspähte ich einige Männer, die mit Kriegspfeilen bewaffnet waren und in Begleitung ihrer Frauen ostwärts zogen. Sie hielten sich aber nicht damit auf, auch nur ein einziges Wort mit uns zu wechseln.

Wir kamen durch Aurora, wo ich Männer in Uniform sah, die auf dem Dach ihrer Häuser hin- und hermarschierten. Wir legten in der Nähe von Sacramento eine Rast ein, und sie gaben mir eine doppelläufige Schrotflinte, so daß ich ihnen schon bald eine ganze Reihe Kaninchen bringen konnte, die ich geschossen hatte.

Wir passierten den Sacramento-Fluß auf einem Floß aus Baumstämmen und erreichten danach das Heim meines Freundes, wo man die Dachstube für mich herrichtete und mir – zum erstenmal in meinem Leben – einen Stuhl gab, auf dem ich Platz nehmen sollte! Wir hielten uns nur noch an diesem Ort auf, der irgendwo in der Nähe von San Francisco lag, und ich bekam Essen, Kleidung und etwas zu rauchen, aber kein Geld. Ich vertrieb mir die Zeit, indem ich Wachteln schoß, die ich in Bündeln nach Hause brachte und an die Leute im Dorf verkaufte.

Nach einiger Zeit gingen mein Freund und ich mit zwei Weißen auf die Jagd. Ich erlegte einen Hirsch, doch einer der Männer forderte ihn von mir heraus, obwohl am Einschuß deutlich zu sehen war, daß er von meinem Gewehr getroffen war. Das machte mich zornig. Außerdem war ich es leid, immer am selben Ort zu leben.

Bald danach erschien mir mein Berg im Traum. Er erhob sich im Osten und suchte nach mir. Er blickte zuerst nach Süden und dann nach Westen, und als er mich in der Nähe von San Francisco sah, sprach er zu mir: »Du solltest bald in dein eigenes Land zu deinen eigenen Leuten heimkehren. Uns wird nichts geschehen, denn uns gibt es immer, wo wir gerade sind. Aber vergiß nicht, nach Hause zu gehen. Nach deiner Rückkehr wirst du einen großen Hirsch erlegen, größer als alle zuvor.« Später ließ ich meinen weißen Freund wissen, daß ich wieder bei meinem Volk leben wollte. Er bat mich zu bleiben und machte mir Versprechungen, die er nicht einhielt.

Nach einem weiteren Jahr war ich fest zur Rückkehr entschlossen und erklärte meinem Freund, daß ich nun gehen wollte. Doch er antwortete mir: »Jack, ich finde, daß du besser die ganze Zeit über hierbleiben solltest. Ich will eine Frau für dich suchen.« In der Nähe war nämlich ein Indianerlager. Aber meine Entscheidung stand fest, und als mein Freund eines Tages in der Stadt weilte, nahm ich mir drei Dollar von seinem Geld und eine kleine, leichte Decke, die ich aus dem Owens-Tal mitgebracht hatte, und machte mich auf den Weg.

Mein erstes Nachtlager schlug ich mehrere Kilometer westlich von Sacramento auf. Früh morgens hörte ich das Heulen eines Fuchses. Das war ungewöhnlich und bedeutete nichts Gutes. Also stand ich beizeiten auf und setzte meinen Weg fort. Später erschrak ich über einige »Büffel«, die auf einer Wiese weideten.

Nach zwölf Tagen war ich wieder in Big Pine. Nur wenige Indianer verlassen ihr Land für immer und kehren nie wieder zurück. Ich kenne überhaupt nur einen, der in der Fremde geblieben ist. Das war ein Mann, der wie ich von einem Weißen nach Westen mitgenommen worden war. Er ließ sich am Westhang der Sierra Nevada nieder und heiratete eine Indianerfrau von einem der Stämme dort. Er wollte, daß ich ihn besuchen komme, aber ich habe abgelehnt. Ich bin nicht mehr gern auf

Besuch gegangen, auch im Owens-Tal nicht mehr. Nach meiner Rückkehr ging ich auf die Jagd und erlegte den größten Hirsch, der mir je begegnet war. Es geschah genau so, wie mein Berg vorhergesehen hatte.

Bald darauf erhielt ich meine zweite Gelegenheit, Heiler zu werden. Ich war in der Sierra Nevada auf Jagd und hatte eine Fährte aufgenommen. Ich spürte das Tier in einem Weidendikkicht auf und warf einen Felsbrocken ins Gebüsch. Als der Hirsch heraustrat, legte ich an, doch bevor ich auslösen konnte, verschwand er über einen Bergrücken. »Nun«, dachte ich, »es gibt keinen Ort für dich, wo ich dich nicht finden könnte. Ich folge dir den Berg hinab und stelle dich, wo immer du hingehen magst, bis ich dich erwischt habe.«

Der Hirsch stieg in den Berghang ein, hielt jedoch plötzlich inne, und ich wußte, daß er umkehren würde. Ich legte mich in ein Versteck, und der Hirsch begann seinen Wiederaufstieg. Mit einem Mal blieb er stehen und blickte mir in die Augen. Er blickte mich unsagbar lange an, bis ich des Wartens müde wurde und ihn erschoß. Ich zerlegte das Tier, versteckte das meiste Fleisch zwischen den Felsen und trug das Fell und einen Teil der Lenden ins Lager. Nach zwei Nächten träumte ich, daß der Hirsch mir ein Lied vorsang, doch ich konnte seinen Text nicht verstehen. Es klang eher wie ein summender Ton. Ich hörte sehr aufmerksam zu, begriff aber nicht, was er sagte. Sicher wollte der Hirsch mir seine Kraft verleihen, ein Heiler zu werden, doch ich sträubte mich dagegen, weil ich kein Heiler werden wollte.

Meine Leute waren mittlerweile vom Tejon-Paß zurückgekehrt und äußerten den Wunsch, noch eine Ehe für mich zu arrangieren. Sie fanden ein Mädchen für mich in Tovowahamatü und schenkten ihrer Familie Geld. Ihre Familie gab uns Geschenke zurück, und das Mädchen wurde meine Frau und die Mutter meiner Kinder.

Einmal fand ich heraus, wie ich jedem Ärger entfliehen konnte. Ich träumte, daß meine Seele in einem Erdhaus saß, als ich in meiner Nähe einen kleinen, runden Käfer entdeckte, den man Ica'apungwinaha nennt. Ich betrachtete ihn mir und sagte zu ihm: »Nun, kleiner Käfer, ich glaube, daß du von dort, wo du jetzt bist, durch das Kaminloch im Dach springen kannst, um dich in Sicherheit zu bringen. Wenn dir das gelingt, werde ich genauso flüchten können, wenn ich in Not bin.« Der Käfer entkam tatsächlich mit einem Riesensprung, und seither ist es mir immer geglückt, mich aus allem Ärger herauszuhalten. [. . .]

Wir fürchteten uns besonders vor Grizzlybären. Einmal hatte ich auf einer Tour die Sierra Nevada überquert, um Salz zu tauschen. Wir unternahmen gelegentlich solche Reisen zu den Stämmen auf der anderen Seite der Berge. Dieses Mal gingen wir durch das Runde Tal und bezogen unser erstes Nachtlager an einem See gleich östlich von der Paßhöhe, die Mununva heißt. In dieser Nacht träumte ich von einem Baum, der den Berg heruntergerollt kam, und von etwas Schwarzem.

Als ich aufwachte, war mir klar, daß der Traum nur bedeuten konnte, daß mir ein Bär begegnen würde. Ich stand auf und bat meine Geisterkraft, mich zu beschützen und ein Zusammentreffen mit dem Bären zu verhindern. Dann nahm ich ein kaltes Bad im See. Wir zogen weiter und erreichten nach Überschreiten der Paßhöhe eine Ebene, die mit Lärchen bestanden war. Dort sahen wir, wo der Bär sich gewälzt und seine Klauen an einem Baum gewetzt hatte. Wir beendeten unsere Reise ohne weiteren Zwischenfall. [. . .]

Ich habe davon gehört, wie ein Indianer tatsächlich einem Grizzlybären zum Opfer gefallen ist. Als einige Leute in der Nähe des Whitney-Berges jagten, träumte einer von ihnen eines Nachts, daß jemand aus ihrer Gruppe von einem Bären angegriffen und getötet wurde. Der Träumer hielt es jedoch nicht für nötig, seinen Schutzgeist anzurufen, und nahm am Morgen auch kein kaltes Bad, so daß der Traum Wirklichkeit wurde. Am nächsten Tag schnappte sich ein Bär einen der Jäger und schleppte ihn mit sich fort. Ganz in der Nähe warf er ihn zu Boden und zerfleischte seine Brust. Dann riß er seinem Opfer das Herz heraus, kaute darauf herum und spuckte es wieder aus.

Immer wenn ich träume, und besonders wenn es ein böser Traum ist, der Ärger ankündigt, spreche ich mit meiner Geisterkraft. Deshalb habe ich dieses Alter erreicht. Hätte ich sie nicht um Hilfe gebeten, wäre ich schon längst einem Unfall oder einem

Unglück zum Opfer gefallen. Auch wenn ich Sexträume habe, spreche ich mit der Nacht, denn sie würden nicht aufhören und unablässig ihr Recht verlangen, wenn ich ihnen überhaupt keine Beachtung schenkte.

Wenn ich einmal sterbe, wird meine Seele nach Süden ins Land der Toten ziehen. Dort wird sie am Ozean weilen, und mir bleibt dann nichts anderes zu tun, als mich gut zu unterhalten.

Völker der Algonkin-Sprachfamilie – im Waldland: die Mesquakie

Die meisten nordamerikanischen Indianer sprechen heute eine der dreizehn Sprachen, die zur Algonkin-Familie gehören, die sich erst spät in Einzelsprachen aufgespalten hat, wie die zahlreichen Übereinstimmungen im Wortschatz erkennen lassen. Auch ihr Verbreitungsgebiet stellt trotz seiner großen Ausdehnung über die östlichen und nördlichen Waldländer im wesentlichen noch ein zusammenhängendes Ganzes dar. Nur einige Algonkin-Völker haben den Schritt in angrenzende Regionen gewagt, so daß wir an ihrer Geschichte den Einfluß der Umwelt auf ihre Kultur ablesen können.

Die Algonkin-Sprachen zeigen viele Merkmale, die für nordamerikanische Indianersprachen allgemein gelten. In Europa sind wir es gewohnt, Aussagen aus Wörtern aufzubauen, die auch außerhalb eines Satzes ihren Gegenstand völlig ausreichend bezeichnen. Unter den fünfhunderttausend Wörtern der deutschen Sprache gibt es nur wenige Hundert, die allenfalls in einer Wortfolge Bedeutung tragen. In den Indianersprachen ist dieses Verhältnis gerade umgekehrt, indem jede Aussage eine Vielzahl inhaltsleerer Elemente enthält, die erst in Verbindung miteinander einen einzigen Gedanken zum Ausdruck bringen. Jeder indianische Satz besteht also genaugenommen aus einem neugebildeten Wort, das eine europäische Sprache nur durch ausführliche Sätze wiedergeben kann, wenn sie den Inhalt nicht verkürzen will.

Die geringere Zahl an Wörtern, die ihren Gegenstand selbständig vertreten, führt natürlich zu einer ganz anderen Ordnung der Welt. Eine Konsequenz des indianischen Satzbaus besteht darin, daß abstrakte Begriffe, wie »die Frau«, »die Menschen« oder »die alten Leute«, oft nicht gebildet werden können, es sei denn, daß eine genaue Bestimmung ihrer Zugehörigkeit hinzutritt, also etwa »unsere Kinder«, »unsere Großeltern« und so weiter. Jede Sache, die in einer Indianersprache ausgedrückt werden soll, erfordert eine Aussage über den genauen Sachverhalt.

Eine weitere Konsequenz der besonderen Art, wie Indianer Wortelemente zu Sätzen zusammenfügen, besteht darin, daß ganz andere Dinge zu Begriffen zusammengefaßt werden als in einer europäischen Sprache. Ein Mesquakie nennt beispielsweise jede alte Frau aus der Generation seiner Großeltern »meine Großmutter«. Auch wenn er das einzige Kind seiner Eltern ist, muß ein Mesquakie auf seine »Brüder« Rücksicht nehmen, die wir in Europa genauer als seine »Vettern« bezeichnen würden. Schließlich spricht ein Mesquakie nicht nur den eigenen Vater, sondern auch dessen Brüder und die Ehemänner der Schwestern der Mutter als seine »Väter« an.

Jede Sprache nimmt einen großen Einfluß darauf, wie Menschen ihre Welt sehen und sich anderen Menschen gegenüber verhalten. Ein Indianerkind fühlt sich kaum aufgefordert, sein Ich in den Vordergrund zu rücken, wenn es gelernt hat, seine Person stets seiner Umwelt einzuordnen. Immer begegnet es Menschen, die in einem Autoritätsverhältnis zu ihm stehen. Schließlich wird die Sprache zu einem Gefäß der Tradition, wenn indianische Erzähler nicht müde werden hervorzuheben, wie das eigene Verhalten der Vorschrift eines Älteren »entsprochen« hat. Doch das hängt nicht allein von der Sprache ab, denn Sprache folgt selbst der Kultur.

Die Mesquakie nannten sich »meshkwa kihugi«, das »Volk aus roter Erde«, weil ihre Vorfahren nach alter Überlieferung aus Ton geformt worden waren. Ihre Nachbarn bezeichneten sie nach einem ihrer Klane als »Füchse«, und als »Fox« sind sie in die Geschichtsbücher eingegangen.

In der Mitte des 17. Jahrhunderts lebten die Mesquakie südlich der Großen Seen in festen Dörfern mit länglichen Rindenhäusern. Von April bis September bestellten die Frauen ihre Felder mit Mais, Bohnen und Kürbis, während die Männer in großen Einbaumbooten Handelsfahrten unternahmen. Bis zum Einsetzen des Winterfrostes zog man dann mit mattengedeckten Rundhütten die Flußläufe abwärts und ging der Pelztierjagd nach.

Die Dörfer regierten sich autonom in Verwandtschaftsgruppen, die sich auf der Seite des Vaters von einem Totemtier herleiteten. Ihre Mitglieder trafen sich regelmäßig zu Festlichkeiten, in deren Mittelpunkt die »Heiligen Bündel« standen, in denen Reliquien des Totemtieres aufbewahrt wurden. Die Angehörigen eines Totems waren gezwungen, ihre Ehepartner aus einem anderen Klan zu wählen. Verstorbene Familienmitglieder mußten gewöhnlich durch Adoption ersetzt werden. Aber die Neuaufgenommenen erhielten meist nur den Namen und nicht die sozialen Verpflichtungen des Verstorbenen.

Die Mesquakie fühlten sich aber nicht nur durch eine gedachte Herkunft von einem Tierahnen miteinander verbunden. Der ganze Stamm war außerdem in zwei gleiche Hälften unterteilt, die sich bei Ballspielen oder Tanz- und Singwettbewerben gegenüberstanden. Nach der Reihenfolge der Geburt wurde jeder Mesquakie Mitglied in einer der beiden Stammeshälften, der er sein Leben lang angehörte.

Es dauerte kaum drei Generationen, bis die Selbständigkeit der Mesquakie ausgelöscht war, nachdem französische Händler Feuerwaffen an ihre Nachbarvölker ausgegeben hatten. Obwohl die Mesquakie von Sioux-Indianern und anderen Stämmen im Westen unterstützt wurden, schwand ihre Bevölkerungszahl von anfangs etwa dreitausend Menschen auf wenige Hundert, die sich nach einer langen Odyssee auf eigenem Land in Iowa niederlassen durften.

Eine Mesquakie-Frau hat im Sommer 1918 die folgende Autobiographie mit indianischer Silbenschrift aufgezeichnet. Die textnahe Übersetzung des amerikanischen Anthropologen Truman Michelson (1879–1938) wurde der deutschen Sprache angenähert.

Bärenkind (Mesquakie)

Ich möchte im folgenden erzählen, wie es mir in meinem Leben ergangen ist. Vielleicht kann ich mich noch an die Zeit erinnern, als ich gerade sechs Jahre alt war. Natürlich fällt mir heute nicht mehr alles ein, was außerdem noch geschehen ist, weil ich vieles vergessen habe.

Damals spielte ich mit Puppen, die ich mir selbst gemacht hatte. Nachdem ich mich eine Weile mit ihnen beschäftigt hatte, bastelte ich mir eine besonders große Puppe. Nun war ich nicht mehr allein in unserer Familie, und ich stellte mir vor, daß sie für uns kochen würde. Natürlich war ich es, die für sie kochte. Dann tat ich wieder so, als ob wir beim Essen zu mehreren wären. Später baute ich sogar eine kleine Hütte, in der sie wohnen sollte.

Als ich etwa sieben Jahre alt war, begann ich, für meine Puppen Kleider zu nähen. Aber es gelang mir nicht. Da kamen mir die Tränen, weil ich nicht nähen konnte. Doch meine Mutter war nicht bereit, mir diese Arbeit abzunehmen, wenn ich sie darum bat: »Bitte mach es für mich!«

»Du mußt später alles selber nähen können, deshalb darf ich es nicht für dich tun. Du lernst es nämlich nur, wenn du es bei deinen Puppen ausprobierst. Dafür hast du sie doch, daß du sie mit Kleidern und mit Mokassins ausstaffierst.« Also übte ich weiter, Sachen für meine Puppen zu nähen.

Als ich ungefähr acht Jahre alt war, machte mir das Schwimmen besonders viel Spaß. Wenn unser Lager an einem Fluß aufgeschlagen war, gingen wir Mädchen baden. Es waren immer sehr viele von uns zusammen. Auch wenn man es uns verboten hatte, kümmerten wir uns nicht darum und setzten unser Treiben fort. Einige bekamen deshalb von ihren Eltern sogar Prügel, wenn sie nicht gehorchten. Was mich anbetrifft, so wurde ich nie geschlagen, weil ich das einzige Kind meiner Eltern war.

Wenn ich mich allerdings über ihre Verbote hinwegsetzte,

wurde ich fürchterlich ausgeschimpft. Dann mußte ich fasten, weil ich ihnen nicht folgen wollte. Sie hatten mir nämlich untersagt, mit anderen kleinen Mädchen zu spielen, das heißt, mit unartigen Kindern.

»Sie bringen dich nur auf falsche Gedanken, weil sie später, wenn sie erwachsen sind, überhaupt nichts mit sich anzufangen wissen, wenn ihnen schon jetzt alles gleichgültig ist. Nicht viel anders wird es mit dir aussehen, wenn du dich nur mit ihnen abgibst und nützliche Arbeiten nicht lernen willst.« Das waren ihre Worte, wenn ich zur Strafe fasten mußte. Mittags gab sie mir dann aber wieder etwas zu essen.

Doch nach wenigen Tagen hatte ich vergessen, was sie mir gesagt hatte. Nun bekam ich einen strengeren Verweis: »Du darfst nicht einfach in irgendeiner Hütte bei einer Spielkameradin übernachten. Abends mußt du nach Hause kommen, solange es noch hell ist, denn nachts darfst du nicht draußen bleiben! Und treib dich nicht immer mit denselben Kindern herum!«

Als ich neun Jahre alt war, konnte ich meiner Mutter bereits zur Hand gehen. Mit Beginn der Aussaat im Frühjahr sagte jemand zu mir: »Warum pflanzt du nichts für dich selber an?« Und ob ich etwas für mich anbauen wollte! Als alle Frauen in der Pflanzung Unkraut jäteten, meinte wieder jemand zu mir: »Hör mal, du mußt in deinem Feld aber auch jäten!« Dafür bekam ich sogar eine kleine Hacke. Endlich war unsere Plackerei überstanden, und wir hatten allen Grund zur Freude. [. . .]

Als herangereift war, was wir ausgesät hatten, sprach jemand zu mir: »Nun mußt du aber auch kochen, was du angebaut hast.« Ich wollte es auf einen Versuch ankommen lassen. Als mein Gericht fertig war, probierten meine Eltern davon. »Es schmeckt wirklich gut, was sie angebaut hat, und sie hat es sehr sorgfältig zubereitet.« Natürlich war ich stolz darauf, daß ich gelobt wurde. Tatsächlich hatten sie das nur gesagt, um mir das Kochen schmackhaft zu machen. Aber ich dachte mir: »Vielleicht ist doch etwas Wahres daran.«

Als ich zehn Jahre alt war, spielte ich nicht mehr mit Puppen, seit ich mich nur noch für das Schwimmen begeisterte. Wenn ich allerdings meine Mutter um Erlaubnis bat: »Darf ich zum Fluß gehen?«, antwortete sie mir: »Ja, dann kannst du gleich die Weste deiner Großmutter waschen und meine auch.« Das bekam ich immer zu hören, weil ich die kleineren Sachen reinigen mußte. Natürlich wollte ich sie später nicht mehr fragen: »Darf ich baden gehen?«, weil mir das Waschen gar nicht gefiel. Doch sie hat das nur gesagt, damit ich mich um unsere Wäsche kümmerte.

»Ich möchte nur, daß du alles sauber hältst«, erklärte sie mir dann. »Du kannst dich nicht ewig auf andere Menschen verlassen, die auf dich aufpassen sollen. Vielleicht dauert es nicht mehr lange, bis du deine Angehörigen verlierst, die bisher für dich gesorgt haben. Ich habe nie erfahren, wie meine Mutter aussah, weil mich die Schwester meines Vaters erzogen hat. Heute erwarte ich von dir, was sie seinerzeit von mir verlangte. Sie hat mir nie erlaubt, daß ich meine Zeit mit Späßen vergeude. Deshalb konnte ich schon sehr gut kochen, als ich erst acht Jahre alt war. Wenn die Schwester meines Vaters etwas zu erledigen hatte, kochte ich für sie«, erzählte mir meine Mutter.

Aber ich glaubte ihr nicht, weil ich schon zehn Jahre alt war und gerade erst kochen gelernt hatte, und auch das Nähen beherrschte ich noch nicht richtig. Wenn meine Mutter morgens wach wurde, befahl sie mir: »Steh auf und geh Wasser holen! Und bring ein paar trockene Zweige mit, damit wir ein Feuer anmachen können.« Wenn ich ihr nicht folgen wollte, wurde ich dann eben gezwungen. So hat sie mich immer behandelt.

Später kramte sie jedoch eine kleine Axt hervor und schenkte sie mir mit den Worten: »Von nun an gehört sie dir!« Natürlich freute ich mich darüber. »Und das ist ab heute dein Holzseil.« Seitdem gingen wir gemeinsam Holz sammeln, und ich trug alles, was ich gefunden hatte, auf dem Rücken heim. Sie band es für mich zusammen und zeigte mir, wie man es richtig bündelt. Bald ging ich auch alleine fort, um Holz zu holen.

Als ich elf Jahre alt war, sah ich ihr beim Flechten zu. »Versuch's doch mal«, forderte sie mich auf. Sie machte einen kleinen Beutel und zeigte mir, wie es geht. Beinahe hatte ich es schon beim erstenmal im Griff, doch das Resultat war einigermaßen schlecht. Da tröstete sie mich: »Versuch es eben noch einmal.« Diesmal fiel der Beutel etwas größer aus, und schon gelang es mir

»Ich sah meiner Mutter beim Flechten zu.«

besser. Aber es fehlte mir die Lust weiterzumachen. Solange sie kein besonders gelungenes Ergebnis von mir erwartete, war ich noch mit Interesse bei der Sache. Doch dann sollte ich einfach nicht mehr aufhören und den ganzen Winter mit Flechten zubringen. Damals wurde auch eine kleine Speisematte aus Binsen für mich angefertigt, wie man sie bei der Hochzeit verwendet. »Mach es genauso«, sagte meine Mutter zu mir. Ich probierte es vergeblich. Später habe ich sie dann zu Ende gebracht; sie war mir ziemlich schlecht geraten. Bald konnte ich meiner Mutter jedoch helfen, nachdem ich gelernt hatte, Binsenmatten zu flechten.

Meine Mutter war sehr stolz auf mich, als ich alles selber herstellen konnte. »Siehst du, nun wirst du ganz allein für dich sorgen können, weil du alles selber machen kannst. Deshalb habe ich dir keine Ruhe gelassen, nicht um dich zu quälen. Ich habe dich ans Arbeiten gewöhnt, damit du etwas für dich lernst. Wenn dir alles leicht von der Hand geht, wirst du nie in Not geraten, wenn ich einmal nicht mehr lebe. Du wirst alles, was du brauchst, selber anfertigen können. Die Schwester meines Vaters, von der ich erzogen wurde, hat es genauso von mir verlangt. Deshalb kenne ich mich heute mit jeder Kleinigkeit aus. Trotzdem meinte ich zunächst: ›Sie will mir bloß auf die Nerven gehen!‹, wenn sie mir ständig Befehle gab. Tatsächlich wollte sie nur mein Bestes. Als ich nämlich darüber urteilen konnte, fand ich: ›Na ja, eigentlich hatte sie immer mein Wohl vor Augen.‹ Und genauso erziehe ich dich heute.«

Meine Mutter fuhr fort: »Wahrscheinlich denkst du über mich: ›Sie ist gemein zu mir!‹ Doch ich bin so, weil ich dich mag; deshalb möchte ich, daß du möglichst viel lernst. Wenn du mir völlig egal wärst, würde ich dir keinen Unterricht geben. Dann würde ich einfach sagen: ›Eigentlich ist es mir gleich, was aus ihr werden soll.‹«

»Wenn du eine kluge Frau geworden bist und dich darauf besinnst, wie ich dich erzogen habe, wirst auch du finden: ›Wirklich! Meine Mutter hat sich ehrlich um mich bemüht!‹ Hoffen wir nur, daß du nicht auf die schiefe Bahn gerätst und dich gar nicht mehr an mich erinnerst, wenn ich nicht mehr lebe. Doch noch etwas! Auch wenn du gelernt hast, vieles selber herzustellen, darfst du nie vergessen, daß du nicht alles beherrschst. Nur ein Dummkopf will alles allein machen. Das sollst du nicht. Ich möchte nur, daß du dich in Bescheidenheit übst und deinen Pflichten nachgehst.«

Als ich zwölf Jahre alt war, sagte sie eines Tages zu mir: »Komm, probier das einmal!« Es sollten Mokassins für mich werden. »Wenn du weißt, wie es geht, kannst du gleich anfangen, dir selber ein Paar zu nähen. Denn du hast sie ja schon für deine Puppen gemacht. Genauso mußt du sie jetzt anfertigen.« Sie schnitt bloß die Lederstücke für mich zu. Wenn ich mich vernäht hatte, trennte sie es wieder auf. »So sollst du es machen!« meinte sie dann nur zu mir. Schließlich hatte ich begriffen, wie es geht. [. . .]

Zu dieser Zeit konnte ich bereits gut kochen. Wenn meine Mutter ausgehen wollte, sagte sie zu mir: »Heute bereitest du unser Essen zu.« Auch wenn sie mit Flechten beschäftigt war, kümmerte ich mich um unsere Mahlzeiten. »Du mußt dich allmählich ans Kochen gewöhnen, denn es ist bald soweit, daß du außerhalb unseres Hauses wohnen wirst. Du mußt dir nämlich deine Speisen selbst bereiten, wenn du draußen deine Hütte aufsuchst«, deutete sie mir an. [. . .]

Und dann war ich dreizehn Jahre alt. »Nun ist allmählich die Zeit gekommen, daß du dich vorsehen mußt, denn du wirst bald zur Frau werden. Vergiß nicht, was ich dir jetzt erklären werde. Du kannst deinen Brüdern großen Schaden zufügen, wenn du nicht aufpaßt. Der Zustand einer ›jungen Frau‹ ist schlecht. Die Geister hassen ihn. Wenn ein Mann, der einen Schutzgeist besitzt, mit dir das Essen teilt, während du gerade eine ›junge Frau‹ bist, vergrault er damit seinen Schutzgeist, so daß er nicht wiederkommt. Deshalb redet man uns Frauen ins Gewissen, nur ja auf uns achtzugeben. In den Tagen, wenn du eine ›junge Frau‹ bist, und ganz besonders beim erstenmal, mußt du dich immer verborgen halten. Komm dann nicht in deine Hütte zurück. Das wird von dir so erwartet.« Ich fürchtete mich, als ich das hörte.

Und wirklich, als ich dreizehneinhalb Jahre alt war, bat sie mich eines Tages: »Hol doch etwas Holz für uns aus dem Wald.« Es war fast Mittag, als ich mich auf den Weg machte. Nachdem ich eine Weile gegangen war, spürte ich etwas Merkwürdiges an mir. Ich bekam schreckliche Angst vor dem Zustand, in dem ich mich befand. Ich wußte nicht, was mit mir geschehen war. »Das muß es sein, wovor ich gewarnt worden bin«, dachte ich nur.

Ich ging noch ein Stück und legte mich dann mitten im Wald auf den Boden. Vor lauter Angst fing ich zu weinen an. Es war Hochsommer, und wir waren gerade mit dem Jäten fertig. Nach einiger Zeit war es meine Mutter leid, noch länger auf mich zu warten, und sie kam mich suchen. Schon bald hatte sie mich gefunden, denn mittlerweile weinte ich entsetzlich.

»Nun komm schon, hör doch auf zu weinen! So ist es nun mal mit uns Frauen. Wir sind eben so geschaffen. Es wird dir schon nichts geschehen. Bei diesem warmen Wetter wirst du bald darüber hinweg sein. Wäre es dir im Winter passiert, hättest du bestimmt mehr zu leiden. Wahrscheinlich würdest du dich im Wasser sogar erkälten, weil du nämlich viermal im Fluß baden mußt. So ist das jedenfalls, wenn wir zum erstenmal unsere Tage bekommen. Jetzt, bei diesem warmen Wetter, darfst du solange schwimmen, wie du möchtest. Deck dich zu und schau dich nicht um. Ich gehe jetzt und baue eine kleine Hütte für dich«, tröstete sie mich.

Ich quälte mich wirklich sehr dort draußen im Wald, denn es war sehr heiß. Es wurde Abend, bevor sie zurückkam: »Endlich bin ich wieder bei dir. Inzwischen habe ich eine Wohnung für dich gebaut. Nun bedecke dein Gesicht und gib acht, daß du nicht umherschaust.« Damit führte sie mich zu einer kleinen Hütte, die auf allen Seiten mit Zweigen umgeben war. Man hatte Reisig aufgestapelt, damit ich mich nicht umsehen konnte. Nur eine kleine Stelle war draußen freigelassen, wo ich für mich kochen sollte. Meine Großmutter hatte gerade so viel Platz in der Hütte gelassen, daß wir beide uns darin hinlegen konnten.

»Ich hole jetzt Großmutter, damit sie bei dir bleibt«, sagte meine Mutter zu mir. Es kam dann irgendeine alte Frau. Man hatte sie mir geschickt, damit sie mir Unterricht gab. Den ganzen Tag lang hatte ich nichts gegessen. Am nächsten Morgen meinte sie zu mir: »Wir holen jetzt einige Sachen, damit du für uns kochen kannst.« Ich hatte gar keinen Hunger, weil ich mich fürchtete. Deshalb ging meine Großmutter essen. Obwohl ich nur kurze Zeit allein war, hatte ich doch große Angst. Abends brachte sie mir mehrere kleine Kochkessel, Wasser, Holz und Kleinigkeiten zum Essen für mich mit. Da habe ich zum erstenmal für mich gekocht.

Und meine Großmutter belehrte mich darüber, wie ich ein gutes Leben führen sollte. Sie war wirklich eine sehr alte Frau und hatte bestimmt mit allem recht, was sie mir beibrachte. »Mein Enkelkind«, sagte sie zu mir, »bald werde ich dir erklären, wie man ein ehrliches Leben führt. Sieh nur, wie alt ich geworden bin. Ich habe stets befolgt, was man mir eingeprägt hatte. Ich habe mich außerdem bemüht herauszufinden, wie man sich in jeder Situation ordentlich benimmt. Du siehst doch, daß ich ein hohes Alter erreicht habe«, meinte sie zu mir, »und so wird es dir auch ergehen, wenn du getreu befolgst, was ich dir zu sagen habe.«

»Was übrigens deine Mutter anbetrifft, so habe ich ihr schon in ihrer Jugend gute Ratschläge gegeben, jedesmal wenn wir uns getroffen haben. Weil wir miteinander verwandt sind, habe ich ihr diese Lehren erteilt, obwohl sie bereits von der Schwester ihres Vaters, bei der sie aufgewachsen ist, Unterricht erhielt. Von ihr hat sie alles gelernt, was zu den Arbeiten von uns Frauen gehört. Wenn du daher genau zuschaust, wie deine Mutter mit den Dingen umgeht, wird dir später auch alles gelingen, mein Enkelkind.«

»Und noch etwas. Viele von uns Frauen haben gefastet, nachdem sie zur Frau geworden waren. Und zwar mehrere Tage lang: Einige haben zehn, andere vier, fünf Tage oder beliebig lange auf Nahrung verzichtet. Sicherlich haben sich die Zeiten geändert. Aber als ich eine junge Frau war, konnte ich acht Tage ohne Essen auskommen. Wir haben immer gefastet, bis wir erwachsen waren«, erzählte mir meine Großmutter. Meine Mutter besuchte mich nur, um mir Wasser und Brennholz zu bringen, damit ich ein Feuer unterhalten konnte, wenn ich für mich kochen wollte. Und wir haben zusammen Perlen aufgezogen. Das war alles, was wir gemeinsam unternommen haben.

»Kämm dir dein Haar in diesen Tagen nicht, es könnte sonst ausfallen. Und iß keine süßen Sachen. Auch wenn du Saures zu dir nimmst, wirst du deine Zähne verlieren. Das ist schon in dem Sprichwort ausgedrückt, daß wir uns davor hüten sollen, Süßes zu naschen«, ermahnte mich meine Großmutter. Von Zeit zu Zeit hatte sie immer solche guten Ratschläge für mich übrig.

»Und da ist noch etwas. Die Männer halten dich nun für heiratsfähig, nachdem du zur Frau geworden bist. Deshalb haben sie ein unstillbares Bedürfnis, auf sich aufmerksam zu machen. Wenn du deine Zurückhaltung vergißt und dich nicht beherrschen kannst, werden sie kaum noch um dich werben. Bestimmt werden dir die jungen Männer bei einer Tanzveranstaltung viele lustige Sachen sagen. Läßt du dich davon nicht gleich beeindrukken, werden sie sich noch lange um dich bemühen. Lachst du sie aber aus, strafen sie dich mit Verachtung. Sie ärgern dich auf der Stelle und hören damit nicht wieder auf.«

»Wenn du keine Hemmungen im Umgang mit Männern hast, verlieren auch deine Brüder und der Bruder deiner Mutter ihr Ansehen. Übst du dich dagegen in Selbstbeherrschung, werden sie stolz auf dich sein. Dann können sie dich gut leiden. Du sollst dich nur um die Familie kümmern, der du angehörst, dann geben dir deine Brüder immer von ihrem Besitz etwas ab und befolgen sogar deinen Rat. Wenn man als Frau ein ruhiges Leben führt, gewinnt man die Liebe der Männer.«

»Und noch etwas. Einige Mädchen deines Alters haben kein Benehmen. Wenn du dich mit Menschen abgibst, denen jedes Ehrgefühl fehlt, färbt ihre Haltung auf dich ab, solange du nur wenig Erfahrung besitzt. Hüte dich, mein Enkelkind, vor maßlosen Menschen!« ermahnte sie mich.

»Und noch etwas. Du sollst den alten Leuten immer Respekt erweisen, denn die Geisterkraft schützt sie. Weil sie ihr Leben mit Bedacht geführt haben, sind sie mit einem hohen Alter belohnt worden. Vor allem rede niemandem etwas nach. Lüge nicht. Stiehl nicht. Wenn du dich an fremdem Eigentum vergreifst, bist du ein armer Mensch. Sei niemals geizig mit allem, was du selber gerne besitzt. Wenn du allzu sparsam bist, wird man dir nie etwas schenken wollen. Bist du jedoch großzügig, wird man sich genauso erkenntlich zeigen. Zieh außerdem nicht über andere Menschen her. Zu allen älteren Menschen mußt du gleichermaßen freundlich sein. Genau so, mein Enkelkind, gehört es sich zu leben«, machte mir meine Großmutter klar. Tatsächlich brachte sie mir bei, wie ich mich in jeder Situation verhalten sollte.

Bald waren zehn Tage vorüber, die ich dort zugebracht hatte. »Nun kannst du dich endlich baden«, verkündete mir meine Mutter, bevor wir den Weg zum Fluß einschlugen. »Zieh dein Hemd aus«, bat sie mich. Als ich es abgelegt hatte, durfte ich ins Wasser gehen. Nach einiger Zeit meinte sie: »Ich werde dich jetzt mit einem Dornenzweig piksen.« Überall riß sie mir die Haut auf. »Und nun dein Unterleib«, fuhr sie fort. »Nimm deinen Rock als Lendenschurz.« Nun wurden auch meine Hüften zerstochen. »Das wird dich davor bewahren, während deiner Tage zu viel Blut zu verlieren.« Sie ließ mich wirklich sehr leiden.

Ich zog mich frisch an und warf meine alten Kleider fort. Nun durfte ich endlich wieder aufblicken. Doch nach kurzer Zeit mußte ich abermals allein draußen wohnen und für mich kochen. Nach weiteren zehn Tagen ging ich wieder baden und nahm dann meine Mahlzeiten wie gewöhnlich mit den anderen zusammen ein.

Meiner Mutter erzählte ich: »Meine Großmutter hat mir Unterricht in anständigem Benehmen gegeben.« Sie lachte. »Deshalb habe ich sie ja kommen lassen, damit sie dich gründlich darüber belehrt, was sich für dich gehört. ›Vielleicht befolgt sie doch so manchen Rat‹, hoffte ich im stillen.«

Nun erwartete sie von mir, daß ich ihr noch mehr Arbeiten als früher abnahm. Als meine Mutter einmal einen Korb flocht, forderte sie mich auf, es ihr nachzutun. Ich fing mit einem ganz kleinen Stück an und war schon fünfzehn Jahre alt, bevor ich mich an große Körbe wagte.

»Jetzt kannst du auch versuchen, Kleider mit Perlstickerei und Borten zu verzieren. Wenn es dir gelingt, kannst du Kleider nähen, wie du sie auf Tanzfesten tragen möchtest. Spricht es sich dann herum, wie gut du schneidern kannst, werden die Leute deine Dienste in Anspruch nehmen. Nicht nur das. Man wird dich dafür bezahlen wollen. Du wirst also vom Nähen manchen Nutzen haben«, erklärte mir meine Mutter. Da gab ich mir große Mühe, doch es hat lange gedauert, bis ich wirklich gut nähen konnte. Vielleicht habe ich zwei Jahre gebraucht, bis ich mit mir zufrieden war. Danach hatte ich immer etwas zu tun.

Als ich sechzehn Jahre alt war, haben wir im Sommer Matten geflochten. Im Winter wurden Beutel und Wollgürtel angefertigt und Borten und Perlstickerei aufgenäht. Tatsächlich gab man mir ständig Arbeiten in Auftrag, für die ich gut entlohnt wurde. »Deshalb habe ich darauf bestanden, daß du lernst, wie du dir selber hilfst«, hörte ich dann. »Wenn diese Matten fertig sind, können wir sie weitergeben und bekommen sicher bald etwas dafür zurück. Mit diesen Beuteln ist es genauso. Bestimmt können wir mit ihnen etwas eintauschen. Deshalb rackert man sich doch ab, weil man Nutzen davon hat«, belehrte sie mich. Als ihre Worte in Erfüllung gingen, war ich überzeugt, daß sie die Wahrheit gesprochen hatte.

In meinem siebzehnten Lebensjahr hielt ich mich wieder einmal allein draußen in meiner Hütte auf. Nach zwei Tagen hörte ich mitten in der Nacht, als ich schon längst eingeschlafen war, wie jemand zu mir sagte: »Wach auf!« Ein Streichholz wurde angezündet, und da sah ich – o Schreck! – einen Mann vor mir! Meine Furcht kannte keine Grenzen. Ich zitterte förmlich vor Angst. Als ich ihn fortschicken wollte, klang meine Stimme gar nicht mehr wie sonst. Ich konnte kaum noch sprechen. Aber danach erhielt ich von einem Mann nach dem anderen Besuch. Ich hatte zwar genaue Anweisung, wie ich mich verhalten sollte. Als es jedoch bekannt wurde, machte man mir immer öfter den Hof.

Trotzdem redete man mir ins Gewissen: »Erst wenn du zwanzig bist, kannst du an einen Ehemann denken. Deshalb solltest du dich wirklich nur mit einem Mann einlassen, den du später heiraten möchtest, wenn du damit anfängst, dich mit Männern abzugeben. Mach nicht allzu vielen von ihnen schöne Augen. Es gehört sich für eine Frau nicht, viele Freunde zu haben. Ihr Ehemann wird sie später schlecht behandeln, wenn die Eifersucht ihn quält, sobald er erfährt, was seine Frau früher angestellt hat. Das ist der Grund, weshalb man uns Frauen verbietet, Liebschaften zu haben.«

Wenig später, als ich achtzehn war, gingen wir Erdbeeren

sammeln. »Wir werden einen jungen Mann treffen«, flüsterte mir das Mädchen zu, dem ich mich angeschlossen hatte. »Mach dir keine Sorgen«, beruhigte sie mich, »ich hab' es nicht ernst gemeint.« Tatsächlich hatte sie sich aber mit einem Mann verabredet.

Bald war ihr Freund zur Stelle. Sie kannten sich bereits gut und gingen zärtlich miteinander um. Er half ihr sogar beim Erdbeerpflücken. Später ist sie oft zu mir gekommen, damit ich ihr bei ihren Vorhaben Gesellschaft leiste. Ihr Verehrer brachte dann einen anderen jungen Mann mit, der sich mit mir unterhalten wollte. »Er tut dir bestimmt nichts«, zerstreute sie meine Bedenken. Sooft wir nun ausgingen, trafen wir die beiden Männer. Schließlich sah ich keinen Grund, warum ich nicht mit ihm reden sollte. Und seither unternahmen wir vier sehr viel gemeinsam. Es machte bestimmt Spaß, lustige Sachen von ihnen gesagt zu bekommen. Nachdem ich ihn näher kennengelernt hatte, freute ich mich jedesmal, wenn wir uns wiedersahen.

Natürlich versuchten auch andere Männer, mit mir zu flirten, nachdem sich unsere Bekanntschaft herumgesprochen hatte. Da wurde ich furchtbar ausgeschimpft, und man suchte sogar einen anderen Partner für mich, obwohl ich doch schon einen festen Freund hatte.

»Du sollst dir lieber gleich einen Ehemann nehmen«, bekam ich zu hören. »Ich hatte dir immer wieder eingeprägt: ›Erst mit zwanzig sollst du ans Heiraten denken‹, und ich hatte dir verboten, dich mit schlechten Menschen einzulassen. Doch das ist dir mittlerweile egal. Ich hatte immer gehofft, daß du dich gut verheiraten würdest, solange ich noch lebe. Jetzt kommen mir Zweifel, ob du überhaupt noch einen passenden Ehemann findest.«

Und meine Mutter fuhr fort: »Der Vater des Jungen, mit dem du dich triffst, ist nichts wert. Später wird dich dein Mann schlagen, denn so macht das sein Vater. Er hebt seine Hand gegen seine Frau und läßt ihr kaum freie Zeit. Außerdem ist er ausgesprochen faul. Deshalb meine ich, daß sein Sohn nach ihm geraten wird. Man sieht ihn schon jetzt nur herumstehen. Ich kann mich nicht erinnern, daß er jemals gearbeitet hätte. Wenn du ihn zum Ehemann nimmst, mußt wahrscheinlich du ihn ernähren. Er wird dich ausnutzen, weil du in allen Arbeiten erfahren bist, die wir Frauen beherrschen müssen.«

»Du solltest ihn wirklich nicht zum Ehemann nehmen«, beschwor mich meine Mutter. »Du mußt den anderen heiraten, von dem ich meine, daß er der Richtige für dich ist. Jedenfalls darfst du deinen Freund künftig nicht mehr sprechen. Wenn ich höre, daß du dich trotz meines Verbots weiter mit ihm triffst, entziehe ich dir jede Gewalt über unseren Haushalt. Ich folge dann einfach nicht mehr deinem Rat. Nur weil ich wußte, daß du auf mich hörst, habe ich dich früher ernst genommen.«

»Und noch etwas«, meinte sie weiter. »Wegen der vielen Dinge, die du gelernt hast, bin ich sehr stolz auf dich. Deshalb hatte ich dir verboten, dich mit untüchtigen Menschen einzulassen. Kaum warst du mit ihnen zusammen, haben wir schon davon gehört. Du fürchtest die Männer nicht mehr. Früher hattest du ihretwegen Angst auszugehen, doch jetzt kannst du es gar nicht mehr erwarten, dich draußen zu amüsieren. Man wird nichts mehr von dir halten, wenn du deine Zurückhaltung aufgibst, weil die Männer nur mit ehrbaren Frauen zusammenleben wollen. Frauen, die keine Scham empfinden, brauchen sie nur für ihren Zeitvertreib. Das ist doch der Grund, weshalb sie ihnen nachlaufen, um sich mit ihnen zu vergnügen, nicht um sie zu heiraten. Es wird das beste für dich sein, gleich einen Mann zu nehmen, mit dem ich einverstanden bin«, erklärte sie mir.

Ich war neunzehn Jahre alt, als ich beschloß, den jungen Mann zu treffen, den sie für mich ausgesucht hatte. Ich mochte ihn nicht so sehr. Der andere gefiel mir sehr viel besser. Deshalb dachte ich immer: »Wenn ich doch nur mit meinem einstigen Freund sprechen dürfte!« Ich konnte ihn nicht vergessen und machte mir Sorgen um ihn. Aber ich mußte mit dem andern ausgehen, mit dem es mir erlaubt war. Später lernte ich auch ihn näher kennen. Doch ich sehnte mich nur nach dem andern, den sie meinetwegen fortgeschickt hatten.

Bald drängte mich mein künftiger Mann, zu ihm nach Hause zu ziehen. Immer flehte er mich an, mit ihm fortzulaufen, wenn ich ihn traf. Da sagte ich ihm einfach: »Ich habe große Angst vor deinen Eltern.« »Nun«, antwortete er, »dann ziehe ich eben zu dir. Wir sprechen dieselbe Sprache, also gehört es sich nicht, daß wir Angst voreinander haben. Was mich anbetrifft, so habe ich kein schlechtes Gewissen gegenüber deinen Eltern, weil ich dir nichts Böses angetan habe. Wenn wir uns getroffen haben, bin ich immer zurückhaltend gewesen. Das weißt du auch. Ich möchte, daß wir in gegenseitiger Achtung voreinander leben können. Immer denke ich mir: ›Ach, wäre sie nur einverstanden!‹ Du bist die einzige Frau, mit der ich zusammenleben möchte. Ich werde immer nett zu dir sein. Worum du mich auch bitten wirst, ich werd' es für dich tun. Und ich bin immer fleißig. Ich hasse deine Eltern nicht. Ich halte dich nicht zum Narren. Bestimmt löse ich mein Versprechen ein, das ich dir heute gebe.« Mit diesen Worten bekam er mich herum, so daß ich ihm meine Einwilligung gab.

Eines Nachts liefen wir davon. Als es wieder hell wurde, schämte ich mich, mit ihm in unser Lager zurückzukehren. Als sie ihn jedoch am nächsten Morgen bemerkten, begrüßten sie ihn alle sehr freundlich, weil ich den Mann geheiratet hatte, den sie sich gewünscht hatten.

Dann übergab er mir sein Pferd und seine Festtagskleidung, die er während der Tänze trug. Und ich gab dieses Pferd an meine Brüder weiter. Bald kam meine Schwiegermutter mich holen. »Nun geh zu ihr«, meinte meine Mutter, als ich sie verließ. Bei der Ankunft in der anderen Hütte bat man mich: »Nimm bitte hier Platz!« Ich machte es mir bequem. Dann begannen sie, mich zu schmücken. Ich wurde mit schönen Kleidern und Schmuck ausgestattet, und sie sagten zu mir: »Du sollst auch diesen Kessel hier noch mitnehmen.« Es waren Trockenfleisch mit Beeren und ein Pferdehalfter darin. Schwer beladen trat ich meinen Heimweg an.

Als ich nach Hause kam, war ich wunderschön eingekleidet. Meine Mutter betrachtete alles ganz genau. Als sie das Halfter sah, meinte sie: »Jetzt gehören dir schon zwei Pferde! Hättest du den anderen Mann geheiratet, wärst du sicher leer ausgegangen.«

Später rief sie mich: »Bring ihnen doch bitte diese Sachen hier!« Ein Beutel wurde mit Vorräten gefüllt und einige geflochtene Matten mit mehreren Wollgürteln verschnürt. Damit war den Förmlichkeiten Genüge getan, obwohl die Verwandten meines Mannes mich noch beschenkten, vor allem mit Nahrungsmitteln. Ich brachte ihnen dafür einen Beutel, einen Korb oder eine Schale mit Bohnen, Kürbis oder Mais.

Von meinem Gatten wurde ich gewiß lange Zeit gut behandelt. Meine Mutter hatte mir strengstens verboten, mit meinem alten Freund zu sprechen. Sie überwachte jeden meiner Schritte, doch ich konnte ihn nicht vergessen, weil er es war, dem meine ganze Liebe galt. Ich liebte meinen Ehemann nicht. Deshalb dachte ich immer an meinen Freund. Wenn ich zu einer Veranstaltung ging, ließ mich meine Mutter nicht aus den Augen, weil sie verhindern wollte, daß ich den anderen traf. Und sie verbot mir, allein auszugehen. »Nimm deinen Ehemann mit, wenn du ein Fest besuchst. Sonst redet man noch über dich und erzählt: ›Sie treibt sich mit einem anderen Mann herum.‹ Es gibt genügend Besserwisser, die den Eheleuten Ärger bereiten wollen«, warnte sie mich.

Nachdem ich ein halbes Jahr mit meinem Mann zusammengelebt hatte, setzten meine Tage aus. Da wurde ich wieder belehrt: »Wahrscheinlich ist folgendes passiert: du wirst nun wohl ein Kind bekommen. [. . .] Viele Dinge sind den Frauen verboten, wenn sie ein Kind erwarten. [. . .] Denn wir Frauen haben eine schwere Zeit bei der Geburt. Wir müssen leiden. Einige werden von ihren Babys sogar getötet, aber wir haben keine Angst davor, weil wir für das Kinderkriegen geschaffen wurden. Deshalb haben wir uns damit abgefunden. Wenn keine von uns Frauen ein hohes Alter erreichen würde, müßten wir uns wirklich davor fürchten. Dann könnten wir uns nicht mehr vermehren. Also halten wir uns während der Schwangerschaft und bei der Geburt an die guten Ratschläge, die man uns gegeben hat. Frauen, die sich über diese Gebote hinwegsetzen, werden von ihrem Kind nämlich dafür bestraft.« [. . .]

Bald bekam ich einen großen Bauch, über den ich mich so sehr schämte, daß ich zu Hause blieb, auch wenn ein großes Fest stattfand. Als acht Monate vergangen waren, besuchte uns meine Schwiegermutter, um mit meiner Mutter zu sprechen.

»Nun dauert es nicht mehr lange, bis sie ihr Kind zur Welt bringen wird«, begann sie. »Wir sollten beizeiten eine kleine Hütte für sie bauen, wo sie niederkommen kann. Deshalb habe ich mich auf den Weg zu dir gemacht. Ich dachte mir, daß ihr nachts bereits übel wird.« Als sie die Hütte für mich errichtet hatten, verabschiedete sie sich von meiner Mutter: »Du kannst mich jederzeit rufen lassen, wenn es soweit ist.«

Bald wurde es mir abends schlecht, wenn ich allein lag. [. . .] Decken wurden für mich in der Hütte ausgebreitet. Nachdem ich mich dort niedergelassen hatte, befestigten sie einen Gurt über mir. »Daran mußt du dich festhalten, wenn starke Schmerzen einsetzen«, erklärten sie mir. Nun spürte ich bereits die Wehen. [. . .] »Wenn die Schmerzen heftiger werden, mußt du versuchen, dich aufzurichten. Du mußt auf den Knien sitzen und dich aufrecht halten.« Das tat ich und hielt mich dabei am Gurt fest. Aber das Kind kam nicht zur Welt.

Nach Mitternacht konnte ich kaum noch aufstehen. Die Frauen, die bei mir geblieben waren, bekamen Angst und hielten Rat: »Wir sollten besser Hilfe holen.« Meine Schwiegermutter nahm etwas indianischen Tabak und ging damit zu einer Frau, die sich in Geburtshilfe auskannte, um ihre Hilfe zu erbitten. Sobald die Frau bei uns war, kochte sie eine Medizin für mich. Als sie damit fertig war, meinte sie: »Laßt sie auf jeden Fall eine Weile aufrecht sitzen. Ihr müßt sie stützen, damit sie nicht in sich zusammensinkt.«

Nachdem sie mich aufgerichtet hatten, spuckte sie mir etwas Medizin auf den Kopf und gab mir davon zu trinken. Als ich ausgetrunken hatte, begann sie mit einem Lied. Während sie sang, ging sie hinaus und umschritt die kleine Hütte. Wenn sie an der Stelle vorbeikam, wo ich saß, klopfte sie an die Außenwand und rief: »Komm heraus, wenn du ein Junge bist!« Dann sang sie weiter. Als sie wieder vorbeikam, klopfte sie noch einmal an die Wand: »Komm heraus, wenn du ein Mädchen bist!«

Nachdem sie viermal die Hütte singend umschritten hatte, kam sie wieder herein und gab mir ein weiteres Mal Medizin zu trinken. »Jetzt kommt es bestimmt zur Welt. Sie darf sich nun hinlegen. Legt sie vorsichtig auf den Boden. Ihr müßt ihr die Knie gerade und hoch halten«, sagte sie. Und prompt kam ein kleiner Junge zur Welt. [. . .]

Am nächsten Tag wurde er in eine Tragwiege geschnürt. [. . .]

»Du mußt ihn immer in seiner Wiege lassen, sonst bekommt er einen langen Kopf oder einen Buckel oder O-Beine. Wenn man die Babys sorgfältig festbindet, wachsen sie gerade. Babys müssen fast ein Jahr lang in der Wiege bleiben. Doch man darf sie nicht die ganze Zeit tragen. Sie werden mit der Wiege aufgehängt, sobald man sie gestillt hat, damit sie nicht zu einer Belästigung werden. Man gewöhnt sie möglichst früh daran, allein zu bleiben, wenn man nach draußen geht, sofern es keine Schreibabys sind. Wenn man sie nämlich dauernd mit sich herumträgt, fangen sie zu brüllen an, sobald man sie hinlegt. Dann werden sie zu einer Last, weil man sie ständig hochnehmen muß.« So sprach man zu mir.

Dreiunddreißig Tage lang wohnte ich draußen in der kleinen Hütte. Da begann mein Ehemann, sich anders zu verhalten. Er war gar nicht mehr nett zu mir wie früher, als er sich noch um mich bemühte. Das kam daher, daß die junge Frau, mit der ich vor meiner Ehe umgegangen war, ihm allerlei in den Kopf gesetzt hatte. »Du kümmerst dich ja sehr um sie, doch deine Frau war früher mit einem anderen Mann so gut wie verheiratet. Von ihr weiß ich so viel, daß sie sich versprochen haben: ›Wir werden uns immer treffen, auch wenn wir einen anderen Partner heiraten.‹« Das wiederholte sie so oft, bis er es schließlich glaubte.

Von diesem Augenblick an behandelte er mich schäbig. Die junge Frau war nämlich eifersüchtig auf mich, weil mein Mann mich ständig umsorgte. Deshalb erfand sie immer neue Geschichten für ihn. Niemand wollte sie noch heiraten, nachdem ihr Lebenswandel zum Gespräch der Leute geworden war. Schließlich schlug mich mein Mann sogar.

»Deshalb hatte ich dir verboten, mit anderen Männern zu sprechen. Deshalb hatte ich dir eingeschärft: ›Du sollst nur mit einem Mann sprechen, den du später heiraten willst‹«, tadelte mich meine Mutter. »Es fehlt nur, daß du deinen Sohn noch gegen dich aufbringst, wenn ihr miteinander streitet. Babys sterben, wenn die Eltern sich entzweit haben«, erfuhr ich.

Als unser kleiner Junge fast sprechen gelernt hatte, wurde er krank. Ich war sehr betrübt. Später ist er dann gestorben. Es ist bestimmt schwer, einen Todesfall in der Familie zu haben; man fühlt sich so elend. »Deshalb hatte ich dich gewarnt, daß ihr euren

Sohn nicht ängstigen sollt«, wurde ich kritisiert. »Deshalb schlägt man sein Kind nicht. Man bekommt ein schlechtes Gewissen, wenn man sein Kind bestraft hat.«

Es ging mir noch schlechter, nachdem mein Sohn bestattet war. Am Abend des vierten Tages bewirteten wir alle, die an seinem Begräbnis teilgenommen hatten. Dann nähten wir die schönsten Kinderkleider, und ich überlegte mir, wen wir als meinen Sohn adoptieren sollten. In Gedanken stellte ich mir alle Babys vor, die ich kannte. Schließlich traf ich meine Entscheidung, indem ich mir dachte: »Dieses Kind werde ich vielleicht genauso lieben können wie mein eigenes Baby.« Dann haben wir es in unsere Familie aufgenommen, damit wir in gewisser Weise einen Sohn hätten.

Doch mein Mann verhielt sich immer gemeiner zu mir und vernachlässigte seine Pflichten. Trotzdem wollte meine Mutter mir nicht erlauben, daß ich mich von ihm trenne. Bald darauf starb meine Mutter. Ich war fünfundzwanzig Jahre alt und fühlte mich ganz elend. Allmählich erinnerte ich mich an alles, was sie mir beigebracht hatte.

Seither sorgte ich allein für mich. Das war sehr schwer, denn die Arbeit nahm kein Ende. Es blieb mir kaum Zeit zum Ausruhen. »Meine Mutter hatte wirklich mein Bestes im Sinn, als sie mir zeigte, wie ich mich selber versorgen kann. Was wäre wohl aus mir geworden, wenn ich keine Erfahrung in den Frauenarbeiten gehabt hätte? Ich wäre jetzt noch schlimmer dran, wenn mir meine Mutter keinen Unterricht gegeben hätte«, dachte ich fortwährend. Wenn ich etwas hergestellt hatte, konnte ich Kleider dafür tauschen. Ich fand stets Abnehmer für meine Erzeugnisse. Was ich im Frühjahr ausgesät hatte, hegte und pflegte ich, um es nach der Ernte zu verarbeiten, damit ich im Winter zu essen hatte.

Aber mein Mann benahm sich nur noch widerwärtig. Wenn irgendwo ein Tanz stattfand, ließ er mich nicht gehen. Bald dachte ich mir: »Jetzt, da meine Mutter nicht mehr lebt, führt er sich wie ein gemeiner Kerl auf. Weil mir meine Mutter verboten hat, ihn zu verlassen, muß es soweit kommen, daß er mich quält. Dabei hatte ich ihn nie geliebt! Allerdings lebt jetzt niemand mehr, der mich dafür tadeln wird, daß ich den anderen Mann immer noch liebe, doch niemals diesen Burschen hier.« Obwohl es meinem Mann nicht recht war, zog ich mich festlich an, um einen Tanz zu besuchen. Er geriet furchtbar in Zorn. »Damit du mit dem anderen Mann die Ehe brechen kannst, deshalb gehst du dorthin«, warf er mir vor. »Natürlich möchte ich ihn wiedersehen«, antwortete ich ihm, um ihn loszuwerden.

»Du kannst gerne eine andere Frau heiraten, die es mit der Tugend ernster nimmt. Wir werden nicht mehr respektvoll miteinander umgehen können. Als ich dir noch gehorcht habe, warst du es, der sich schlecht benommen hat. Und es war nie meine Absicht, mit dir zusammenzuleben. Ich habe nur getan, was man von mir erwartete. Man hat unserer Ehe zugestimmt, damit du mich achtest, nicht damit du mich quälst! Deshalb laß uns jetzt auseinandergehen. Du mußt fort! Du hättest dich anständig verhalten können, wenn es wirklich deine Absicht gewesen wäre, immer mit mir zusammenzubleiben. Du hättest fleißig arbeiten können, damit wir jetzt nicht in Armut leben müssen. Du weißt, wie sehr ich mich angestrengt habe. Ich habe mich redlich bemüht. Ganz ohne Grund bist du eifersüchtig geworden. Ich habe niemanden getroffen, seit wir zusammengelebt haben. Doch jetzt müssen wir uns wirklich trennen.« So sprach ich zu ihm.

»Gut! Künftig werde ich mich anders verhalten«, antwortete er mir. »Ich werde von jetzt an nett zu dir sein. Und ich werde fleißig arbeiten. Ich werde dir deine Wünsche nicht ausschlagen. Fortan sollst du bestimmen, was mit uns geschehen soll.«

»Nein, ich glaube dir nicht mehr, auch wenn du dir noch soviel Mühe gibst, nette Worte zu finden. Du hast mich schon zu lange schlecht behandelt«, antwortete ich ihm, doch er ließ nicht von mir ab. Als ich gehen wollte, kam er mir nach und ergriff mich. »Glaub mir doch!« flehte er mich an. »Nein, nie mehr!« antwortete ich ihm. Er hielt mich weiter fest. »Du gehst jedenfalls nirgendwo mehr hin«, sagte er. Ich weinte bittere Tränen, da ließ er mich los.

Ich ging in das Dorf, wo der Bruder meiner Mutter wohnte, und verbrachte die Nacht bei ihnen. Am nächsten Tag sprach mein Onkel mit mir: »Es ist ungewöhnlich, daß du zu uns ge-

»Allmählich erinnerte ich mich an alles.«

kommen bist und bei uns übernachtet hast. Sicher ist etwas geschehen.« »Mein Ehemann behandelt mich sehr schlecht, deshalb wollte ich nicht mehr bei ihm bleiben«, erklärte ich ihm.

»Alle Welt weiß, wie ungerecht er zu dir ist. Niemand wird dich kritisieren, wenn du ihn verlassen willst. Ich werde dich deswegen jedenfalls nicht verstoßen. Denn es ist nun mal üblich, daß Eheleute sich gegenseitig Respekt schulden. Was mich anbetrifft, sorge ich für meine Partnerin, wie sie um mein Wohl bemüht ist. Wenn ich also für uns beide arbeite, kocht sie für uns. Wäre ich mit einem Mal gemein zu zu ihr, nur weil ich aus irgendeinem Anlaß, doch ohne Grund eifersüchtig geworden bin, obwohl sie ihren Pflichten nachkommt und sich nichts vorzuwerfen hat, wäre ihre Familie kaum auf meiner Seite. Ganz zweifellos wäre ich im Unrecht. Gäbe sie mir dann den Laufpaß, würde keiner ihrer Verwandten sie deswegen tadeln. Alle würden mein Leid sogar gutheißen, das sie mir damit zufügt.«

»Denn später werde ich kaum noch eine Frau finden können, die sich genauso gewissenhaft um mich kümmert wie sie. Eher würde ich zu meiner einstigen Frau zurückkehren wollen, die mich immer tadellos umsorgte. Doch nun hätte ich es mit ihr verdorben. Ich wäre jetzt allein mit meiner Erinnerung an den einstigen Gefährten, denn bestimmt würde sie keinen einzigen Gedanken mehr auf mich verschwenden. Sie würde mich nur noch hassen.«

»Nun, meine Nichte, du bist jetzt alt genug, um selber auf dich aufzupassen«, fuhr er fort. »Du hast sicher nicht vergessen, was deine Mutter dich gelehrt hat. Denn vielleicht hast du nun erst recht vor, den Männern hinterherzulaufen. Trotzdem solltest du dich in Bescheidenheit üben. Wenn du einen Mann kennst, von dem du meinst, daß er dich in Ehren halten wird, solltest du ihn heiraten. Ist er dann wirklich gut zu dir, solltest du mit ihm ein Leben in Zurückgezogenheit führen. Schau dich dann nicht mehr nach einem anderen Mann um, denn es ist für euch Frauen auch nicht recht, viele Ehemänner nacheinander zu haben. Es wird viel Schlechtes über eine Frau geredet, die das tut. Es ist dasselbe, wie wenn sie sich wahllos mit Männern abgibt.«

»So möchte ich, meine Nichte, daß du dich verhältst. Weil

deine Mutter nicht mehr lebt, gebe ich dir meinen Rat, wie ich ihn verstehe. Und wenn du jetzt von deinem Mann getrennt lebst, solltest du mindestens ein oder zwei Jahre lang ledig bleiben. In dieser Zeit solltest du fleißig arbeiten. Dann kannst du bedenkenlos wieder heiraten.« So sprach mein Onkel zu mir. Und bald danach vollzog ich die Scheidung. Mein Mann versuchte natürlich, mich zurückzugewinnen, doch ich konnte nicht mehr freundlich zu ihm sein. Ich haßte ihn furchtbar.

Und dann starb die Frau des Mannes, mit dem ich als junges Mädchen gegangen war. Als ich ein Jahr lang als geschiedene Frau gelebt hatte und seine Trauerzeit als Witwer vorüber war, bemühte er sich wieder um mich. Es hatten auch andere Männer um mich geworben, doch ich hatte sie nicht erhört. Und nach kurzer Zeit traf ich mich wieder mit ihm, den ich noch aus meiner Jugendzeit kannte. Bald fragte er mich, warum ich mich von meinem Ehemann getrennt hatte.

»Ja, dein Mann hat völlig mißverstanden, wie es um uns steht«, sagte er. »Seit meiner Heirat habe ich dich nicht mehr gesehen. Selbst wenn wir uns zufällig begegnet sind, fehlte mir der Mut, dich anzusprechen, denn bestimmt hättest du mich verraten. So tugendhaft hast du gelebt, seit du verheiratet warst. Wenn du allerdings schon damals meinen Antrag angenommen hättest, wärst du nie von deinem Mann geschlagen worden. Nun darfst du dich nicht wieder vor uns verschließen«, bat er mich.

»Das sagst du jetzt nur, um mich genauso quälen zu können, deshalb umwirbst du mich«, entgegnete ich ihm. »Wozu? Wie oft hast du gehört, daß ich meine Lebensgefährtin geschlagen hätte? Ich habe nicht ein einziges Mal die Beherrschung verloren, noch habe ich je mit ihr gestritten. An den Stammestänzen hat sie voll Begeisterung teilgenommen, bevor sie krank geworden ist.«

»Ich würde dir bestimmt die gleiche Freiheit lassen. Du kannst so viele Feste besuchen, wie du möchtest. Mit ganzer Leidenschaft tanzen zu wollen ist doch das Natürlichste auf der Welt. Ich habe noch nie gehört, daß man beim Tanzen eine Ehe gebrochen hat. Wie sollte es denn zu Vertraulichkeiten kommen, wenn so viele Menschen beisammen sind? Jeder würde sofort auffallen, der dann auf Partnersuche ginge. Das gleiche gilt doch auch für mich. Wenn du einverstanden bist, sollten wir also heiraten. Ich hoffe sehr, daß du mir dein Wort gibst, denn ich habe mir immer gewünscht: ›Wenn ich doch nur mein Leben mit ihr verbringen könnte!‹« Ich antwortete ihm: »Vielleicht bin ich in einem Jahr soweit; jetzt noch nicht.« Danach trafen wir uns nur, um miteinander zu plaudern. [. . .]

Bald kam der Tag, an dem ich mich entscheiden wollte. Als wir wieder einmal zusammen waren, meinte er zu mir: »Nun ist es endlich soweit, daß du deine Einwilligung geben wolltest. Laß deine Tür also heute nacht für mich geöffnet, damit ich dich besuchen kann.« Ich habe seine Bitte erfüllt, und nachts ist er zu mir gekommen. Andere Male schlief er bei seinen Verwandten, und jederzeit konnte ich meine Familie besuchen gehen. Nie hat er mir Vorhaltungen gemacht. Deshalb liebte ich ihn innig. Der andere, den ich zuerst geheiratet hatte, war unbeherrscht. Deshalb haßte ich ihn.

Seit ich mit meiner Jugendliebe verheiratet war, fühlte ich mich immer so glücklich. Wenn ich von einem Fest erfuhr, forderte er mich sogar auf: »Geh tanzen! Ich muß mich sonst schämen, wenn man dich bei einem solchen Ereignis nicht antrifft. ›Wahrscheinlich ist er eifersüchtig geworden‹, würden die Leute wohl über mich lästern. Das wäre wirklich peinlich für mich, wenn man so über mich redete«, jammerte er. »Zieh aber ja deine schönsten Kleider an!« bat er mich sogar. [. . .]

»Als ich nicht mehr mit dir sprechen durfte, war ich sehr einsam«, vertraute ich ihm an. »Nun laß es gut sein, denn letzten Endes haben wir uns doch noch bekommen«, tröstete er mich. Und was für nette Worte er immer fand! Zwei Jahre war ich mit ihm verheiratet und liebte ihn Tag für Tag mehr, weil er mit mir umzugehen wußte. Bald bekamen wir ein Kind, ein kleines Mädchen, aber es starb, als es vier Monate alt war. Man gab mir eine Medizin zu trinken, damit ich nicht mehr empfangen konnte, weil bisher alle meine Kinder gestorben waren. [. . .]

Später begann ich, Kleider für ihn zu nähen, sein Tanzkostüm, seine Mokassins, seine Leggins, sein Hemd, seine Manschetten, seinen Gürtel. Als ich alles ganz kostbar verziert hatte, sprach ich zu ihm: »Ich habe das für dich getan, weil du mich glücklich machst, seit ich mein Leben mit dir teile, und weil du nicht ein einziges Mal meinen Zorn erregt hast. ›Du sollst mit Stolz und Selbstvertrauen tanzen können!‹, dachte ich mir. Deshalb habe ich mir solche Mühe für dich gegeben.«

»Du bereitest mir wirklich eine große Freude. Als ich ein junger Mann war, hat man mir nämlich folgendes erklärt: ›Wenn du mit einer Frau zusammenlebst, die deine Art mag, weil du sie gut behandelst, dann wird sie dich in allem unterstützen, wenn sie klug ist. Fehlt ihr aber jede Vernunft, wird sie nie mit dir zufrieden sein und immer nur an dir herummäkeln‹, so hatte man mir erzählt. Nun bestätigt sich mir, was ich vor langer Zeit erfahren habe.«

Alles gelang mir jetzt besser. Er schien ein guter Jäger zu sein, weil er viel Wild heimbrachte, wenn er auf der Jagd gewesen war. Es fehlte uns nie an Fleisch, weil er zu jagen wußte. Ich war nun richtig mit ihm verheiratet. [. . .]

Doch bald wurde mein Mann krank. Ich fühlte mich elend, weil er mir so leid tat. Täglich ging es ihm schlechter. Ich weinte, weil ich mich so sehr über ihn grämte, aber vergeblich – schließlich ist er gestorben. Das war furchtbar für mich. Ich löste mein Haar und brachte es in Unordnung. Mehrere Nächte fand ich vor Kummer keinen Schlaf. Am vierten Tag lud ich meine männlichen Verwandten zu mir ein.

»Ihr sollt unseren Besitz unter euch aufteilen«, sagte ich ihnen. Dann versammelten sich die Frauen aus der Familie meines Mannes, um mir das Haar zu kämmen. Sie besorgten mir neue Kleider, die ich anzog; ich trug nun schwarz. Bald brachten mir meine männlichen Angehörigen, denen ich unsere Habe geschenkt hatte, einen Teil ihrer Jagdbeute, und ihre Frauen verpflegten mich mit allem, was sie angebaut hatten.

Doch ich ging zu den Frauen, die mich gekämmt hatten, und gab ihnen meine Vorräte, weil ich mich erbärmlich fühlte und nur noch fasten wollte. Daraufhin wanderte ich weit in die Wildnis hinaus, um laut weinen zu können, so weit, daß niemand mich hören konnte, denn sonst hätte man über mich gelästert: »Meine Güte, die muß aber traurig sein, als ob sie die Schwester ihres Mannes gewesen ist!« Ich wurde zunehmend menschenscheu und wollte mein Bett morgens nicht mehr verlassen. Weil ich so einsam war, fühlte ich mich ständig müde.

Mein Onkel hatte wohl von meinem Elend erfahren [. . .] und suchte mich deswegen auf. »Ich bin gekommen, meine Nichte, um zu sehen, ob du vielleicht krank bist, denn du scheinst sehr abgemagert zu sein.« »Nein, ich bin nicht krank«, antwortete ich ihm. »Ich bin auch gekommen, um dir einen Rat zu geben, wie du dich verhalten sollst. Ich weiß, daß du bei deiner Scheidung meine Worte befolgt hast. Weil du mir vertraust, hast du dich genau an meine Empfehlungen gehalten. Damit hast du mich sehr glücklich gemacht.« [. . .]

»Beim Begräbnis eines Lebensgefährten bringt die Ehefrau oder der Ehemann ein Tabakopfer dar. Danach gehen sie in einem Kreis um das Grab des Toten und wenden sich dann nach Osten. Unbeirrt setzen sie ihren Weg fort; auch tiefstes Dickicht kann sie nicht aufhalten. Auf keinen Fall dürfen sie stehenbleiben und sich umschauen. Würden sie nämlich einen Blick zurück werfen, wäre ihnen ihr baldiger Tod gewiß. Erst müssen sie eine große Strecke zurücklegen, bevor sie wieder umkehren dürfen. Das erwartet man von ihnen so, doch ich habe schon gehört, daß du diesen Brauch beim Begräbnis deines Mannes nicht eingehalten hast«, deutete mein Onkel an.

»Davon hatte ich keine Ahnung«, versicherte ich ihm, »und meine Mutter hat mir auch nicht gesagt, was man tun soll, wenn man von den Toten nicht in Ruhe gelassen wird. Daher wußte ich nicht, welches Verhalten als Witwe von mir erwartet wurde, als ich hier in meiner Hütte blieb, statt am Begräbnis meines Mannes teilzunehmen.«

»Man soll gleich vom Grab aus in die Wildnis laufen, um sich vor der Seele des Verstorbenen zu verbergen«, erklärte er mir. »Deshalb quälst du dich jetzt. Wenn du jedoch meine Ratschläge befolgst, wirst du schon bald gesund sein. Du sollst wieder etwas essen und immer einen Bissen davon für deinen Mann ins Feuer werfen. Halte dich an diese Anweisung, solange noch kein Adoptionsfest stattgefunden hat und deine Trauerzeit nicht zu Ende ist. Mehr verlangt man jetzt nicht von dir«, entschied mein Onkel. [. . .]

Wenn ich also etwas zu mir nahm, warf ich eine Kleinigkeit davon für meinen Mann ins Feuer. Und ich versuchte, nicht mehr an ihn zu denken, weil ich ihm nicht in den Tod folgen wollte. Als ich von dem Adoptionsfest erfuhr, das die Familie meines Mannes veranstaltete, wurde ich auch dazugeholt. Bei meinem Eintreffen waren schon viele Indianer da. Die Angehörigen des Neuaufgenommenen aßen gerade, als ich mich zu ihnen setzte. Ich wurde zum Essen eingeladen, und man benahm sich ganz so, als ob wir zum letztenmal mit meinem Mann speisten, um ihn zu verabschieden.

Als wir uns gesättigt hatten, sagte man zu mir: »Nun leg deine Trauerkleidung ab.« Dann zogen sie mir neue Kleider an, kämmten mein Haar und wuschen mein Gesicht. [. . .] »Jetzt darfst du tun, was dir gefällt. Wenn du wieder heiraten möchtest, ist es dir erlaubt. Solange du verheiratet bist, hast du jemanden, der sich um dich kümmert. Hab keine Angst vor uns. Wir waren sehr zufrieden mit dir, wie du unseren Verwandten umsorgt hast, als er noch lebte. Warum sollten wir dir also jetzt Vorwürfe machen? Du kannst unseren Worten vertrauen.« Danach verließ ich sie.

Nach langer Zeit pflegte ich mich wieder und trug frische Kleider, als mein Onkel mich besuchte. »Ich bin noch einmal gekommen, meine Nichte, um dir meinen Rat zu geben«, sagte er zu mir. »Mit dem heutigen Tag sind die Beschränkungen der Trauerzeit von dir genommen. Du weißt, wie schwer es gewesen ist, einen liebevollen Mann zu finden. Deshalb war der Verlust deines Gatten für dich so schmerzlich, und du brauchst ihn jetzt auch nicht zu vergessen. Es gibt nur wenige gute Männer. Du weißt noch, wie schlecht du von deinem ersten Mann behandelt wurdest; er hat dich sehr gekränkt. Auch deshalb wirst du deinen letzten Ehemann in guter Erinnerung behalten. Wenn die Männer dir nun wieder den Hof machen, solltest du sie nicht gleich erhören. Sei bestrebt, deinem verstorbenen Gatten vier Jahre lang ein ehrendes Andenken zu bewahren, denn du bist noch jung. Da schadet es nicht, wenn du eine längere Zeit unverheiratet bleibst. Dein nächster Ehemann wird dir sicher nicht die gleiche Zärtlichkeit erweisen. Deshalb glaube mir, daß ich den Tod deines Gatten sehr bedaure.« [. . .]

Ich habe mich genau an seine Empfehlungen gehalten und keinen meiner Verehrer erhört. Alle, die mir den Hof machten, habe ich zurückgewiesen. Als Zeichen meiner Trauer um meinen Ehemann bin ich vier Jahre lang ledig geblieben. Wenn ich damals ein Kind gehabt hätte, wäre ich überhaupt keine Ehe mehr eingegangen. Doch so war ich die meiste Zeit sehr allein. »Vielleicht ist das der Grund, warum ich mich so einsam fühle«, dachte ich mir.

Als vier Jahre längst vergangen waren, ließ ich mich wieder mit einem Mann ein. Bald bat er mich, ihn zu heiraten. »Ich habe nur um dich geworben, weil ich möchte, daß wir ständig zusammenleben. Dein Ehemann war mein Freund, und wir haben viel gemeinsam unternommen. Eines Tages meinte er zu mir: ›Sollte ich vor dir das Zeitliche segnen, mußt du dich um meine Gattin kümmern und dafür sorgen, daß ihr heiratet. Sie ist sehr gut erzogen, und außerdem ist sie deine Schwägerin, weil wir Kameraden sind. Ich möchte nicht, daß ein anderer sie bekommt, weil wir uns von ganzem Herzen lieben. Deshalb wende ich mich an dich. Es kann geschehen, daß ich als erster von uns beiden sterben muß, denn wir wissen nicht, wann wir an der Reihe sind‹, sagte er zu mir. ›Du mußt mir dein Wort geben, daß du meine Frau immer respektvoll behandelst, weil sie ein wertvoller Mensch ist, den ich ganz und gar verehre.‹ Weil es der Wunsch deines Mannes war, bitte ich dich jetzt um dein Einverständnis. Nie könnte ich dir ein Leid zufügen, weil dein Mann von mir erwartet, daß ich dich glücklich mache. Lieber will ich versuchen, dich genauso zu beschützen, wie es mein Freund getan hat.« Als er mir das versprach, willigte ich ein.

Nein, er ließ seinen Zorn wirklich nicht an mir aus, aber er war einigermaßen faul. Alles ging ihm langsam von der Hand, und außerdem war er ein geborener Spieler. Ich liebte ihn nicht so sehr wie meinen verstorbenen Mann, doch ich wollte Kinder haben. »Eine Tochter könnte mir manche Arbeit abnehmen. Vielleicht sterben nicht alle meine Babys nach der Geburt«, hoffte ich und erkundigte mich bei einer alten Frau, die sich mit Heilkräutern auskannte.

»Weißt du ein Mittel, damit man leichter schwanger wird?« fragte ich sie. »Natürlich gibt es eine Arznei dafür«, antwortete sie. »Und bestimmt wirst du ohne Schwierigkeit empfangen können, wenn du sie einnimmst, weil du bereits Nachwuchs hattest«, versicherte sie mir. »Doch ich bin nicht mehr schwanger geworden, seit ich eine besondere Medizin getrunken habe«, entgegnete ich ihr. »Das macht nichts«, beruhigte sie mich. »Zweifellos wirst du Mutter werden, und wenn du erst einmal Kinder hast, kümmert sich später auch eine Familie um dich.« Dann gab sie mir einen Tee zu trinken. Wie zu erwarten war, befand ich mich schon bald in anderen Umständen.

Als wir viele Kinder hatten, ist mein Mann gestorben. »Nun möchte ich nicht mehr heiraten«, sagte ich mir, »denn meine Nachkommen werden im Alter für mich sorgen.«

Völker der Algonkin-Sprachfamilie –
im Grasland: die Cheyenne

Zu Beginn des 18. Jahrhunderts siedelten etwa dreitausend-
fünfhundert Cheyenne-Indianer westlich der Großen Seen.
Ihre Kultur unterschied sich noch kaum von der anderer Algonkin-Völker wie der Mesquakie. Im Mittelpunkt des Wirt-
schaftslebens stand der Feldbau der Frauen, die außerdem
Beeren, Honig, Nüsse und Wildfrüchte sammelten. Die Männer fanden in den ausgedehnten Mischwäldern ausreichend
Gelegenheit zu Jagd und Fischfang. Geflochtene und getöpferte
Behältnisse ermöglichten außerdem eine bescheidene Vor-
ratswirtschaft, so daß es bald sinnvoll erschien, die festen Dörfer mit Palisaden zu umgeben.

Wie die Mesquakie verloren auch die Cheyenne ihr Land
zunächst nicht an europäische Siedler, sondern indirekt durch
die Auswirkungen des Pelzhandels. Als französische Händler nämlich ihre Nachbarvölker mit Feuerwaffen versorgten,
brach das Gleichgewicht der Stämme zusammen. Vor 1800
waren die ersten Cheyenne-Gruppen den Flußläufen folgend
in die baumlosen Grassteppen des Westens vorgedrungen.
Erst hier bekamen sie von Sioux-Indianern ihren heutigen
Namen »Cheyenne«, was man allgemein als »das Volk mit
fremder Sprache« übersetzt. Bisher hatten sich die Verwandtschaftsgruppen und Siedlungsgemeinschaften als Dzitsístäs,
»unser Volk«, bezeichnet.

Dieser Schritt in völlig ungedecktes, offenes Land wurde
durch die unermeßlich großen Bisonherden erleichtert, die damals noch weit bis ins Waldland hinein anzutreffen waren und
als »lebender Proviant« auf dem Weg nach Westen dienten.
Dort mußte ein wesentlich größeres Einzugsgebiet wirtschaft-
lich genutzt werden, so daß die dauerhafte Siedlungsweise
und der Feldbau aufgegeben wurden und die Kenntnis von
Töpferei und Flechtkunst verlorenging. Zugleich schwand der
gesellschaftliche Einfluß der Frauen. Für den einzelnen Cheyenne-Indianer besaß die Zugehörigkeit zu einer Verwandtschaftsgruppe künftig weniger Bedeutung als die persönliche

Tüchtigkeit, die auf verschiedenste Weise errungen und öffentlich zur Schau gestellt werden mußte.

Wie ein Geschenk des Himmels wurden die ersten Pferde aufgenommen, die aus den spanischen Kolonien nach Norden zogen. Das Pferd brachte den endgültigen Abschied von der bisherigen Lebensweise. Es gab dem Jäger die Schnelligkeit seines Jagdtieres und stärkte mit der wirtschaftlichen Überlegenheit der Jagd die Machtstellung der Männer. Um ihren gesellschaftlichen Rang zu festigen, organisierten sie sich auf vielfältige Weise, zum Beispiel in Tanzgesellschaften und Geheimbünden, in die man mit fortschreitendem Alter nach seinem öffentlichen Ansehen aufgenommen wurde. Solchen Männerbünden entsprachen die Geheimgesellschaften der Frauen – wie die Gilde der Zeltmacherinnen.

Die neue Wirtschaftsweise nahm besonders deutlich Einfluß auf die Regelung der Beziehungen, durch die sich die Cheyenne zusammengehörig fühlten. In ihrer Sprache gab es achtundzwanzig verschiedene Begriffe, die in unzähligen Kombinationen gebraucht werden konnten, um den Grad der Verwandtschaft eines Mannes oder einer Frau genau zu beschreiben. Doch das sind hypothetische Überlegungen, denn Verwandtschaftsnamen sollen ja gerade durch eine Vereinfachung der natürlichen Vielfalt Ordnung schaffen und Menschen einander näher bringen.

Das allgemeinste Prinzip der Cheyenne-Gesellschaft bestand darin, daß man die Reichweite der engeren Familie auf möglichst viele Personen ausdehnte und den älteren Angehörigen einer Generation die Verantwortung für ihre jüngeren Verwandten übertrug. Deshalb wurden auch entfernte Vettern und Basen noch als Geschwister bezeichnet; es gibt also keine Begriffe für »Vetter« und »Base« in der Cheyenne-Sprache.

Nach demselben Grundsatz werden die Brüder und Vettern des Vaters als »Vater« angesprochen und mußten wie dieser durch Jagd und Verteidigung für die ganze Familie sorgen. Ebenso wurden die Beziehungen zur Familie des Ehepartners dadurch vertieft, daß die Schwiegereltern »Großeltern« (und der Schwiegersohn und die Schwiegertochter »Enkelkind«) genannt wurden. Der Schwiegersohn durfte jedoch niemals mit seiner Schwiegermutter sprechen oder auch nur das Zelt mit ihr teilen, so daß er auf die Autorität der männlichen Verwandten seiner Frau verwiesen war.

Alle jüngeren Geschwister und Vettern und Basen bezeichnete man ohne Rücksicht auf ihr Geschlecht mit demselben Wort als sein »jüngeres Geschwister«. Der »ältere Bruder« und die »ältere Schwester« wurden anders benannt, weil sie gegenüber ihren jüngeren Verwandten besondere Aufgaben zu erfüllen hatten. Den künftigen Ehemann eines Mädchens bestimmte zum Beispiel häufig nicht ihr Vater (beziehungsweise einer ihrer »Väter«), sondern ihr ältester Bruder, wie in der Lebensbeschreibung der Arapaho-Frau erzählt wird.

Andererseits gestattete man einer Frau große Freizügigkeit im Umgang mit den Brüdern ihres Mannes. Auch die Mitglieder desselben Männerbundes bezeichneten sich als »Brüder«. Nicht selten heiratete ein Mann die Frau seines verstorbenen Bruders, deren Kinder er ja ohnehin schon wie seine eigenen als seine »Söhne« und »Töchter« anredete. Dieselben Vertraulichkeiten wie zwischen einer Frau und den Brüdern ihres Mannes waren einem Mann und den Schwestern seiner Frau erlaubt, so daß er sie heiratete, wenn er eine große Familie ernähren konnte.

Vergleicht man die folgende Autobiographie, die im Sommer 1931 aufgezeichnet wurde, mit den Lebensbeschreibungen der anderen Algonkin-Frauen, versteht man, wie sich mit der geographischen Umwelt nicht nur die Wirtschaftsweise, sondern die gesamte Kultur eines Volkes wandelt. Aus dem Bericht der unbekannten Cheyenne-Frau geht hervor, daß sie der gesellschaftlichen Oberschicht angehörte und als das Lieblingskind ihrer Eltern besondere Vorrechte besaß. Während ihrer Lebenszeit wurden die Bisonherden völlig ausgerottet, so daß die Cheyenne ihre wichtigste Nahrungsquelle verloren. Nach militärischer Verfolgung, nach Krankheiten und Hungersnöten standen sie unmittelbar vor ihrer Auslöschung. Sprache, Verwandtschaft und Religion haben die Cheyenne dennoch zusammengehalten, so daß sich ihre Bevölkerungszahl nach einem Tiefstand zu Beginn des 20. Jahrhunderts fast vervierfacht hat. Heute nehmen Angehörige dieses Algonkin-Volkes in vielen Bereichen und auf allen Ebenen am öffentlichen Leben Amerikas teil.

Blauvogel (Cheyenne)

Meine Mutter steht im achtzigsten Lebensjahr und erfreut sich offenbar guter Gesundheit. Wenn mein Vater noch lebte, wäre er etwa fünfundachtzig Jahre alt. Ich kann mich nicht daran erinnern, in welchem Jahr er gestorben ist. Die Schwester meines Vaters ist auch schon tot. Im Alter von einhundertundzwei Jahren ist sie gestorben. Sie war es, die mich in allen Dingen unterrichtet hat, die uns Frauen betreffen.

Ich möchte meine Geschichte mit einem Vorfall beginnen, den mir meine Mutter später berichtet hat. Sie erzählte mir, daß ich schon im Alter von vier Jahren allein reiten gelernt hätte. Natürlich kann ich mich nicht mehr daran erinnern.

Wenn unser Zeltlager weiterzog, wurde ich am Sattel meines Pferdes festgebunden, damit ich nicht herunterfallen konnte. Eines Tages, so erzählt man sich, hatte ich, oder vielmehr das Pony, auf dem ich saß, mit den anderen nicht mehr Schritt halten können. Mein Sattelgurt lockerte sich, und ich hing mit dem Kopf nach unten unter dem Bauch des Pferdes. Zum Glück war es ein sehr sanftes Tier.

Als junges Mädchen hatte ich also schon einige Erfahrung im Pferdereiten. Tatsächlich war es mein größtes Vergnügen. Ich wagte mich sogar auf ungezähmte Ponys. Natürlich wurde ich manches Mal abgeworfen, wenn die Pferde allzu sehr bockten.

Solange ich zurückdenken kann, besaß ich ein eigenes Bett im Zelt meiner Eltern, das aus Kopf- und Fußstützen aus Weidenzweigen bestand. Außerdem gehörten mir große Ledertaschen, die ich gegen die Zeltwand lehnte. Wenn ich Bisonfelle darüber warf, hatte mein Bett sogar eine Rückenlehne. Meine Kissen waren mit Stachelschweinsborsten verziert. Mein Bett befand sich immer gegenüber dem Eingang, auf dem Ehrenplatz des Zeltes.

Von meiner Mutter lernte ich alle Arbeiten, die zum Zelt gehören, wie Kochen oder Felle für verschiedene Zwecke gerben.

»Reiten war mein größtes Vergnügen.«

Das erste Paar Mokassins, das ich anfertigte, war für meinen Vater bestimmt. »Du machst sie aber sehr schön«, meinte er mit einem Lächeln. »Sie sind dir wirklich gut gelungen.« Das war eine große Ermutigung für mich.

Meine Mutter hatte mir gezeigt, wie man aus Sehnen einen Faden dreht und die Sohlen und die Oberteile der Mokassins in verschiedenen Größen zuschneidet. Bald stellte ich mich so geschickt darin an, daß ich sogar für andere Kinder Mokassins nähte, entweder ohne Verzierung oder mit Perlen bestickt. Ihre Eltern belohnten mich für meine Arbeit immer gut.

Wenn wir mit unserem Lager weiterzogen, fing ich selber mein Reitpferd aus der Herde heraus. Mir gehörte noch ein anderes Tier, das nur dazu da war, um mein eigenes Hab und Gut zu transportieren. Meine Mutter erinnerte mich aber daran, daß sie mir Unterricht gab und in unserem Zelt ein Bettlager für mich eingerichtet hatte, damit ich jeden Abend nach Hause käme und nicht bei meiner Freundin übernachtete. Dann könnte mir niemand etwas Böses nachsagen.

Meine Eltern waren sehr stolz auf mich. Tatsächlich schenkten sie mir die gleiche Beachtung wie einem männlichen Familienmitglied. Sie gaben sich die größte Mühe, daß ich immer ordentlich aussah. Sogar mein Pferdesattel war reich verziert. Ich besaß auch ein Kleid, das ganz und gar mit Elchzähnen besetzt war. Nur sehr wenige Familien konnten sich das leisten, und jeder wußte, daß für ein solches Kostüm nicht nur Glück, sondern viele Jahre beschwerlicher Jagd erforderlich waren.

Eines Tages bauten wir wieder einmal unsere Zelte ab, als mir meine Mutter zeigte, wie man auf einem Pferd Gepäck verstaut. Es war ein junges Tier, das noch nicht an das Lastentragen gewöhnt war. Ich merkte schon, daß es nicht stillstehen wollte. Als wir es mit den anderen Packtieren in Bewegung setzten, galoppierte es auf und davon und brachte das ganze Lager durcheinander.

Meine Mutter gab mir aber nicht nur Unterricht in nützlichen Dingen, sondern sie vermittelte mir auch alles, was ich über Spiele wissen mußte. Beim Hirschhufspiel waren zum Beispiel mehrere Hufe an je einem Faden angebunden, und man mußte versuchen, sie mit einem langen Dorn aufzufangen, der am anderen Ende der

Fäden befestigt war. Zunächst spielten nur die jungen Mädchen gegeneinander. Nach der Reife nahmen auch junge Männer daran teil. Ich hatte es zu einer solchen Gewandtheit darin gebracht, daß ich als geschickteste Spielerin gleich neben dem Eingang auf dem schlechtesten Platz sitzen mußte. Wenn sich häufig derselbe junge Mann und dieselbe junge Frau am Schluß gegenübersaßen, machte man Späße über sie, als ob sie ein Liebespärchen wären, auch wenn das nicht stimmte.

Als ich noch jünger war, beschäftigten wir Mädchen uns mit dem »Zwergenspiel«, wie wir es nannten. Es bestand darin, daß wir die Sitten und Bräuche der Erwachsenen nachahmten. Unsere Mütter nähten Lederpuppen für uns, die Frauen, Männer, Jungen, Mädchen und Babys darstellten. Dann suchten wir uns Astgabeln, die wir als Pferde benutzen konnten, setzten die »Zwergenmenschen« darauf und spielten, wie es ist, wenn ein Zeltlager an einen anderen Ort weiterzieht. Manchmal kam auch ein Baby zur Welt, oder es fand eine Heirat statt – es geschah wirklich alles, was wir über das Leben der Erwachsenen herausgefunden hatten. Bei diesem Spiel durften Jungen nicht mitmachen, und deshalb spielten wir mit Lederpuppen.

Später, als ich schon ein bißchen älter war, verbrachten wir unsere Zeit mit dem »Spiel der Großen«. Daran nahmen richtige Menschen teil, nämlich Jungen und Mädchen. Die Jungen gingen auf die Jagd (in Wirklichkeit aber nur in ihr Zelt) und brachten Fleisch und andere Nahrung für uns mit. Wir Mädchen schlugen unsere Zelte auf und richteten alles her, als ob wir in einem eigenen Lager für uns lebten. Einige Jungen zogen auf den Kriegspfad und kehrten immer siegreich zurück. Dann berichteten sie ihre Kriegsabenteuer und erzählten, welche Taten sie vollbracht hatten, besonders gegen den Pawnee-Stamm, und wir Mädchen sangen Kriegslieder zu Ehren der Tapferkeit unserer Helden. [. . .]

Manchmal hielten wir sogar den heiligen Sonnentanz ab. Weil es aber nur ein Spiel war, kochten wir keine richtigen Speisen, sondern buken Brote aus Lehm und benutzten Blätter als Geschirr. Aber wie in der Wirklichkeit gab es jemanden, der einen Traum gehabt hatte, wann und wo der Sonnentanz stattfinden sollte, und auch eine heilige Büffelkuh-Frau hatten wir. Wir ließen die Ohrläppchen unserer Kinder durchstechen und verschenkten dafür Pferde. Um ihre Tapferkeit auf die Probe zu stellen, wurde einigen Jungen die Brusthaut mit Kaktus-Dornen durchbohrt, während andere Bisonschädel hinter sich her schleppten (tatsächlich waren es große Holzklötze).

Gelegentlich stellten junge Burschen uns Mädchen nach. Wenn wir sie kommen sahen, hörten wir zu spielen auf und liefen auseinander. Meine Tante hatte mir verboten, mit jungen Männern zu spielen. Einmal – ich kann mich noch genau an den Vorfall erinnern – überfielen uns einige Jungkrieger, als wir mit den Knaben spielten. Einer rannte hinter mir her, griff nach dem Ärmel meines Kleides und riß ihn aus. Ohne jede Frage hatte ich damals Angst vor ihm, nicht daß ich mich vor einer Verletzung fürchtete, aber ich dachte mir: »Da ist ein junger Mann, der dir seine Männlichkeit aufdrängen will.« Es schien mir alles so fremd und verwirrend. Schließlich besuchte mich dieser Jüngling in der Nacht und machte mir den Hof.

Zuerst hatte ich noch große Angst, in der Dunkelheit nach draußen zu gehen. Ich bat daher meine Mutter, mich zu begleiten, wenn ich das Zelt verlassen wollte. Sie gab mir dann ein Stück weiches Leder, das ich zwischen den Beinen durchzog und mit einer Schnur an meinen Hüften festband. Das geschah, um meine Unschuld gegen die Angriffe eines übereifrigen Burschen zu verteidigen. Eines Tages erfuhr die Schwester meines Vaters davon, daß ein gewisser Jüngling ernsthaft ein Auge auf mich geworfen hatte. Sie kam deshalb in unser Zelt und erzählte mir, was ich in Gegenwart dieses Mannes sagen und tun sollte.

»Ich höre, daß du bereits Bewunderer gefunden hast. Dein Vater und deine Mutter haben dich mit sehr viel Mühe aufgezogen. Besonders dein Vater hat dafür gesorgt, daß du immer schöne Sachen zu tragen hattest, wie sie andere Kinder deines Alters nicht besaßen. Und deine Mutter hat dir mit viel Geduld die Künste der Frauen beigebracht, die man kennen sollte, um als gute Ehefrau Erfolg zu haben. Dein ganzes Leben lang wird dir dieses Wissen und was ich dir nun beibringen möchte, von großem Nutzen sein. Denn nun wirst du deine eigenen Kinder unterrichten können, sobald du welche bekommst.«

»Es ist unvernünftig, diesem jungen Mann allzu oft ein Lächeln oder anerkennende Blicke zu schenken, besonders in Gegenwart anderer Leute. Er wird meinen, du wärst leicht zu haben und hättest keinen Anstand. Wenn er nachts mit dir flirten will, solltest du aber auch nicht vor ihm fortlaufen. Dann zeigst du nämlich nur, daß du dumm bist und zu wenig Bildung und Verstand besitzt, um die Aufmerksamkeit deines Verehrers zu verdienen. Niemals darfst du schon beim erstenmal deine Einwilligung geben, deinen Geliebten zu heiraten, ganz gleich, wie gut er aussehen mag. Sag ihm lieber, daß du noch eine Zeitlang mit ihm gehen möchtest. Nur wenn sein Interesse ernst gemeint ist, wird er sich dadurch nicht entmutigen lassen, sondern seine Werbungen wiederholen und sich weiter um dich bemühen.

»Wenn er dich nachts besuchen kommt, gewähr ihm nicht allzu viel Zeit, sondern bitte ihn, bald zu gehen. Wenn du ihn so lange bleiben läßt, wie es ihm gefällt, wird er meinen, daß er dein Herz schon gewonnen hat, und wird dich weniger schätzen. Du mußt immer darauf bedacht sein, daß der Ledergurt unter deinem Kleid mit einer kräftigen Schnur befestigt ist. Niemals darfst du vergessen, daß ein Mann immer glaubt, dich ganz und gar in Besitz genommen zu haben, wenn er bloß deine Brust oder dein Geschlecht berührt hat. Ist es ihm aber bereits gleichgültig, ob er dich noch heiraten soll oder nicht, wird er kaum ein Geheimnis daraus machen, wie weit er bei dir gehen konnte. Künftig wird man dich für unmoralisch halten, und du bekommst keine Gelegenheit mehr, in eine gute Familie einzuheiraten. Mit einem Wort, man wird keinen Brautpreis für dich zahlen wollen, was doch der Ehrgeiz aller jungen Frauen ist.«

»Wenn ich sage, daß du in eine gute Familie heiraten sollst, dann meine ich damit, daß die Verwandten deines Mannes keine Lügner, Diebe oder Faulenzer sein sollten, noch sollte man ihnen Verbrechen zur Last legen. Wenn du dem jungen Mann allzu leichtes Spiel läßt, wird er Spottverse oder abfällige Lieder über dich verfassen. Die Leute lachen dann über dich, und wir müssen uns schämen, besonders weil wir dich zu einem anständigen Menschen erzogen und über den rechten Weg belehrt haben. Du mußt auch daran denken, daß es noch andere junge Männer gibt, die dich kennenlernen möchten. Die meisten wollen dich aber nur auf die Probe stellen. Wenn sie es dennoch ernst meinen und auf die Ehe zu sprechen kommen, weise sie erst einmal zurück, indem du irgend etwas Nettes über den Verehrer erzählst, den du zuletzt getroffen hast.«

»Auf keinen Fall darfst du ärgerlich werden oder sie gar beschimpfen oder dich über ihr Aussehen oder über die Armut ihrer Familie lustig machen. Wie schon das alte Sprichwort sagt: ›Je größer der Vogel, desto leichter die Beute.‹ Wenn du also grob zu ihm bist und ihn beleidigst, wird er nachts in dein Zelt schleichen und dich im Schlaf streicheln. Dann kann er überall damit prahlen, daß er dir nahegekommen ist, und man wird ihn von diesem Augenblick an als deinen Ehemann ansehen. Danach kannst du ihn nicht mehr abweisen, ohne dich dem Gespött der Leute auszuliefern.«

Nachdem ich zur Frau geworden war, blieb ich nicht mehr lange allein. Eines Nachmittags war ich bei meiner Jugendfreundin zu Besuch gewesen. Als ich abends nach Hause kam, hatte sich eine Reihe alter Männer im Zelt meines Vaters versammelt. Ich bemerkte auch Mengen frischen Wildfleisches und fragte meine Mutter, was es zu bedeuten hatte, daß sich so viele Fremde bei uns eingefunden hatten.

»Meine Tochter«, antwortete sie mir, »das sind Boten, die eine Nachricht überbringen. Sie bitten um die Zustimmung deines Vaters, daß du einen Mann aus ihrer Familie heiratest. Und ich möchte hinzufügen, daß dein Vater bereits einverstanden ist. Er wird später noch mit dir darüber sprechen.«

Mein Vater sagte dann zu mir: »Meine Tochter! Diese Abordnung ist zu uns gekommen, um mein Einverständnis für deine Heirat zu erbitten. Fünf Pferde und andere Sachen sollen uns morgen früh gebracht werden. Ich habe ihnen meine Einwilligung gegeben und möchte nun erfahren, was du selbst davon hältst.« Ich habe ihm nicht geantwortet, weil ich Angst hatte.

Am nächsten Morgen schickte man uns jedenfalls die versprochenen Geschenke. Meine männlichen Verwandten wurden eingeladen, sich ein Pferd auszusuchen. Bevor sie damit anfingen, baten sie mich ins Zelt und fragten mich noch einmal, was ich von der Heirat hielte. Mein Onkel väterlicherseits richtete einige Worte an mich, in denen er daran erinnerte, wie gut meine Eltern für mich gesorgt hatten und daß eine Kaufheirat eines der größten und glücklichsten Ereignisse im Leben einer Frau sei.

»Ich weiß, daß es der Wunsch deines Vaters ist«, fuhr mein Onkel fort. »Wie du siehst, kommt er nun in die Jahre. Seine Sehkraft läßt nach. Dein junger Ehemann wird sich für ihn um alle Arbeiten kümmern. Wir wollen uns aber nicht gegen deinen Willen entscheiden, deshalb laß uns deine Meinung wissen.«

Da antwortete ich ihm: »Weil mein Vater das Angebot bereits angenommen hat, schließe ich mich seiner Entscheidung an. Ich liebe meinen Vater und werde immer tun, was er als das beste für mich ansieht. Deshalb muß ich der Bitte meines Vaters nachkommen.« Alle freuten sich, eine solche Meinung zu hören, und drückten mir ihre aufrichtige Anerkennung aus.

Einer nach dem anderen begannen sie dann, ein Pferd für sich auszuwählen. Es waren alles gute Reitpferde. Danach holten sie ihre eigenen Ponys, die sie im Tausch zurückgeben wollten. Meine Brüder sattelten als nächstes ein Tier für mich, auf dem ich zu den Angehörigen meines Mannes ritt, wobei ich die vier Pferde meiner Verwandten hinter mir her führte. Die Frauen aus der Familie meines Bräutigams kamen mir in der Nähe ihres Lagerplatzes entgegen und halfen mir beim Absitzen. Auf einer Decke trugen sie mich bis vor den Eingang des Zeltes, in dem mein Zukünftiger auf mich wartete, und ließen mich dort zu Boden. Ich ging hinein und nahm neben ihm Platz. Da sah ich erst, daß dieser junge Mann nicht mein Geliebter war. Ich kannte ihn nicht einmal: Er hatte sich nie mit mir getroffen, als ich noch ledig war. Deshalb fragte ich mich, ob ich ihn wohl liebgewinnen könnte.

Nach ein paar Augenblicken brachten die Frauen viele Schultertücher, Kleider, Ringe, Armbänder, Leggins und Mokassins für mich herein. Sie ließen mich dann die Kleidung wechseln und kämmten mein Haar und malten rote Punkte auf meine Wangen. Nachdem ich mein Brautkleid angezogen hatte, sagte man mir, daß ich nun zu meinen Angehörigen zurückkehren sollte. Die Frauen aus der Familie meines Mannes halfen mir, die übrigen Sachen in mein Zelt zurückzutragen.

In der Zwischenzeit hatten meine Mutter und meine Tante ein großes Festessen vorbereitet. Gegen Abend wurde ein eigenes Zelt für mich aufgestellt. Der Ausrufer lud mit lauter Stimme alle Verwandten meines Mannes zu uns ein, indem er meinen Gatten als den Gastgeber bezeichnete. Er kam bald mit seinen männlichen Angehörigen zu uns herüber. Sie scherzten und machten Späße mit uns, einige berichteten über ihre Kriegsabenteuer, wieder andere gaben lustige Ereignisse aus ihrem Leben zum besten.

Als ich verheiratet war, dachte ich, daß ich fortan größere Freiheit hätte, mit meinen Freundinnen umherzuziehen, doch meine Mutter wachte jetzt noch strenger über mich und sorgte dafür, daß ich Tag und Nacht nicht von der Seite meines Ehemanns wich. Damit wollte sie erreichen, daß seine Familie nichts Schlechtes über mich reden konnte.

Ungefähr ein Jahr vor meiner Heirat hatte ich noch andere Frauenspiele kennengelernt. Im Herbst eines jeden Jahres verabredeten wir uns zum Tretball. Die Regeln sehen vor, daß man zählen muß, wie oft der Ball den Fuß berührt, bevor er zu Boden fällt. Einige meiner Freundinnen brachten es auf fünfzig oder sechzig Punkte bei einem einzigen Versuch. Um die Punkte zu zählen, hatten wir verzierte Stöcke, insgesamt einhundertfünfzig.

Die Gewinner hoben den Ball auf und verfolgten die Verlierer quer durch das Lager, um sie abzuwerfen. Das erregte viel Aufsehen und Belustigung, weil auch Unbeteiligte in Mitleidenschaft gezogen wurden, obwohl sie gar nicht mitgespielt hatten. Wer vom Ball getroffen wurde, schied aus. Die Verlierer boten den Siegern einen kleinen Imbiß an, womit das Spiel ausklang.

Dann gab es noch einen Wettkampf, den wir jungen Frauen auf einem zugefrorenen See oder Fluß austrugen. Dafür benutzten wir besondere Wurfstöcke, zwischen zwanzig und dreißig Zentimeter lang, glatt und gerade. An dem einen Ende des Stabes war eine etwa zehn Zentimeter lange Spitze aus Büffelhorn aufgesetzt. Wir warfen das Holz mit ganzer Kraft auf das Eis hinaus, damit es eine möglichst große Strecke weiterglitt. Eigentlich war es ein Glücksspiel, indem wir Ohrringe, Fingerringe, Armreifen, Haarschmuck und anderes als Siegerprämie einsetzten.

Im Frühjahr trafen wir uns zum Frauenhockey, wofür wir

besondere Schläger hatten, um den Ball anzutreiben. Auf jeder Seite traten zwischen zwanzig und vierzig Frauen an. Mit Beginn des Sommers nahm das Pferdereiten unsere Aufmerksamkeit in Anspruch. Auch nach meiner Heirat transportierten wir unsere ganze Habe auf dem Rücken unserer Pferde. Es dauerte ziemlich lange, bevor mein Ehemann und ich eine Kutsche besaßen.

Als wir verheiratet waren, sorgten meine Eltern weiter für uns. Meine Mutter kochte für die ganze Familie, aber für meinen Ehemann wurden die Gerichte in unser Zelt hinübergetragen. Das war dann meine Aufgabe. Meine Mutter durfte sich nämlich nicht im selben Zelt mit ihm aufhalten. Doch sie gab sich große Mühe, daß er immer die beste Portion Fleisch erhielt, weil es seine Pflicht war, nach den Pferden zu sehen und alle Arbeiten zu erledigen, die von einem Mann erwartet wurden.

Wir bekamen unser erstes Kind, als wir ein Jahr lang zusammengelebt hatten. Erst da begann ich, meinen Ehemann richtig zu lieben. Er behandelte mich stets respektvoll und freundlich, und wir bekamen acht Kinder, bevor er starb.

Nachdem ich mein viertes Kind zur Welt gebracht hatte, fertigte ich meine erste eigene Zeltdecke an. Schon als Kind hatte ich meiner Mutter dabei zugesehen, wenn sie eine Plane zusammennähte und verzierte. Bei dieser Arbeit muß ein langwieriges Ritual ausgeführt werden. Schließlich wurde ich in die Gilde der Zeltmacherinnen aufgenommen, der nur Frauen angehören durften. Sie ermahnten mich sehr streng, den Inhalt der Zeremonie niemals einem Mann preiszugeben. Deshalb bin ich verpflichtet, das Thema hier zu beenden.

Als die Gesundheit meines Gefährten nachließ, baten wir viele indianische Heiler um ihre Hilfe und bezahlten ihre Bemühungen mit unserer eigenen Festtagskleidung und unseren besten Ponys. Als wir eines Tages keinen Ausweg mehr wußten, gelobte mein Mann ein zeremonielles Opfer. In einem solchen Ritual bittet man die Geister um Kraft und Gesundheit. Als er sein Gelübde ablegte, schloß er mich darin ein, weil es der Brauch erfordert, daß sich eine Frau ihrem Gatten anschließt. Doch traurigerweise ist er gestorben, bevor wir unser Versprechen einlösen konnten.

Vier meiner jüngeren Kinder starben später ebenfalls. Es war meine Rettung, daß mein Vater und meine Mutter noch lebten, denn dadurch ist es mir nie schwer geworden, meine übrigen Kinder aufzuziehen. Bestimmt liebte ich meinen Ehemann, denn sein Tod bereitete mir eine furchtbare Erfahrung, und ich fühlte mich sehr einsam. Vielleicht vermißte ich ihn sogar mehr als meine Kinder, die später starben.

Nach allgemeinem Brauch wurde mir als Zeichen der Trauer das Haar in der Höhe der Ohren abgeschnitten. Das war die Aufgabe einer alten Frau, die durch ihre Teilnahme an heiligen Zeremonien die Berechtigung dafür erworben hatte. Bevor sie ihren Auftrag ausführte, erhob sie erst ihre Hände zum Himmel, berührte dann die Erde mit den Handflächen, legte sie auf meinen Kopf und strich viermal an den Seiten herab. Danach wurden mir die Zöpfe abgeschnitten, weil man glaubt, daß man damit die Geister erfreut, so daß sie dem Verstorbenen ihr Wohlwollen und andere Vorteile erweisen. Die alte Frau erhielt eine Decke und ein Kleid dafür, daß sie mir auf vorgeschriebene Art das Haar abgeschnitten hatte.

Der Tod meines Mannes verpflichtete mich außerdem, unser Zelt mit unserem ganzen Besitz zu verschenken. Wenn niemand gekommen wäre, um die Sachen des Verstorbenen mitzunehmen, hätten wir unseren Haushalt in einem großen Feuer verbrennen müssen. [. . .]

Völker der Algonkin-Sprachfamilie –
im Grasland: die Arapaho

Nach ältester Überlieferung lebten die Inûna-ina, »unser Volk«, ursprünglich in dauerhaften Siedlungen in der Nähe der Cheyenne-Indianer. Mehrere Generationen vor ihren Nachbarn gaben sie Bodenbau und Seßhaftigkeit auf und zogen in die nördlichen Randgebiete des Graslandes am Fuß des großen Felsengebirges, wo sie ganz der Jagd auf Bisons, Antilopen und anderes Großwild nachgingen. Diese frühe Trennung von den übrigen Algonkin-Völkern des Ostens läßt sich noch heute an der Entwicklung ihrer Sprache erkennen.

Den Arapaho blieb sehr viel mehr Zeit, ihre Kultur den Anforderungen ihrer neuen Umgebung anzupassen. Obwohl sich das Zusammenleben der Menschen ebenso tiefgreifend wie in der Cheyenne-Gesellschaft änderte, blieben manche Einrichtungen der Algonkin-Völker des Ostens deutlich erhalten. In kultureller Hinsicht gelten sie daher als konservativ, weil sie viele Bräuche beibehalten hatten, die in einer anderen Umwelt entstanden waren.

Als die Arapaho ihre festen Dörfer verließen und in die grenzenlosen Weiten des Westens vordrangen, gaben sie dem Druck anderer Völker nach und folgten auf schnellen Pferden den Lockungen leichter Jagdbeute. Auf ihrem Weg nach Süden bezogen sie mit den Cheyenne so oft gemeinsames Lager, daß man von beiden Völkern nur noch in einem einzigen Atemzug sprach. Der Stammesname Arapaho, der sich von dem Wort »larapihu« in der Pawnee-Sprache herleitet und »Händler« bedeutet, beweist jedoch ausgedehnte Kontakte zu allen Völkern des Graslandes.

Die unerschöpflichen Wildbestände der Prärien gewährten ein sorgenfreies Dasein, nachdem das Pferd zur Grundlage und zum höchsten Ausdruck der mobilen Lebensweise geworden war. Die Arapaho-Indianer brachten reiche Jagderfahrungen in ihre neue Umwelt mit. Während vorzeitliche Jäger durch Treibjagden die natürliche Artenvielfalt dezimiert hatten, staunten die europäischen Beobachter, wie intensiv die

Präireindianer ihre Jagdbeute verwerteten. Fleisch, Haut, Knochen, Hörner, Hufe, Sehnen, Eingeweide, getrockneter Dung, ja sogar der vitaminreiche Mageninhalt des erlegten Tieres wurden ökonomisch genutzt. Nahrung, Kleidung, Wohnung, Brennstoff, Werkzeug, Waffe, Vorratsbehälter, Schmuck, Musikinstrument und Spielzeug, all das gaben die Bisons den Indianern. Auch das Verhalten der Jagdtiere wurde genauestens studiert und in Tänzen, Erzählungen und Riten zum Ausdruck gebracht.

Es fällt nicht schwer, die Veränderungen der Kultur nachzuvollziehen, nachdem die Arapaho ihre festen Siedlungen für immer verlassen hatten. Beweglichkeit und geringes Gewicht wurden zur wichtigsten Eigenschaft aller Haushaltsgegenstände. Was den Dingen an Beständigkeit fehlte, wurde durch kostbare Verzierung und reiche Ausstattung ausgeglichen. Bald gefielen sich sogar die Menschen als Ornament ihrer Gesellschaft.

Beweglichkeit war auch innerhalb der menschlichen Gesellschaft als Leitvorstellung anerkannt und wurde durch die Teilnahme an Verschenkfesten, an Veranstaltungen der Männerund der Frauenbünde und an religiösen Riten in soziale Bahnen gelenkt. Wer in der Öffentlichkeit führen wollte, mußte stets seinen ärmsten Verwandten und Nachbarn dienen. Das Prinzip der Gegenseitigkeit lag allen sozialen Beziehungen zugrunde. Die Hochzeitsbräuche bildeten darin keine Ausnahme. In einer Kaufheirat wurde zum Beispiel die Eheschließung durch den Austausch von Geschenken bekräftigt, während in einer Dienstehe der Bräutigam ein Jahr lang für seine Schwiegereltern arbeiten mußte, bevor er den Besitz seiner Braut rechtmäßig erworben hatte und von weiteren Verpflichtungen befreit war.

Die unbekannte Arapaho-Frau, deren Lebensbeschreibung im Sommer 1932 aufgezeichnet wurde, gehörte der Oberschicht ihres Volkes an. Nach eigener Aussage wurde sie 1855 geboren, als die Arapaho mit anderen Präriestämmen eine mächtige Allianz bildeten und als Vertragspartner der amerikanischen Regierung auftraten. Früher durch Epidemien und Hungersnöte geschwächt, haben die Arapaho heute ihre einstige Bevölkerungszahl wieder erreicht.

Adlerfeder (Arapaho)

Ich möchte eine Geschichte darüber erzählen, was ich seit meiner Kindheit erlebt und davon in Erinnerung behalten habe. Mein Vater hatte nur eine einzige Frau, meine Mutter. Sie bekam sieben Kinder. Ich hatte fünf Schwestern [eine Schwester war also eine Cousine] und zwei Brüder und war das zweitälteste Kind nach einem Bruder, der älter als ich war.

Damals zogen die Arapaho noch mit ihren Indianerpferden von Ort zu Ort. Die alten Frauen und die kleinen Kinder machten es sich meist auf einem Gestell bequem, das ein Pony über den Boden schleifte. Auch schwere Lasten wurden auf diese Art befördert. Schon als Kind besaß ich nicht nur einen eigenen Sattel, sondern gleichzeitig mehrere Ponys.

Sobald wir unser Lager an einem neuen Platz aufgeschlagen hatten, durchforschten wir Mädchen mit den Jungen das Gelände und unterhielten uns mit gemeinsamen Spielen bis zum Sonnenuntergang, wenn wir alle zur Nacht in unsere Zelte zurückkehren mußten. Bis ich zehn Jahre alt geworden war, hatte meine Mutter keine Bedenken, wenn ich mit Jungen meines Alters spielte. An den meisten Spielen nahm ich sehr eifrig teil, besonders am Schwimmen und Ponyreiten. Als ich älter war, richtete mir meine Mutter ein Nachtlager an der Westseite des Zeltes ein, wo ich künftig schlief. Bis zu meiner Heirat teilte ich mein Bett mit meiner engsten Freundin, die zugleich meine Cousine war, die Tochter der Schwester meiner Mutter.

Wie ich schon sagte, verbrachten wir unsere Zeit mit Spielen, wie sie bei den Stämmen üblich waren, die mit den Arapaho zusammenlebten, zum Beispiel uns gegenseitig auf den Kopf zu stellen oder auf dem Rücken Flüsse zu durchschwimmen, wobei man einen Fuß aus dem Wasser herausstrecken mußte, um einen Schlammkloß auf dem großen Zeh zu balancieren, der ein Enkelkind darstellen sollte, das wir trocken ans andere Ufer bringen mußten. Oder wir versuchten, mit den Füßen zuvorderst zu schwimmen oder den Fluß entlang einer gedachten Linie gegen die Strömung zu durchqueren. Oder wir fanden heraus, wer von uns am längsten unter Wasser bleiben oder schwimmen konnte, ohne wieder aufzutauchen. Das versuchten wir aber nur flußabwärts. Mit solchen Unternehmungen unterhielten wir uns die meiste Zeit im Frühjahr und Sommer.

Im Lager spielten wir auch mit Stoffpuppen. Als Ponys benutzten wir Gabelstöcke, mit denen die Zeltplanen befestigt wurden. Einige Mädchen besaßen kleine Spielzeugfrauensättel, die sich überhaupt nicht von richtigen Pferdesätteln unterschieden. Meiner Freundin und mir gehörten Puppenwiegen, die mit Perlen bestickt waren, und ebensolche Satteltaschen. Mutter fertigte für uns Umhänge aus Büffelkalbleder, mit denen wir spielen konnten. Wie richtige Decken wurden sie so gegerbt, daß das Fell daran blieb. Einige waren sogar mit Stachelschweinsborsten bestickt, und andere waren bemalt. Wir hatten auch kleine Spielzeugzelte mit Zeltstangen. Wenn unser Lager an einen anderen Ort weiterzog, mußten wir uns um unser Spielzeug kümmern, das heißt, wir mußten es zusammensuchen und dafür sorgen, daß es ordentlich im Gepäck verstaut war. Und wenn das Lager wieder aufgeschlagen wurde, war es unsere Pflicht, unsere Sachen abzuladen und dort im Zelt unterzubringen, wo sie hingehörten.

Ich lernte, auf meinem eigenen Pony zu reiten, als ich noch ganz klein war. Meine Mutter erzählte mir später, daß sie mich schon als Baby, das noch in der Wiege lag, auf ihr Pferd mitnahm. Sie befestigte meine Tragwiege an ihrem Sattel, wenn sie oft den ganzen Tag lang unsere Herde über die Prärie trieb.

Mein Vater und meine Onkel mütterlicherseits sorgten für die Ernährung unserer Familie. Wenn sie Wildbret oder Büffelfleisch nach Hause brachten, bekamen wir Mädchen kleine Stücke des Fleisches, das wir in Streifen schnitten und dörrten und dann in unseren Spielzeugvorratstaschen aufbewahrten. Diese Taschen waren zwar nur zum Spielen, aber genau wie die richtigen der Erwachsenen gefertigt und bemalt.

Meine Mutter zeigte uns Mädchen, wie man Lederseile dreht, mit denen man seine Habseligkeiten zusammenschnüren kann.

Einige dieser Lassos waren zwischen zwei und drei Zentimeter dick. Normalerweise bündelten die Frauen damit Brennholz, wenn sie es aus großer Entfernung auf ihrem Rücken herbeischleppten. Ich erinnere mich, wie ich meiner Mutter geholfen habe, Brennmaterial für eine lange Reise zusammenzusuchen, als ich noch ganz klein war. Nachdem ich das Heiratsalter erreicht hatte, durfte ich mir kein Holz mehr aufladen, weil diese Arbeit von den älteren Frauen verrichtet wurde.

Im Alter von etwa vierzehn Jahren begann ich, Perlarbeiten anzufertigen, Felle zu gerben und fast alle übrigen Handarbeiten selber auszuführen. Ich habe auch das Sticken von Verzierungen aus Stachelschweinsborsten gelernt. Nachdem ich zur Frau geworden war, hat mir ein junger Mann, den alle als tapferen Krieger kannten, einen schönen Fingerring geschenkt, der mit rotem Metall eingelegt war. Ich habe ihn deshalb sehr gemocht.

Es war Sitte bei den Arapaho, daß die Mütter immer strengstens auf ihre Töchter aufpaßten. Sie begleiteten uns sogar nach draußen, um uns vor den Burschen zu schützen, die jede Gelegenheit nutzten, uns Mädchen anzusprechen. Abends ließ meine Mutter meine Freundin und mich erst recht nicht aus den Augen, damit wir nicht belästigt werden konnten.

Manchmal griffen die jungen Männer daher zu einer List, um an ihr Ziel zu gelangen, indem sie zum Beispiel die Stangen für den Rauchabzug so verstellten, daß es im Zelt ganz qualmig wurde, weil sie dachten, das Mädchen würde zum Nachschauen herausgeschickt. Meist ging ihr Plan jedoch nicht in Erfüllung, weil die Hausfrau eine so wichtige Angelegenheit niemandem anvertrauen wollte. Wenn allerdings ein Zauberbeutel in dem Zelt aufbewahrt wurde, ließen die jungen Burschen die Finger davon. Den gleichen Respekt brachten sie einem Zelt entgegen, das ein Medizinmann mit seiner Tochter bewohnte.

Als ich alt genug war, um auf meine eigenen Sachen aufzupassen, besaß ich zwei mit Perlen verzierte Lederkoffer für meine Kleider, die zwischen meinem Bett und der Zeltwand aufgestellt wurden, und eine perlbestickte Satteltasche, die an der Kopfstütze meines Weidenbettes hing.

Ich besorgte mir immer einen Vorrat an süß riechenden Blättern, die ich zwischen meine Kleider und in meine Kissen steckte. Ein kleines Büschel schnürte ich sogar in ein buntes Stück Kattun, das an meiner Perlenkette hing. Wir sammelten auch schwarze Saatkörner von bestimmten Kräutern aus den Sumpfniederungen, zerstießen oder zerrieben sie zu ganz feinem Pulver, feuchteten es etwas an und parfümierten damit unsere Kleider und unser Haar. Die gleiche Zubereitung benutzten wir für die Mähne und den Schweif unseres Lieblingsponys.

Ich hatte mir außerdem einen Frisierbeutel aus Leder genäht, den ich wunderschön mit Perlen schmückte. Darin bewahrte ich meine Farben auf, meist rot und gelb, mit denen ich mein Gesicht bemalte, einen Haarteiler, der auch zum Auftragen der Farbe diente, eine Bürste aus einem Stachelschweinschwanz, Ohrringe, Armreifen und Fingerringe.

Meine Mutter sprach oft mit mir über gutes Benehmen. Sie ermahnte mich vor allem, in der Öffentlichkeit nicht mit Blicken um mich zu werfen, nicht laut aufzulachen, die jungen Männer nicht neugierig anzuschauen, wenn sie die Nähe unseres Zeltes aufsuchten, und schon gar nicht Verehrern Beachtung zu schenken, die aus sicherer Entfernung mit Spiegeln Blinkzeichen gaben, weil ein solches Verhalten den guten Ruf des Mädchens gefährdete.

Siehst du, daß ich große Ohrringe trage? Meine Ohrläppchen wurden nach altem Brauch beim Sonnentanz von einem Sioux-Indianer durchstochen, als ich noch ein kleines Mädchen war. Mein Vater schenkte ihm sein bestes Reitpferd, einen Stapel Felldecken, verschiedene Tauschwaren und silbernes Zaumzeug, damit er die Zeremonie an mir ausführte. Bevor er das tat, führte er vor allen Zuschauern eine Pantomime auf, in der er seine Kriegstaten als Vorbild für mutiges Verhalten darstellte. Vor meiner Heirat lernte ich von meiner Mutter, die eine Heilerin war, die Anwendung vieler Kräuter, Wurzeln, Rinden, Blätter und Samen für die Behandlung verschiedener Leiden.

Nun will ich von meinem Eheleben erzählen. Weil ich meinen zukünftigen Gemahl vor unserer Heirat noch nicht gesprochen hatte, schickte er seine Mutter, zwei seiner Schwestern und seine Tante väterlicherseits, um die Erlaubnis meines älteren Bruders

»Wir sammelten süß riechende Kräuter.«

und meines Onkels mütterlicherseits zu erbitten. Mein Bruder gab seine Zustimmung, bevor ich etwas davon erfahren konnte, weil ich gerade nicht zu Hause war. Als ich in unser Zelt zurückkehrte, setzte er sich zu mir, was er sonst nicht tat, und erklärte mir seine Entscheidung, daß er sie mit Rücksicht auf unsere Eltern getroffen hätte. Auch mein Vater hatte seine Einwilligung gegeben. Als meine Mutter mich daher nach meiner Meinung fragte, antwortete ich ihr, daß ich einverstanden wäre, wenn es mein Bruder für richtig hielte, weil ich ihn durch meine Ablehnung nicht kränken wolle.

Mein älterer Bruder eröffnete dann den Frauen, die um meine Hand angehalten hatten, daß mein Bräutigam nicht für uns arbeiten oder unsere Ponys hüten müßte, bevor er mein Zelt mit mir teilen könne, wie es eigentlich unserer Sitte entsprach. Statt dessen sollten sie ihre Hochzeitsgeschenke überbringen, was bald darauf geschah. Acht der hübschesten Ponys aus der Herde der männlichen Angehörigen meines zukünftigen Gatten wurden zu unserem Zelt geführt. Mein Bruder bat dann unsere männlichen Familienmitglieder, vor allem meine Onkel mütterlicherseits und meine Vettern, zu einem Festessen. Jeder der Gäste durfte sich anschließend ein Pony aussuchen.

Später errichteten meine Tanten väterlicherseits ein schön bemaltes Zelt und statteten es mit allem aus, was zu einem Haushalt gehört. In einem Kreis rings um mein neues Heim wurden dann Pferde angebunden, die meine männlichen Angehörigen als ihr Gegengeschenk ausgewählt hatten.

Die weiblichen Mitglieder meiner Familie trugen nun alle Speisen auf, die sie an ihren Herdfeuern zubereitet hatten, vor allem Bisonfleisch mit viel Fett. In meinem Zelt wurden mein Bräutigam und seine Familie mit allem bewirtet, was meine Angehörigen für sie gekocht hatten. Danach zeigte man ihnen, welche Pferde sie im Tausch für die Tiere erhalten sollten, die sie uns geschenkt hatten. Einigen der Ponys, die auf sie warteten, hatte man weitere Geschenke aufgeladen, wie Lederumhänge, Decken, Köcher aus Otter- oder Pumafell, Bogen mit Pfeilen, Gewehre und Sättel.

Und so begann mein Eheleben. Ich ging zu meinem Gemahl in

das Zelt, das man für uns aufgeschlagen hatte, und setzte mich an das Fußende seines Bettes, wie es mir meine Mutter geraten hatte. Dann kamen seine Brüder und Vettern herein und neckten mich, indem sie ihre Scherze mit mir trieben und ich mit ihnen. So blieben wir fast die ganze Nacht wach. Meine Mutter hatte ein gutes Abendessen gekocht, das ich zu uns herüberholte und meinem Ehemann, seinen Brüdern und Vettern vorsetzte.

Es ist und bleibt ein alter Brauch, Schwäger und Schwägerinnen mit kaltem Wasser zu bespritzen, wenn man sie im Schlaf überraschen kann und umgekehrt. Auch wenn das Wetter kühl ist, bleibt es doch ein großer Spaß. Weil ich immer sehr früh am Morgen aufstand, wurde mir dieser Streich nie gespielt. Die jüngeren Schwäger und Schwägerinnen schliefen meistens im Zelt der Mutter, wo gekocht und das Essen bereitet wurde. Manchmal berührten sie aber mit ihren Fingern den Ruß an der Unterseite eines Kessels oder Topfes und schlichen sich dann zu ihrer Schwägerin, um ihr Nase und Augenbrauen im Schlaf schwarz anzumalen. Denselben Schabernack spielte eine Schwägerin natürlich auch ihrem Schwager.

Vier Jahre nach meiner Heirat bekam ich mein erstes Kind. Mein Partner behandelte mich immer freundlich und gut. Nie schimpfte er mit mir, noch schlug er mich. Als mein erstes Kind, ein Junge, ein Jahr alt war, wurde ich krank, so daß meine Mutter mich auf Wunsch meines Mannes zu einem indianischen Heiler in ein anderes Dorf brachte. Nach einigen Tagen erhielten wir die Nachricht von der Erkrankung und dem plötzlichen Tod meines Gefährten. Weil ich selbst noch sehr schwach war, flehte mein Vater mich an, mir als Zeichen der Trauer keine Fleischwunden beizubringen und mir auch nicht das Haar abzuschneiden. Ich respektierte zwar seinen Wunsch, heimlich kürzte ich meine Haare jedoch etwas, um meinen großen Schmerz über den Verlust meines Gatten auszudrücken.

Nach seinem Tod lebte ich zwei Jahre lang allein und stillte mein Baby, bis es etwa zwei Jahre alt war. Alsbald erzählten mir meine Eltern, daß ein junger Mann um meine Hand angehalten hatte. Ich dachte ein oder zwei Tage lang darüber nach und erklärte ihnen dann, daß ich wegen meines Sohnes lieber allein bleiben würde. Deshalb erteilte mein Vater dem Bewerber eine Absage. Irgendwie hatte einer meiner Angehörigen davon gehört und unterhielt sich mit mir über meine Lage. Mit Rücksicht auf meine betagten Eltern würde er mir bei einer Heirat behilflich sein. Nun war ich mit einer weiteren Ehe einverstanden.

Nach der Sitte der Arapaho begann mein Bräutigam daraufhin, für meine Eltern zu arbeiten, unsere Ponys zu hüten, für uns auf die Jagd zu gehen, Holz zu holen und so weiter. Meine Mutter kochte für ihn, und wenn er zum Essen in unser Lager kam, setzte ich mich in unserem Familienzelt an seine Seite und leistete ihm Gesellschaft. Wie es unser Brauch verlangt, hatte meine Mutter unser Zelt zuvor verlassen, um nicht von ihrem künftigen Schwiegersohn gesehen zu werden.

Weit über ein Jahr erfüllte der junge Mann gewissenhaft seine Pflichten, bis ich ihm schließlich angetraut wurde. Drei Ponys wurden dann für meine männlichen Angehörigen gebracht, und jeder von ihnen revanchierte sich mit einem Pferd und weiteren Geschenken.

Du erinnerst dich gewiß an meinen Verwandten, der meine Heirat durch seine Zustimmung unterstützt hatte. Seine Frau errichtete nun ein großes Zelt aus Bisonleder für mich, versah es mit einer vollständigen Haushaltseinrichtung und lud den jungen Mann und seine Familie zu einem Festmahl, das meine Angehörigen für sie geben wollten.

Bis dahin hatte ich meinen Zukünftigen schon soweit kennengelernt, daß ich unser gemeinsames Leben gleich von Anfang an so glücklich gestalten konnte, wie es mir irgend möglich war. Er war auch sehr lieb zu dem Jungen meines ersten Mannes. Ungefähr zwei Jahre nach unserer Heirat bekamen wir ein Mädchen. Nach weiteren zwei Jahren wurde uns noch ein Mädchen geboren und zwei Jahre darauf wieder ein Mädchen.

Damals erwartete man von uns Frauen, daß wir unsere Kinder bis zum Alter von zwei Jahren stillten. Meine Mutter gab mir außerdem den Rat, während der Stillzeit meinem Partner den Verkehr zu verweigern und ihm zu erlauben, zu einer anderen Frau zu gehen, weil sonst meine Milch dem Säugling schaden könnte. Wenn eines meiner Babys nicht auf dem Posten war, holte meine Mutter eine ältere Person, entweder einen alten Mann oder eine alte Frau, die an meinen Brüsten saugen sollten, um die schlechte Milch herauszuholen, die mein Kind krank gemacht hatte. Außerdem bereitete sie dann einen Tee aus verschiedenen Kräutern, den ich für mein Baby trinken mußte.

Auch mein zweiter Ehemann erkrankte plötzlich und starb schließlich nach einem sehr langen Leiden, obwohl sich viele indianische Heiler um ihn bemüht hatten. Eines meiner Kinder war noch ganz jung gestorben, und mein Gatte ist vermutlich deshalb erkrankt, weil er seinen Kummer über den Verlust unseres Babys nicht überwinden konnte. Er war mir stets ein liebevoller und aufmerksamer Mann und meinen Kindern ein ebensolcher Vater gewesen. Nach seinem Tod schnitt meine Mutter mir das Haar unterhalb der Ohren ab, wie es auch die Angehörigen meines Mannes taten. Nach altem Brauch wurde sein Lieblingspferd, ein schöner schwarzer Wallach, an sein Grab geführt und getötet. Seinen Kriegsschild hängte man an einem Pfahl auf, der am Kopfende seines Grabes in den Boden gerammt worden war.

Danach lebte ich wieder bei meiner Familie, diesmal mit einem noch größeren Anhang, der allmählich aus dem Kindesalter herauswuchs. Ich war damals fest entschlossen, allein zu bleiben, und lebte viele Jahre mit dieser Entscheidung, bis ein Vetter von mir eine weitere Heirat für mich arrangierte.

Ungefähr zwei Jahre nach unserer Hochzeit eröffnete mir mein Mann eines Tages, daß er eine Begleiterin für mich ausgesucht hätte, die mir bei der Hausarbeit helfen würde. Mit anderen Worten, er wollte noch einmal heiraten. Ich fragte ihn, mit wem ich unser Zelt teilen sollte, und erhielt zur Antwort, daß er an die Tochter meiner Großmutter mütterlicherseits dachte. Da erklärte ich ihm ganz offen, daß ich es vorziehen würde, wenn er nur mit ihr zusammenwohnen würde, weil ich nicht ihre Nebenfrau werden wollte. Darauf verließ er mich und nahm seine Braut zu seiner Familie mit.

Nun bedrängten mich meine Vettern und die Mutter der jungen Frau, die meine Großmutter war, mit ihren Schwestern, daß ich mit meinem Mann und seiner neuen Gefährtin in ihr Lager kommen sollte. Das lehnte ich jedoch ab und sagte ihnen geradeheraus, daß ich die Beziehung zu meinem Gatten lieber ganz auflösen würde, weil eine eheliche Verbindung zwischen einer so nahen Verwandten und mir unrecht sei, indem es immer wieder zu Mißverständnissen zwischen meinen Vettern und dieser Frau kommen müßte. Danach gehörte ich wieder dem Witwenstand an.

Ich habe dir in kurzer Folge über meine Ehen berichtet. Abgesehen vom Tod meiner Gatten und meines Kindes, um die ich jeweils zwei Jahre lang Trauer getragen habe, war ich natürlich eine glückliche Ehefrau, die das Vertrauen ihrer Männer besaß. Sie erlaubten mir jederzeit, meine Angehörigen oder Jugendfreundinnen zu besuchen, und es stand mir auch frei, meinen eigenen Vergnügungen nachzugehen, etwa beim sogenannten »Hand-Spiel«, wenn zwei Mannschaften oft eine ganze Nacht lang gegeneinander stritten. Oder ich durfte mit meinen Wurfstöcken an einem Wettkampf teilnehmen, den die jungen Frauen unter sich austrugen.

Ich gehörte zu den wenigen, die überall dafür bekannt waren, daß sie die Wurfstöcke am weitesten werfen konnten. Als die Arapaho wieder einmal ein gemeinsames Lager mit den Cheyenne bezogen hatten, erhielten wir die Einladung einer Gruppe junger Cheyenne-Frauen, uns im Werfen unserer Wurfstöcke mit ihnen zu messen. Wir nahmen ihre Herausforderung an und setzten Armreifen aus Messing, Silberringe, Ohrgehänge, Schärpen und sogar unsere Schals als Siegesprämien ein. Doch es war ein totes Rennen, weil zwei von uns Arapaho-Frauen den anderen immer weit voraus waren und den ersten und den zweiten Platz für unsere Mannschaft holten. An meinem Wurfstab befand sich eine schöne polierte Spitze vom Horn eines Büffelkalbs, die mir meine Tante väterlicherseits geschenkt hatte, als ich noch ein kleines Mädchen war. Sie hatte diese Spitze seit ihrer Jugend benutzt.

Jede Mannschaft bestand aus vier Mädchen. Wir häuften Erde zu einem kleinen Hügel auf, etwas höher als ein Präriehundbau, nahmen Anlauf und rannten bis kurz vor diese Markierung, um unsere Wurfstöcke möglichst flach zu werfen, so daß sie nach dem Aufsetzen noch weit über den Boden glitten. Deshalb fand das Spiel immer auf einer ebenen Fläche statt, auf einem Wildpfad, auf der Eisdecke eines Flusses oder auf festem Schnee.

Wie Pfeile mußte man die Wurfstöcke davor bewahren, daß sie krumm wurden. Wenn wir sie nach jedem Wurf aufhoben, untersuchten wir sie genau, ob sie sich verbogen hatten. Wenn die Enden nicht mit Horn geschützt waren, verzog sich das Holz rasch und flog nicht mehr gerade. Einige Frauen besaßen schön bemalte oder sogar geschnitzte Wurfstäbe. Es kam aber darauf an, daß die Stöcke nicht zu schwer waren. Meine Wurfstäbe waren immer ganz einfach, hatten aber das richtige Gewicht und waren ganz gerade.

Wir Mädchen haben auch häufig Tretball gespielt. Dabei mußte man auf einem Bein balancieren und einen weichen, ausgestopften Lederball mit der Innenseite des anderen Fußes treten. Die höchste Punktzahl erreichte man bei diesem Spiel, wenn der Ball den Boden möglichst lange nicht berührte. Ich war leider nicht so geschickt wie einige meiner Freundinnen, die den Ball nie zu Boden fallen ließen. Zum Ballspiel kamen Mädchen aus dem ganzen Lager zusammen. [. . .]

Nun möchte ich von meiner letzten Ehe berichten, als ich schon eine erwachsene Frau war, obwohl mein Vater und meine Mutter noch lebten. Wie in meinen bisherigen Ehen heiratete ich, nachdem einer meiner Angehörigen sich einverstanden erklärt hatte, so daß ich nur noch meine Einwilligung zu geben brauchte, weil ich den Nutzen eines männlichen Partners nicht nur für mich, sondern auch für meine betagten Eltern in vielerlei Hinsicht schätzen gelernt hatte. Auf meine dritte Heirat folgte wieder eine glückliche Zeit, in der ich während meiner besten Jahre unbeschwert meinen Leidenschaften frönen konnte.

Von meinem letzten Ehemann, der vor acht Jahren starb, als ich neunundsechzig Jahre alt war, bekam ich vier Kinder, drei Jungen und ein Mädchen. Einer der Jungen lebt noch und hat jetzt selbst mehrere Kinder. Fünfunddreißig Jahre verbrachten mein Mann und ich in Zufriedenheit miteinander. Ich kann mich nicht erinnern, daß er mich je geschimpft oder schlecht behandelt hätte. Er war einer der Häuptlinge des Stammes und der Anführer eines Männerbundes. Alle mochten ihn wegen seines guten Charakters und seiner Neigung zu Scherzen. Er war auch als indianischer Heiler angesehen, und ihm zu Ehren erweist man mir bis heute große Achtung. Der Sohn meines ersten Mannes lebt ebenfalls noch und hat selbst mehrere Enkelkinder. Auch eine Tochter meines zweiten Mannes lebt und hat ein Enkelkind.

Ich bin immer früh morgens aufgestanden und bade sehr oft. Medikamente der Weißen habe ich nie genommen, von verschiedenen Salben und Hustensirup einmal abgesehen. Ich habe fast nur Fleisch gegessen, entweder gedörrt oder frisch, weil es das Hauptnahrungsmittel meiner Eltern und des ganzen Stammes war. Bis heute erfreue ich mich einer guten Gesundheit, nur mein Augenlicht hat etwas nachgelassen.

Um das Andenken an meine Brüder und Vettern zu ehren, möchte ich keine privaten Erlebnisse aus der Zeit erzählen, als ich ledig oder verheiratet war. Deshalb habe ich mich auch erst erkundigt, ob es mir erlaubt ist, über mein Fingeropfer zu berichten, und weil ich es darf, will ich es hiermit tun. Das kam so.

Als meine Schwester einige Jahre verheiratet war und mehrere Kinder bekommen hatte, wurde sie krank. Plötzlich sah ich mich der Verantwortung für ihre Kinder gegenüber, weil wir mit ihrem baldigen Tod rechnen mußten, nachdem mehrere Heilversuche der beiden besten Medizinmänner des Stammes gescheitert waren. Ohne lange zu zögern, gab ich daher mein feierliches Versprechen, meinen linken kleinen Finger zu opfern, damit das Leben meiner Schwester gerettet würde, so daß ihre kleinen Kinder, die ganz jämmerlich neben ihrer hilflosen Mutter anzusehen waren, wieder mit ihr glücklich werden könnten und wir alle von einer schweren Sorge befreit wären, besonders mein Vater und meine Mutter, die sich soviel mehr um diese Tochter gekümmert hatten, weil sie schon immer etwas schwächlich war.

Am nächsten Morgen wurde eine Arapaho-Frau gerufen, die mir den Finger auf übliche Art und Weise entfernte. Sie sagte mir, daß die Wunde schnell heilen würde, weil ich eine schlanke Frau sei, und so geschah es tatsächlich. Meiner Schwester ging es allmählich besser, und ihre Genesung machte rasche Fortschritte. Sie bekam sogar Appetit auf Hirschfleisch, so daß die jungen

Männer für sie auf die Jagd gingen und ihr einen Hirsch brachten, den sie erlegt hatten. Außerdem schafften sie noch Truthahn und Biberfleisch herbei, wovon meine Schwester aß, so daß sie bald wieder zu Kräften kam. Nach kurzer Zeit war sie gesund und mit ihren Kindern glücklich vereint, was uns allen eine große Sorge nahm. Als ich meinen feierlichen Schwur leistete, dankte mir mein Vater mit großer Ergriffenheit und lobte meine Opferbereitschaft. Doch ich hatte immer nur den einen Gedanken, daß es meiner Schwester unverzüglich besser gehen sollte.

Meine Schwester war jünger als ich und starb doch schon vor sechs Jahren. Aus meiner Familie bin ich als einzige übriggeblieben, obwohl ich älter als meine Brüder und Schwestern bin. Ich habe viele Enkel und mehrere Urenkel und war Mitglied in allen Altersbünden meines Stammes nach dem gesellschaftlichen Rang meines Mannes. Nun bin ich sehr alt und wohne bei meinem jüngsten Sohn. Seinen Kindern habe ich etwas von meinem Land geschenkt, damit sie einen Platz zum Leben und durch den Wert des Landes auch die nötigen Mittel zum Leben haben. Dann und wann besuche ich noch meine Cousinen oder wohne bei meiner Tochter. [. . .]

In den Tagen, als wir umherzogen, wie ich es in meiner Lebensgeschichte geschildert habe, gab es noch keine Dornenhecken, Zäune oder Scherben, so daß Erwachsene wie Kinder barfuß gehen konnten. Alles, was man damals auf den Prärien sah, war Gras und nochmals Gras, Büffelgras und Rispengras. Wenn wir unser Lager bezogen, breiteten wir unsere Betten auf dem Boden aus mit duftendem Heu als Unterlage. Die Luft war immer sauber. Wir trugen keine Kopfbedeckung und kümmerten uns überhaupt nicht um das Wetter in jenen Tagen.

Völker der Sioux-Sprachfamilie: die Winnebago

In einer kaum beachteten Zeitschrift erschien 1920 eine Erzählung, die ein Winnebago-Indianer in Silbenschrift aufgezeichnet hatte. Der amerikanische Anthropologe Paul Radin (1883–1953) konnte nicht wissen, daß er mit seiner Übersetzung einen klassischen Text der autobiographischen Literatur veröffentlichte. An Lebensbeschreibungen nordamerikanischer Indianer hatte es bisher nicht gefehlt. Es war sogar üblich, indianische Autoren zu Wort kommen zu lassen, die das glückliche Dasein im Schoße der Natur in den buntesten Farben schilderten, nachdem jahrzehntelang Erfolgsgeschichten über die gelungene Bekehrung eines unzivilisierten Menschen zur höheren europäischen Lebensart verbreitet worden waren.

Mit beidem hat der Bericht des Winnebago-Indianers wenig gemeinsam, obwohl der Verfasser zweifellos eine moralische Absicht verfolgt. Die Schilderung seiner Erfahrungen wendet sich nämlich an die künftigen Generationen seines Volkes, die er vor den Irrtümern und Niederlagen seines Lebens bewahren möchte. Eine Aufhellung seines Schicksals erwartet er jedoch nicht von einem Aufgehen in der europäischen Zivilisation oder vom Rückzug auf die Tradition der eigenen Kultur. Trotzdem ist sein Weg im tiefsten Sinne indianisch, wenn er schmerzerfüllt das ganze Elend seines Daseins beklagt, um von den Seelenkräften Mitleid und Begeisterung zu erflehen. Genau diese Haltung des Bekennens der eigenen Hilflosigkeit wurde von einem Prärieindianer bei der rituellen Visionssuche erwartet. Auch wenn der Verfasser also meint, den traditionellen Glauben hinter sich gelassen zu haben, bleibt seine Einstellung der indianischen Überlieferung treu.

Die »Autobiographie eines Winnebago-Indianers« gehört mittlerweile zur Pflichtlektüre amerikanischer Studenten, die sich mit der Frage auseinandersetzen, was mit einem Menschen geschieht, der durch seine strenge Erziehung auf das Leben in einer Kultur vorbereitet wurde, die plötzlich, von heute auf morgen, jede Daseinsgrundlage und sogar den Raum zum Existieren verliert. Wie kann ein Mensch Verständnis für seine Gefühle und die Bestätigung finden, daß sein Leben wertvoll und nützlich ist, wenn die eigenen Maßstäbe jede Gültigkeit verloren haben? Der folgende Text ist nicht gerade populär geworden, obwohl er den Schlüssel zum Schicksal vieler heutiger Indianer enthält. Vielleicht liegt das auch an der Genauigkeit, mit der die Rohübersetzung von Paul Radin viele stilistische Besonderheiten des indianischen Sprachbaus übernimmt. Die Bereitschaft des Lesers, im Text aufzugehen und sich mit einem anderen Menschen zu identifizieren, wird ganz erheblich von der Sprachstruktur gelenkt und beeinflußt.

Stellt man einen Satz in einer Sioux-Sprache seiner Übersetzung gegenüber, dann erkennt man, daß regelmäßig Dinge zum Ausdruck gebracht werden müssen, die in einer europäischen Sprache überflüssig oder nebensächlich erscheinen. Wie andere Indianersprachen geht auch das Sioux zunächst nicht von abgetrennten Dingen aus, die als mehr oder weniger selbständige Wörter zu Sätzen zusammengefügt werden. Im Vordergrund stehen vielmehr die Eigenschaften und Verhältnisse der Sachen, die durch inhaltsleere Silben näher bezeichnet werden. Ein einziges Wort, meist ein Verb, kann auf diese Weise zu beträchtlicher Länge anwachsen. Eine Übersetzung aus einer Indianersprache ist daher reich an Fürwörtern, Wiederholungen und Satzergänzungen.

Wichtiger als eine genaue Bestimmung der Zeit sind für einen Sioux-Indianer Angaben darüber, wo und wie ein Ereignis stattfindet, ob er das Geschehen billigt oder ablehnt, ob er seine Überraschung oder aber seine Überlegenheit ausdrücken möchte. Die Sioux-Sprachen besitzen nämlich keine Verbform zur Unterscheidung von Vergangenheit und Gegenwart. Was früher geschehen ist, kann vom Tätigkeitswort nicht ohne fremde Hilfe wiedergegeben werden; es muß ein weiteres Wort hinzutreten, das näher erklärt, wann ein Vorgang im Vergleich zum Augenblick des Sprechens stattfindet. Die Vergangenheit ist in den Sioux-Sprachen immer Gegenwart; nur die Zukunft wird durch eine eigene Zeitstufe abgetrennt und hervorgehoben.

Wenn ein Winnebago sein Leben erzählt, verlangt seine Sprache mehr und genauere Auskünfte als irgendeine europäische. Wo etwas stattgefunden hat, wodurch es veranlaßt oder zu Ende gebracht wurde, wie sich der Sprecher augenblicklich dazu verhält oder ob es in der Zukunft geschieht – all das gehört regelmäßig zur Wirklichkeit eines Menschen, der die Sioux-Sprache verwendet.

Keine andere Indianersprache besitzt bessere Möglichkeiten, die Entwicklung eines Menschen, seinen Zuwachs an Erfahrung, die Änderung seiner Einstellung und das Ziel seiner Lebensplanung in Worte zu fassen. Die Erzählung des eigenen Lebens trägt daher stets den Charakter eines Rechenschaftsberichtes. Wo wir eine Schilderung äußerer Lebensumstände erwarten würden, findet sich oftmals ein zustimmender oder ablehnender Kommentar zur Haltung eines Menschen, der sich in der jeweiligen Situation richtig oder falsch verhält. Im Empfinden eines Sioux-Indianers bleibt eine Beschreibung unvollständig, wenn das eigene Leben nicht in Übereinstimmung mit anerkannten und verbindlichen Formen der Kultur gedacht werden kann, die zugleich jede Unregelmäßigkeit als Abweichung von der Norm erklären müssen.

In der Mitte des 17. Jahrhunderts lebten etwa viertausend Winnebago-Indianer in festen Dörfern an den zahlreichen Seen im heutigen Staat Wisconsin. Auf allen Seiten von Algonkin-Völkern umgeben, nannten sie sich »Hotchangara«, das »Volk mit der richtigen Sprache«. Von den benachbarten Mesquakie erhielten sie dagegen den Namen »Winnebago« wegen ihres Wohnsitzes am Ufer der Seen. Jagd und Fischfang der Männer bildeten die älteste Grundlage ihrer Kultur, in der die Frauen eine gewisse Selbständigkeit errungen hatten.

Seßhaftigkeit und andere Annehmlichkeiten des Lebens verdankten die Winnebago ihren Frauen, die nicht nur Nüsse, Beeren und Honig sammelten und Wildreis ernteten, sondern Mais, Kürbis, Bohnen und Tabak pflanzten. Junge Zweige steckten sie zu kuppelförmigen Hütten zusammen, deren Dach sie mit geflochtenen Matten deckten. Das Zusammenleben der Menschen folgte einer Regelung der Abstammung und der Verwandtschaft wie bei den Mesquakie, das heißt, die Angehörigen mehrerer Männer sahen sich als gemeinsame Nachkommen eines Totemtieres, dessen Reliquien in einem Heiligen Bündel aufbewahrt wurden. Ein solches Bündel gab jeder Handlung und jedem Aufbewahrungsort besondere Weihe und wurde beispielsweise bei der Schlichtung von Streitigkeiten verwendet.

Das Winterhalbjahr stand im Zeichen der Verwandtschaftsgruppen, solange der Ackerbau ruhte. Wie bei vielen Jägervölkern legte man großen Wert auf rituelles Fasten, wodurch wiederkehrender Nahrungsmangel eine feierliche Umdeutung erhielt. Im Frühjahr versammelte sich der ganze Stamm zum Bisontanz, der die Vermehrung der Jagdtiere sichern sollte. Durch die Pflanzertätigkeit der Frauen war jedoch ein gewisses Gleichgewicht zwischen den Geschlechtern hergestellt, so daß Frauen wie Männer Mitglied in der Geheimgesellschaft der Medizintänzer werden konnten.

Die europäische Einwanderung brachte eine drastische Veränderung der Winnebago-Kultur. Weil sie ihre Felder auf fruchtbaren Ackerböden in gemäßigtem Klima angelegt hatten, waren die Winnebago schon bald Fremde in ihrem eigenen Land, das sich mit weißen Siedlern füllte, die unter denselben Bedingungen höhere Erträge erwirtschafteten. Die Winnebago fielen auf ein schweifendes Jägerdasein zurück und schlossen einen Vertrag nach dem anderen, immer mit demselben Ergebnis, daß sie in kleinere Reservate umziehen mußten.

Als die Landbasis zur Ernährung des ganzes Stammes nicht mehr ausreichte und das Mißtrauen der europäischen Nachbarn wuchs, floh ein Teil der Winnebago in die Grasländer von Nebraska, wo sie im Schutz anderer Stämme Obdach fanden und die europäische Wirtschaftsweise übernahmen. Hier kamen sie mit der Reformbewegung der Peyote-Kirche in Berührung, die von ihren Mitgliedern Abkehr vom alten Geisterglauben, eine betrachtende Haltung gegenüber den Empfindungen aller Lebewesen und Anteilnahme am Gemeinschaftsleben erwartet. Während ihrer nächtlichen Zeremonien werden den Teilnehmern getrocknete Kaktusscheiben angeboten, die das Rauschmittel Meskalin enthalten. Es verändert mehrere Stunden lang die Sinneswahrnehmung und erzeugt ein so tiefes Gefühl der Zufriedenheit, daß Peyote-Esser kein Bedürfnis verspüren, die Wirkung des Rauschmittels zu steigern. Die Amerikanische Eingeborenenkirche (Native American Church) ist heute in vielen Staaten gesetzlich anerkannt und bietet ihren Mitgliedern Schutz vor Verfolgung.

Der Verfasser der folgenden Autobiographie war von seiner Familie dazu ausersehen, eine geachtete Stellung in der Winnebago-Gesellschaft einzunehmen. Die Auswirkungen der europäischen Einwanderung gaben seinem Schicksal in anderer Hinsicht typische Züge. Der Niedergang der vertrauten Lebensweise, das Martyrium der Rechtlosigkeit und der maßlose Anpassungsdruck der neuen Umwelt spiegeln sich in einer Haltlosigkeit, die einen Winnebago-Indianer besonders hart treffen mußte. Kein anderer hat die Wandlung der eigenen Persönlichkeit zu mehr Gewissenhaftigkeit eindrucksvoller schildern können als er.

Sam (Winnebago)

Meine Eltern hatten schon vier Kinder, als ich geboren wurde. Später habe ich erfahren, daß ein Großonkel meiner Mutter prophezeit hatte: »Du wirst einem Kind das Leben schenken, das kein gewöhnlicher Mensch sein wird.« So hatte er es vorhergesehen, bevor ich zur Welt kam. Als man mir nach der Geburt den Hals wusch, soll ich laut gelacht haben. [. . .]

Damals lebten hier noch nicht so viele Weiße, weshalb mein Vater ungestört zur Jagd gehen konnte. Wir wohnten in einer Hütte, die mit Binsenmatten gedeckt war und auf deren Boden Schilfmatten ausgebreitet lagen. Wenn mein Vater das Revier gründlich bejagt hatte, zogen wir weiter. Mein Vater, meine Mutter und meine älteren Schwestern und Brüder trugen jeder ein Bündel auf dem Rücken, in dem unser Hausrat zusammengeschnürt war.

So verbrachten wir unsere Zeit vom Herbst bis zum Frühjahr, und mit Frühlingsanfang suchten wir dann einen Bach, wo Vater Bisamratten, Nerze, Otter und Biber fangen konnte. Im Sommer wanderten wir zu den Fällen des Black River in Wisconsin. Alle Indianer kehrten an diesen Ort zurück, sobald sie ihre Klanfeste abgehalten hatten. Dort pflückten wir Beeren. [. . .] Bis zum Herbst eines jeden Jahres sammelten wir Preiselbeeren. Mit Beginn der anschließenden Jagdsaison fing auch meine Fastenzeit wieder an.

Erst später gehörte uns ein Indianerpferd, dem wir unseren ganzen Besitz aufladen konnten, wenn wir einen neuen Lagerplatz aufsuchten. Manchmal saßen noch bis zu drei von uns Kindern oben auf dem Gepäck. Ein andermal ritt meine Mutter auf dem Pferd, das mein Vater vor sich her trieb, wenn wir von Ort zu Ort zogen.

Als ich ungefähr die Größe meiner älteren Brüder erreicht hatte, mußten wir zusammen fasten. Mein Vater drängte uns immer wieder dazu. »Habt keine Angst vor der verbrannten Mittelsäule der Hütte!« ermutigte er uns [weil man sich beim Fasten das Gesicht mit Asche schwärzte]. »Der kostbarste Besitz eines Mannes, sein wertvollster Schmuck und das Können eines Heilers – diese Gaben liegen vor euch ausgebreitet. Versucht, wenigstens eine dieser Eigenschaften zu erwerben.« Wenn ich ihn so sprechen hörte, nahm ich ein Stück Holzkohle, zerkrümelte es und schwärzte damit mein Gesicht, was mein Vater mit dankbarer Anerkennung belohnte.

In der ersten Zeit brach ich mein Fasten schon zur Mittagszeit ab; später hungerte ich bis zum Abend. Jedes Jahr fastete ich vom Herbst bis zum Frühjahr während des Tages und nahm erst nach Einbruch der Dunkelheit Nahrung zu mir. Nach einer Weile gelang es mir sogar, auch abends auf Essen zu verzichten, so daß ich bald zwei aufeinanderfolgende Tage und Nächte ohne Stärkung aushalten konnte. Da ging meine Mutter in den Wald und baute eine kleine Hütte für mich, die ich mit meinem älteren Bruder aufsuchen sollte, wenn wir eine Nacht durchwachen und fasten wollten, wie sie mir erklärte. [. . .]

Damals teilten die Indianer ihre Wohnungen noch miteinander; nur die Frauen mußten in kleine Hütten umziehen, wenn sie ihre Tage hatten. Nachts besuchten die jungen Männer die Mädchen dort, um ihr Interesse zu wecken, während ihre Eltern schliefen. Heimlich schlichen sie sich an sie heran und versuchten, sie aufzuheitern. Manchmal habe ich die älteren Jungen bei solchen Abenteuern begleitet, was immer lustig war, obwohl ich nur bis zum Eingang mitkommen durfte.

Zu dieser Zeit fürchteten meine Eltern, daß ich zu oft mit Frauen umgehen könnte, die gerade ihre Tage hatten. Sie achteten sogar darauf, daß ich keinen Fußweg nahm, über den vorher eine Frau in diesem Zustand gegangen war. Sie waren deshalb so sehr um mich besorgt, weil ich mit Beginn des Herbstes fasten sollte, um eine Vision herbeizuführen. Sie hielten mich von menstruierenden Frauen fern, weil sie fürchteten, daß ich mich zu einem bedeutungslosen Schwächling entwickeln würde, wenn ich mich häufig in ihrer Nähe aufhielt.

Nach einer Weile begann ich wieder, mit meinem älteren

Bruder einen ganzen Tag und eine ganze Nacht lang zu fasten. Wir befanden uns auf unserer Herbstwanderung, zu der sich einige andere Familien unserem Lager angeschlossen hatten. Zu ihnen gehörten vier Mädchen, die für ihre Angehörigen Brennholz sammeln mußten. Wenn sie Holz holen gingen, spielten wir ihnen Streiche, obwohl mein Bruder und ich eigentlich fasten sollten. Deshalb mußte es natürlich heimlich geschehen.

Als unsere Zuneigung nicht mehr zu verbergen war, wurden wir ausgeschimpft, und auch die Mädchen erhielten eine Strafpredigt von ihren Eltern. [. . .] So benahmen wir uns alle Tage während unserer Fastenzeit. Daher verließen uns die anderen Familien schon bald und zogen ohne uns weiter. [. . .] Als wir unsere Freundinnen verloren hatten, fühlte ich mich sehr einsam und weinte abends sogar. Ich vermißte sie so sehr, weil wir nun durch eine unüberwindbare Entfernung voneinander getrennt waren. [. . .]

Bald hatten wir unser Lager in der Nähe von drei Seen aufgeschlagen. Unter einem Baum, in dem sich das Nest eines Habichts befand, errichtete mein Vater eine Hütte für das Kriegsbündel, das wir besaßen. Ich sollte dort mit meinem älteren Bruder einige Nächte lang fasten. Mein Vater erzählte uns, daß wir mit Kriegsglück und mit der Kunst der Krankenheilung gesegnet würden, wenn wir unsere Übung an einem solchen Ort vier Nächte lang aushielten. Alle Geister würden dort zusammenkommen und den Fastenden ihre Kraft verleihen. [. . .]

In der ersten Nacht, die ich dort überstehen mußte, fragte ich mich noch, wann etwas passieren würde. Doch es geschah einfach nichts. Am zweiten Tag kam mein Vater ziemlich spät zu uns und öffnete das Kriegsbündel, um eine Kürbisrassel hervorzuholen, mit der er seine Lieder begleiten wollte. Ich stand neben ihm, nackt bis auf meinen Lendenschurz, hielt etwas Tabak in jeder Hand und flehte die Geister herbei, während mein Vater sang. Er stimmte die Lieder an, die zum Kriegsbündel gehörten, und weinte. Auch mir liefen Tränen übers Gesicht, als ich eine Schutzkraft herbeirief. Nachdem er all seine Lieder gesungen hatte, erzählte er mir einige heilige Geschichten und ging nach Hause.

Als ich wieder allein war, dachte ich, daß nun sicher bald etwas passieren würde, doch es geschah einfach nichts, und ich mußte noch länger dort bleiben. In der dritten Nacht war ich immer noch da. Mein Vater besuchte uns, und wir wiederholten, was wir in der vorhergehenden Nacht versucht hatten. Kurz bevor die Sonne am nächsten Morgen aufging, stieß ich mit aller Kraft meinen Kriegsruf aus.

Auch während der vierten Nacht mußte ich in dem Zelt wachbleiben. Mein Vater kam zu uns, und wir probierten alles von neuem, doch es wollte sich auch jetzt noch kein außergewöhnliches Ereignis einstellen. Bald zog ein neuer Tag herauf.

An diesem Morgen erzählte ich meinem älteren Bruder, daß mir die Geister erschienen wären und daß ich nun nach Hause gehen würde, um wieder etwas zu essen. Ich sagte ihm jedoch nicht die Wahrheit. Ich hatte Hunger, und außerdem wußte ich, daß man zu einem Fest an diesem Abend eingeladen hatte, während wir immer noch die Geister herbeiflehen sollten. Davor graute mir. Also ging ich nach Hause.

Nach meiner Rückkehr berichtete ich meinen Verwandten, was ich schon meinem Bruder erzählt hatte, daß mir die Geister erschienen wären und erlaubt hätten, daß ich nun essen gehen dürfte. Obwohl ich ihnen nicht die Wahrheit gesagt hatte, setzten sie mir ein besonderes Gericht vor, das für die jungen Männer zubereitet wird, wenn sie zum erstenmal mit der Geisterwelt Verbindung aufgenommen haben. Etwa zur selben Zeit kam auch mein älterer Bruder nach Hause. Man beklagte sich darüber, daß er aufgegeben hatte, bevor er mit einer Vision gesegnet worden war, doch er durfte auch von der besonderen Speise kosten.

Abends wurde ein Festmahl für uns gegeben. Unser Stolz litt jedoch empfindlich, als wir erfuhren, daß wir abseits in einer Ecke zusehen mußten, obwohl das Fest doch angeblich zu unseren Ehren stattfand. Als der Tag anbrach, war der Kessel schon zweimal mit Essen gefüllt worden.

Als wir im nächsten Frühjahr zum Fallenstellen an den Mississippi zogen, setzte ich meine Fastenübung tagsüber fort und nahm erst abends wieder etwas zu mir. Meine Brüder schmeichelten meiner Eitelkeit, wenn sie sagten, daß ich von ihnen allen bestimmt der Klügste werden würde. Deshalb fastete ich weiter, obwohl ich oft großen Hunger litt. Es gelang mir aber niemals, der Versuchung zu widerstehen, den Mädchen nachzulaufen. Ich suchte ihre Nähe und hielt ständig nach ihnen Ausschau, obwohl mir jeder Kontakt streng verboten war. Man konnte ein Mädchen nämlich nur dann ungestört sprechen, wenn es seine Menstruationshütte bewohnte. Meine Eltern beharrten aber darauf, daß ich während dieser Zeit nicht zu ihnen gehen durfte. Doch ich kümmerte mich nicht um ihr Verbot.

Meine Eltern redeten mir ins Gewissen und warnten mich, daß die Geister vor allem solche Männer erwählten, die keinen Umgang mit Frauen pflegten. Mir ging es vielmehr darum, in den Augen meiner Mitmenschen großartig zu erscheinen. Von den Leuten gelobt zu werden war alles, was ich begehrte, und ich bekam auch, was ich suchte. Ich hatte bereits die Achtung meiner Familie errungen. Daß mich alle Frauen bewundern sollten, war ein weiterer Grund, warum ich fastete. Nur was Visionen anbetraf, davon hatte ich eigentlich noch nichts erlebt, obwohl ich wie jemand herumlief, dem so viele Geister erschienen waren, daß er überall damit prahlen konnte.

Im Frühjahr beendete ich meine Fastenzeit. Damals fuhren wir noch in Kanus, und ich durfte meinem Vater helfen, wenn er Fische speerte, was mir großen Spaß bereitete. Im Kanu lag nämlich eine Keule. Was mein Vater gefangen hatte, mußte ich mit der Keule totschlagen, solange es um sein Leben sprang. Manchmal wurden wir von meiner Mutter begleitet. Sie saß dann hinten im Boot und ruderte, während mein Vater vom Bug aus Fische fing. Ich tötete mit meiner Keule, was immer ins Kanu geflogen kam.

Gelegentlich machten sich meine Eltern allein auf den Weg, aber ich weinte dann so bitterlich, daß sie mich gegen ihren Willen mitnehmen mußten. Bisweilen schlugen sie mich sogar und befahlen mir, daheim zu bleiben, aber ich folgte ihnen am Ufer so weit, daß sie es nicht mehr wagen konnten, mich allein nach Hause zu schicken. Meist durfte ich zum Schluß doch noch mitfahren. [...]

In jenen Tagen wohnten wir in altmodischen Indianerhütten. Im Winter wurde ein Feuer in der Mitte des Raumes angezündet, und mein Vater sorgte dafür, daß es während der Nacht nicht ausging. Wenn er einen großen Stamm ins Feuer warf, brannte es die ganze Nacht. So machten wir das im Winter.

Wir waren drei Jungen, von denen ich der jüngste war, und nachts schliefen wir alle in einem Bett. Bei kaltem Wetter stritten wir uns darum, wer von uns in der Mitte liegen durfte, denn wer diesen Platz bekam, brauchte nicht zu frieren. Wer außen schlafen mußte, lag schon bald im Freien, während man in der Mitte immer zugedeckt blieb. Auch als Erwachsener machte ich den anderen, mit denen ich zusammen schlief, regelmäßig die Decke streitig. Ich klemmte sie einfach unter mir fest, denn es war mir zur Gewohnheit geworden, meinen Bettgenossen die Decke wegzunehmen.

Wir aßen immer aus einem einzigen Kessel, doch manchmal gab es nicht genug für uns alle. Dann versuchte ich, in kurzer Zeit möglichst viel hinunterzuschlingen, um meinen Hunger zu stillen. Bei anderen Gelegenheiten aß ich absichtlich langsam. Wenn die anderen fertig waren, beklagte ich mich, daß sie mir nicht genug übriggelassen hätten, damit sie mir noch mehr vorsetzten. So habe ich mir angewöhnt, ein schneller Esser zu sein. [. . .]

Etwa in dieser Zeit sehnte ich mich ganz besonders danach, die Aufmerksamkeit der Frauen zu erregen, und ich übte mich darin. Es fiel mir aber nichts Rechtes ein, was ich ihnen sagen sollte. Die jungen Männer waren meist nachts auf Freiersfüßen. Tagsüber konnte ich mit Frauen umgehen, doch wenn ich sie in der Nacht besuchte, wußte ich nicht, worüber ich mit ihnen plaudern sollte. Einer meiner Brüder, der älteste, schien das Problem gelöst zu haben. Als attraktiver Mann besaß er genügend Erfahrung, mich anzulernen. Deshalb durfte ich ihn bei seinen Abenteuern begleiten.

Er besuchte ein Mädchen, das seine Periode hatte. Sie war eine junge Frau. Wenn Frauen ihre Tage bekamen, durften sie nicht bei den anderen übernachten. Zu einem solchen Mädchen gingen wir also. Dabei mußten wir sehr vorsichtig sein, weil sie von ihren Verwandten streng bewacht wurde. Es war allgemein bekannt, daß man Mädchen nur zu dieser Zeit unbeobachtet treffen konnte. Deshalb legten sie Stöcke und Zweige aus, um den Zugang zur Hütte möglichst schwierig zu gestalten. Wenn man ihr einen Besuch abstattten wollte, mußte man zunächst die Zweige beiseite räumen. Dadurch wurden die Leute in der großen Hütte unweigerlich aufgeweckt, so daß sie herausgestürmt kamen, um den Grund der Störung festzustellen.

Zu einer solche Hütte gingen wir also. Nachdem sich mein Bruder ziemlich lange mit den Hindernissen vor dem Eingang herumgeschlagen hatte, schlüpfte er schließlich hinein. Ich schlich ihm hinterher und legte mich vor die Tür, um ihr Gespräch belauschen zu können. Mein Bruder flüsterte mit dem Mädchen so laut und vernehmlich, daß ich ihn draußen verstehen konnte.

Nachdem ich jedoch einige Zeit dort gelegen hatte, schlief ich vor lauter Müdigkeit ein. Als ich auch noch zu schnarchen anfing, mußte mein Bruder mich aufwecken. Da entdeckte das Mädchen, welchen Streich man ihr gespielt hatte, und jagte uns beide fort.

Solche Heldentaten vollbrachten wir beide gelegentlich. Nach einer Weile wagte ich mich allein in eine Hütte vor. Wir hüllten uns in eine Decke und achteten darauf, daß unser Gesicht von niemandem gesehen werden konnte. Manchmal war ein Mädchen mit mehreren Männern bekannt, die sich in derselben Nacht vor ihrer Hütte einfanden und ihren Eltern ziemlichen Ärger bereiteten, weil sie dann wach bleiben und aufpassen mußten. Einige Familien hatten sich deswegen scharfe Hunde zugelegt.

Es gab einmal eine alte Frau, die ihre Tochter ständig beaufsichtigte. Wenn das Mädchen ihre Tage bekam, mußte sie in eine längliche Hütte umziehen, in der für zwei Personen Raum war, damit die Mutter neben ihrer Tochter schlafen konnte. Ungezogen wie wir waren, wollten wir der alten Frau eine Lehre erteilen, verabredeten uns eines Abends und ließen sie während der ganzen Nacht nicht zur Ruhe kommen. Kurz vor Morgengrauen wurde sie vom Schlaf überwältigt. Die jungen Leute hoben nun die Hütte mit allem drum und dran in die Höhe und setzten sie daneben wieder ab. Angeblich soll die Mutter mit ihrer Tochter am nächsten Morgen im Freien schlafend aufgewacht sein. Wegen ihrer übertriebenen Vorsicht wurde sie von allen getadelt.

Man erzählte sich, daß einige junge Männer Hütten aufgesucht hatten, in denen sie nicht willkommen waren. Deshalb bewachten die alten Leute ihre Töchter damals wohl so streng.

Einmal wollte ich ein junges Mädchen treffen und kam zu ihrer Hütte, bevor ihre Familie schlafen gegangen war, so daß ich in der Nähe warten mußte, bis sich alle zurückgezogen hatten. Wie ich nun im Gebüsch lag und auf die Stimmen ihrer Eltern achtete, schlief ich selber ein. Als ich wieder wach wurde, war es bereits heller Tag, und die Verwandten des Mädchens hatten mich nach dem Aufstehen im Schlaf überrascht. Ich schämte mich sehr, weil mich alle auslachten. Ich brauchte nicht lange, um mich davonzumachen. Wir versuchten, unsere Abenteuer möglichst geheimzuhalten, weil es als Schande galt, entdeckt oder festgehalten zu werden.

Ein anderes Mal befand ich mich gerade auf halbem Weg in eine Hütte, als jemand aufwachte. Deshalb mußte ich mich absolut still verhalten, bis wieder Ruhe eingekehrt war. Während ich dort völlig regungslos ausharrte, überfiel mich die Müdigkeit. Am nächsten Morgen steckte ich zur Hälfte in der Hütte und schlief, als ich wachgerüttelt wurde. Nachdem ich mir den Schlaf gründlich aus den Augen gerieben hatte, fragten sie mich, ob ich nicht zum Frühstück dableiben wollte, doch ich habe mich gleich aus dem Staub gemacht.

Nach einiger Zeit war ich mit einem einzigen Mädchen fest befreundet. Ich liebte sie so sehr, daß ich kaum noch nach Hause kam. Meine älteren Brüder machten das genauso. Tagsüber holten wir den versäumten Schlaf nach. Während wir nachts auf Freiersfüßen waren, mußten unsere Eltern für unser Essen und unsere Kleidung sorgen. Wir kümmerten uns nicht darum, weil wir nichts anderes im Kopf hatten, als den Mädchen hinterherzulaufen.

Im Herbst versammelten sich alle Indianer zum Beerenpflükken. Bei solchen Gelegenheiten halfen wir unseren Eltern natürlich. Doch gewöhnlich verbrachten wir selbst dann ganze Nächte draußen und waren am nächten Morgen zu nichts mehr zu gebrauchen. Auch ich trieb mich nachts in der Nähe der Hütten herum. Nur selten kam ich mit einem Mädchen wirklich ins

Gespräch. Das störte mich aber nicht, weil es mir vor allem darum ging, mit ihr zusammenzusein. Das machte mir bereits Spaß. Vor meinen Kameraden prahlte ich allerdings damit, daß einige Frauen ein Verhältnis mit mir angefangen hätten. Tatsächlich schenkte mir die eine oder andere kaum mehr als ein Lächeln, und das hielt ich schon für eine großartige Sache.

Nach dem Beerensammeln suchten wir unsere Jagdreviere auf, und ich begann wieder mit dem Fasten. Allmählich nahm ich auch Schwitzbäder und führte absichtlich Erbrechen herbei, um mich zu reinigen. Mein Vater war ein guter Jäger. Er machte immer reichlich Beute, und manchmal erlegte er sogar einen Bären. [. . .]

Im Frühjahr [. . .] schlugen wir unser Lager an einem Ort auf, wo mein Vater Fallen stellen konnte, möglichst in einer Gegend, in der es kaum Indianer gab. Meine Mutter flocht Körbe, die sie an die Farmer verkaufen konnte. Wir hatten auch etwas auf einen Zettel schreiben lassen, womit wir die Leute um jede Unterstützung baten, die sie uns geben wollten. Auf eine solche Betteltour wurde ich immer mitgenommen, weil wir gelegentlich aus Mitleid alte Kleider geschenkt bekamen. Hin und wieder gab man uns in einem Farmhaus sogar ein gutes Essen. [. . .]

Wir nahmen auch Pfeil und Bogen mit, weil die Weißen sehen wollten, wie gut wir schießen konnten. Sie steckten dann Fünf-Cent-Stücke in größerer Entfernung auf einen Pfahl und ließen uns darauf zielen. Wir trafen fast mit jedem Schuß. Ich hielt auch Fünfundzwanzig-Cent-Stücke zwischen den Fingern, nach denen mein Bruder schoß, und er hat nie danebengetroffen. Mit solchen Kunststücken verdienten wir oftmals bis zu fünf Dollar, die wir unseren Eltern gaben. [. . .]

Wenn die Vögel nach Norden zogen, machte Vater für uns neue Bogen und Pfeile, und bisweilen erlegten wir sehr viel auf einmal. Wir jagten auch Eichhörnchen, die unsere Großmutter für uns röstete. Mein ältester Bruder war ein guter Schütze. Ich konnte mich nicht mit ihm messen. [. . .]

Eines Tages bemerkte ich, wie sich mein Vater mit meinem Großvater unterhielt und wie der alte Mann nach einer Weile zu weinen begann. Er hatte gerade seinen Sohn verloren, das letzte

Kind, das ihm geblieben war. Alle anderen Kinder waren schon gestorben. Und genau darüber besprachen sie sich.

Schließlich hörte ich, wie mein Großvater sagte, daß er nicht mehr leben wollte. Da kamen meinem Vater die Tränen. Er nannte ihn bei seinem Verwandtschaftsnamen und erklärte feierlich: »Ich kann deinen Schmerz nachfühlen, und du sprichst gewiß die Wahrheit. Doch ich möchte, daß du allen Enttäuschungen zum Trotz dein Leben behältst. Nimm meinen Sohn hier, mein eigenes Kind, das mir von allen am meisten ans Herz gewachsen ist. Er ist folgsam. Er sitzt hier und hört uns zu. Er soll dein Begleiter sein und dich an der Hand führen, solange du lebst.« So sprach er zu ihm. Der alte Mann dankte meinem Vater mehrmals.

Danach wohnte ich bei meinem Großvater. Er hielt viel von mir, und ich kam in jeder Beziehung sehr gut mit ihm aus. Er war ein großartiger Mensch, ein Mann mit Heilkräften und großem medizinischen Wissen, das er an die Kranken weitergab. Er war auch ein Mitglied der Medizingesellschaft und ein alter Soldat.

Zu eben dieser Zeit war eine Schule in Tomah im Staat Wisconsin gebaut worden, die ich sehr gerne besuchen wollte. Mein Großvater war mit meinem Vorhaben einverstanden, und ich erhielt dort einen Winter lang Unterricht. Im Frühjahr kam mein Vater und bat den Direktor um zwei Wochen Urlaub für mich, was mir auch gewährt wurde.

Dann sagte mein Vater zu mir: »Mein Sohn, dein Großvater ist gestorben, und man wird ihm zu Ehren eine Gedenkfeier veranstalten, die während des Medizintanzes stattfinden soll. Wie du weißt, muß jemand gefunden werden, der seine Funktion in der Zeremonie übernimmt, und die Wahl ist auf mich gefallen. Von all meinen Kindern bist du mir am treusten ergeben. Ich habe dir keine Prüfung erspart. Und du hast mir nie absichtlich widersprochen. Ich bitte dich daher, an meiner Stelle den Platz deines Großvaters einzunehmen. Ich bin nun schon zu alt dafür und kann vor allem auf den Alkohol nicht mehr verzichten. Unter solchen Bedingungen wird es mir nicht gut möglich sein, die Lehren der Medizinhütte zu befolgen. Deshalb möchte ich mein Anrecht auf dich übertragen. Tritt du an die Stelle deines Großvaters!« So sprach mein Vater zu mir.

Ich sollte den Platz des Verstorbenen einnehmen, der ein Onkel meines Vaters gewesen war, und freute mich über dieses Angebot, denn ich hatte die Medizintänzer immer sehr bewundert. Aus lauter Neugier und mit etwas Neid hatte ich schon oft zu ergründen versucht, was in der Hütte vor sich ging, um mir dann zu überlegen, ob ich von ihnen wohl aufgenommen und in ihre Geheimnisse eingeweiht werden könnte. Da war ich jetzt natürlich glücklich und gespannt, was als nächstes mit mir passieren würde. [...]

Dann zogen wir an den Ort, wo die Zeremonie stattfinden sollte. [...] Ein Stück des Weges mußten wir zu Fuß gehen, doch das machte mir nichts aus, weil ich so zuversichtlich war. Als wir schließlich ankamen, erklärte mein Vater den Leuten, daß er mich mitgebracht hatte, weil er sein Anrecht auf mich übertragen wollte. Damit waren sie einverstanden.

Nun sollten wir gleich die Hütte errichten. [...] Als wir die Pfähle in den Boden rammten, arbeiteten wir mit drei alten Männern zusammen, den Brüdern des Verstorbenen. Sie ermahnten mich, daß die Zeremonie eine heilige Handlung sei, die der Erdschöpfer bewirke. Jedesmal opferten wir Tabak, bevor wir etwas unternahmen. [...]

Ich konnte den Augenblick kaum erwarten, an dem ich während der Zeremonie getötet und anschließend wieder zum Leben auferweckt werden sollte. Ich war fest davon überzeugt, daß ein Mitglied der Medizinhütte, ob Mann oder Frau, von allen verschieden war, die nicht dazugehörten, und ich hatte mich doch schon so lange darum bemüht, kein gewöhnlicher Mensch, sondern ein Medizinmann zu werden.

Sobald wir die Hütte errichtet hatten, begannen sie mit dem Gesang ihrer Lieder. An diesem Tag hielten sie mich die ganze Nacht wach, und ich erfuhr sehr viel über die heiligen Dinge. Ich wurde nicht ein einziges Mal müde, und so blieb es bis zum Morgen. Es gefiel mir dort so gut, daß ich auch am Tag meinen Schlaf nicht nachholte. [...]

In der vierten Nacht sangen sie bis zum Morgen, und nach der fünften wollten sie mein Leben auf die Probe stellen. [...] Da ließen sie mich während der ganzen Zeremonie den Vorsitz führen, und jedesmal sagten sie: »Morgen wird der, für den wir Leben erbitten, uns ähnlich werden.« Damit meinten sie mich und daß ich am nächsten Tag zu ihnen gehören sollte. Deshalb erwartete ich den nächsten Morgen mit größter Spannung. Fast die ganze Nacht lang tanzten sie, um sich vorzubereiten.

Während am nächsten Morgen weitergetanzt wurde, brachten mich vor Sonnenaufgang die beiden Anführer der Zeremonie mit den Hütern des Eingangs an der Ostseite des Hauses zu einer Lichtung, die in den Umrissen der Tanzhütte in die Wildnis geschlagen worden war. Dort appellierten sie an mein Gewissen und warnten mich, daß unvorstellbare Dinge geschehen würden, wenn ich von ihrem Geheimnis je etwas ausplauderte. Die Welt würde untergehen, drohten sie mir. Dann wiederholten sie noch einmal ihre Warnungen, daß ich mit Sicherheit sterben müßte, wenn ich irgend etwas von dem verraten würde, was unbedingt geheimzuhalten war.

Nach diesen Ermahnungen zeigten sie mir, wie ich auf ein Zeichen hin zusammenzucken und zu Boden sinken sollte, um wie tot auszusehen. Da war ich bitter enttäuscht, denn bisher hatte ich voll Ehrfurcht an eine Auferstehung nach dem rituellen Tod geglaubt. »Es ist also alles Betrug«, dachte ich enttäuscht. »Sie haben uns belogen, denn sie wollen nur Geld damit verdienen«, so ging es mir durch den Kopf. Nun konnte ich mir gut vorstellen, daß noch andere Lehren, an die ich glaubte, auch nicht stimmten. Trotzdem verzog ich keine Miene und tat, was man von mir verlangt hatte, als ich draußen in der Wildnis unterrichtet wurde, wie man die Festteilnehmer täuschen sollte. Sobald mir das Totstellen einigermaßen gelang, gingen wir zu den anderen zurück, die uns in der Medizinhütte erwarteten. [...]

Nachdem der Tanz vorbei war, führte mich mein Vater in das Heim der Witwe meines Großvaters, weil ich ihr künftig beistehen sollte. Nun konnte ich die Schule nicht mehr besuchen, denn man erwartete von mir, daß ich für die alte Frau arbeitete. Bis zum Frühjahr blieb ich bei ihr.

Man hatte mir Angst gemacht, daß mich der Tod bald holen würde, wenn ich auch nur in Gedanken die Heiligkeit des Medizintanzes in Frage stellte, nachdem ich in das Geheimnis eingeweiht worden war. Das bereitete mir einige Sorgen, weil ich jetzt nur noch Verachtung für das Ritual empfand und meine ablehnende Haltung für ein sicheres Zeichen meines baldigen Todes hielt. Ich bemühte mich, meine Zweifel zu verdrängen und an die Ehrwürdigkeit der Zeremonie zu glauben, doch es gelang mir nicht. Deshalb besuchte ich wieder die Schule in Tomah.

Mitte des Sommers kehrte ich zurück und nahm bei einem Großvater Unterricht in den Feinheiten des Medizintanzes. Wenn ich eine Schwitzhütte für ihn gebaut hatte, brachte er mir zum Dank einige Lieder bei. Immer wenn ich danach ein Dampfbad für ihn bereitete, zeigte er sich auf diese Art erkenntlich, und deshalb wiederholte ich das möglichst oft. Binnen kurzem hatte ich alle Lieder gelernt, die er kannte, so daß ich für ihn singen konnte, wenn wir zu einem Medizintanz eingeladen waren. Er brauchte dann nur noch seine Ansprache zu halten. Ganz allmählich entdeckte ich auf diesem Weg die Besonderheit unserer Zeremonie und lernte sie wegen ihres inneren Werts schätzen. [. . .]

Eines Herbsttages [. . .] sagte mein Großvater zu mir, daß ich nun heiraten sollte. Ich war damals etwa dreiundzwanzig Jahre alt, doch ich war den Frauen nachgelaufen, seit ich mich reif dafür hielt. Bei all meinen Unternehmungen stellte ich mir immer vor, welchen Eindruck ich damit auf Frauen machen würde, denn ich versuchte, mit möglichst vielen von ihnen zu gehen. Ich wollte unbedingt als Dandy gelten, weil ein Frauenheld die Bewunderung der Leute auf sich zog.

Mein Großvater hatte mich gebeten, ein bestimmtes Mädchen zu heiraten. Deshalb ritt ich zu dem Lager, wo sie mit ihrer Familie lebte. Dort versuchte ich, sie heimlich zu treffen, was mir schließlich auch gelang. Ich erklärte ihr meine Absicht und bat sie, mit mir durchzubrennen. Sie kehrte aber noch einmal nach Hause zurück, weil wir uns außerhalb getroffen hatten.

Nach einer Weile war sie reisefertig und erwartete mich in ihren besten Kleidern. Sie trug eine Weste, die ganz mit Silberknöpfen bestickt war, einen Haarschmuck in wunderschönen Farben, außerdem viele Perlenketten um den Hals und Armreifen um die Handgelenke. Ihre Finger waren mit Ringen bedeckt, und ihre Beine steckten in verzierten Ledergamaschen. An den Füßen trug sie perlenbestickte Mokassins mit breiten Stulpen, und in jedem Ohrläppchen sah ich ein halbes Dutzend Löcher, in die sie kleine Schmuckstücke aus Silber gesteckt hatte. Sie war auch sehr schön bemalt. Auf ihren Wangen und im Scheitel ihres Haares hatte sie rote Farbe aufgetragen. Sie sah wirklich sehr festlich aus!

Ich war mit einem Pferd gekommen, das wir zu zweit bestiegen. An diesem Abend ritten wir aber nicht gleich in mein Dorf zurück, weil mich meine Medizingesellschaft gebeten hatte, unterwegs bei einem Fest zu singen. Deshalb dachte ich, erst am nächsten Morgen heimzukehren. Ich erklärte meiner Braut, daß sie für die Dauer des Festes in der Nähe in einem Versteck auf mich warten müßte, weil wir doch nach altem Brauch von ihren Eltern fortliefen, um zu heiraten.

Das Mädchen hatte sich in eine rote Decke gehüllt, weshalb ich unter einer kleinen Eiche ein Versteck für sie suchte. Während der ganzen Nacht und am folgenden Tag regnete es. Erst nachdem das Fest am nächsten Morgen vorüber war, konnte ich zu ihr gehen. Sie wartete immer noch auf mich, doch der Regen hatte sie bis auf die Haut durchnäßt, die Farben waren zerlaufen und hatten ihr Gesicht verschmiert, so daß sie kaum noch wiederzuerkennen war. Wir ritten dann heim.

Als wir zu Hause eintrafen, kam uns die Frau meines Großvaters entgegen. Sie half dem Mädchen beim Absteigen und führte sie in unsere Hütte. Dort hatte sie ein Essen für uns vorbereitet. Als wir fertig waren, zog das Mädchen ihre Kleider aus und schenkte sie meinen Großeltern, wofür sie andere Kleider anzuziehen bekam. Als sie drei Nächte bei uns gewesen war, setzten ihre Tage ein, und sie mußte getrennt von uns übernachten. Dann erhielt das Mädchen, das ich geheiratet hatte, ein Pferd geschenkt.

Nach einer Weile zog mein Großvater mich ins Vertrauen und meinte zu mir: »Enkel, man erzählt sich, daß das Mädchen, das du geheiratet hast, keine Jungfrau mehr war, sondern in Wirklichkeit eine Witwe [d. h. eine alleinstehende Frau]. Das gefällt mir gar nicht, weil es deine erste Ehe ist und du noch ein junger Mann bist. Ich nehme an, daß du weißt, ob sie noch unberührt war oder nicht?« »Ja«, antwortete ich. »Du brauchst also nicht bei ihr zu bleiben, wenn du nicht willst.«

Ich unternahm darauf eine längere Reise und verließ sie für immer. Nach einiger Zeit hörte ich, daß meine Frau zu ihren Eltern zurückgekehrt war. Erst danach kehrte ich heim. Meinem Großvater war es recht, daß ich nicht bei ihr geblieben war. »Du kannst jederzeit eine andere und bessere Frau bekommen«, tröstete er mich. »Du kannst wieder eine heiraten, die ich für dich aussuchen werde.« So sprach er zu mir. Ich antwortete ihm aber: »Großvater, du hast dich oft genug nach einer Braut für mich umgesehen. Bitte bemühe dich nicht noch einmal, weil ich keine Frau heiraten möchte, die für mich erbettelt wurde.« Das sagte ich ihm. Darüber war er überhaupt nicht erfreut, denn er fand, daß ich ihm den Gehorsam verweigern wollte.

Etwa zu dieser Zeit besuchten einige von uns das Land der Sioux-Indianer. Ich wurde dort als Freund adoptiert und erhielt ein Indianerpferd geschenkt. Zu Hause bin ich ganz stolz auf meinem Pferd umhergeritten. Im darauffolgenden Herbst zogen viele Indianer mit einer Wildwestshow mit, und ich schloß mich ihnen an. Wir bereisten alle Großstädte im Land, und ich fand als Tänzer starke Beachtung.

In unserer Gruppe waren zwei Frauen, zwei Strohwitwen. Nach einer Weile ging ich heimlich mit einer von beiden. Sie trank gerne Bier. Bald ging ich auch mit der anderen. [...] Beide tranken Bier, und über kurz oder lang leistete ich ihnen dabei Gesellschaft. Als ich mich an den Geschmack gewöhnt hatte, konnte ich sogar sehr viel davon vertragen. Ich trank jedoch heimlich und sagte ihnen, daß sie kein Wort darüber verlieren sollten. Als ich schließlich sehr viel konsumierte, fiel es einem Freund von mir auf, und wir tranken danach zusammen. Bald merkte der Manager der Show, daß ich regelmäßig zur Flasche griff. Er hielt sehr viel von mir, denn er fand, daß ich besser als die anderen tanzen konnte. Deshalb lud er mich und die beiden Mädchen abends zum Bier ein.

Ich habe viel getrunken, und ich mochte es sehr. Nun konnte ich nicht mehr verbergen, wofür ich mein Geld ausgab. Ich redete sehr laut und war sehr glücklich und sang aus voller Kehle meine Lieder. Später genehmigte ich mir einige Whiskey zum Bier, bis mir davon übel wurde. Am nächsten Morgen schwor ich dann,

»Sie hatte sich in eine rote Decke gehüllt.«

nie wieder ein Glas anzurühren, doch heimlich habe ich weitergetrunken.

Schließlich war die Show vorbei, und wir fuhren nach Hause. Die Schiffsreise über den Michigan-See war sehr stürmisch, und alle wurden seekrank. Deshalb meinte mein Freund zu mir: »Hör mal, laß uns was trinken, damit uns nicht schlecht wird.« Dann packte er eine Zweiliterflasche aus, und wir tranken die ganze Nacht hindurch. [. . .] Wir zechten in einem fort, bis wir nach Hause kamen. Als meine Verwandten mich abholten, konnte ich nicht verbergen, was für einen Rausch ich hatte. Sie wurden sehr traurig, und eine ältere Schwester von mir weinte, als sie mich sah. Da beschloß ich, mit dem Trinken aufzuhören. [. . .]

Ich zog in unser Revier und verbrachte meine Zeit mit Jagen. Wir standen immer sehr früh morgens auf und gingen bis zum Einbruch der Dunkelheit auf Pirsch. Obwohl wir während des ganzen Tages unterwegs waren, hielten wir uns nicht lange mit Essen auf. Abends nahmen wir regelmäßig ein Dampfbad, um uns zu reinigen. Jeden Morgen fühlte ich mich erst richtig frisch, nachdem wir die Schwitzhütte und dann das kalte Wasser aufgesucht hatten.

Einmal machten wir im Herbst wieder Jagd auf Rotwild, weil wir die Keulen der Tiere, die wir erlegt hatten, verkaufen konnten; manchmal wurden sie sogar bis nach Chicago verschickt. Allerdings durften wir nur dreißig Tage lang auf Jagd gehen. Wenn man die Schonzeit nicht beachtete, wurde man verhaftet. So wollte es das Gesetz. Ohne uns weiter darum zu kümmern, jagten wir auch außerhalb der Jagdzeit mit der Überlegung, daß das Gesetz nur für Weiße galt.

Als wir wieder einmal Wildbret ablieferten, flogen wir auf. Obwohl wir doch nur unsere Beute verkaufen wollten, wurden mein älterer Bruder und ich verhaftet und vor Gericht gestellt, wo man uns sagte, daß wir eine Strafe von sechzig Tagen absitzen müßten. Dann wurden wir ins Gefängnis gebracht und durften nicht nach Hause.

In der Haft weigerte ich mich, mir die Haare schneiden zu lassen, und trug sie seither lang. Den Leuten in der Anstalt erklärte ich, daß mir ein Schutzgeist erschienen war, der mir dazu die Anweisung gegeben hatte. Meinem älteren Bruder riet ich, seine Haare wachsen zu lassen, damit ihm der Schutzgeist ein langes Leben verleihen möchte. Seit dieser Zeit trug ich lange Haare. [. . .]

In einem anderen Jahr erhielt ich den Auftrag, eine Indianergruppe für eine Kirmestournee zusammenzustellen und zu leiten. Man versprach mir zehn Dollar die Woche für jeden Indianer; ich könnte ihnen dann soviel zahlen, wie ich für richtig hielt. Damit war ich ganz zufrieden, denn ich rechnete mir aus, wieviel Geld ich verdienen könnte, wenn ich ihnen ungefähr fünf Dollar in der Woche bezahlte. Dafür konnte ich immer noch eine ganze Menge Leute zum Mitmachen überreden. Wir fuhren an den Ort, aus dem ich Nachricht bekommen hatte. Gemeinsam zogen wir dann über Jahrmärkte. Wir nahmen aber kein Geld ein und waren bald bankrott. Der Unternehmer konnte nicht einmal meinen Lohn bezahlen. Alle waren wütend. [. . .]

Einige Zeit danach wurde mein älterer Bruder getötet. Wir waren zusammen aufgewachsen und kaum jemals längere Zeit voneinander getrennt. Das Herz wollte mir brechen. Ich sehnte eine Gelegenheit herbei, um den Mann töten zu können, der ihn ermordet hatte. Schließlich wäre ich am liebsten selbst gestorben. In einer solchen Stimmung befand ich mich. Deshalb begann ich, noch sehr viel mehr als früher zu trinken. Ich wollte mich zu Tode trinken, jedenfalls sagte ich das, wenn ich meinen Rausch hatte. Bis dahin hatte ich vor allem heimlich zur Flasche gegriffen, doch jetzt trank ich wieder stark und in aller Öffentlichkeit. Bald war ich ganz dem Alkohol verfallen. Da hatte ich bereits vergessen, daß ich sterben wollte, und fand Gefallen am Trinken.

In dieser Zeit gewöhnte ich es mir an, Frauen mit Whiskey betrunken zu machen und im Rausch zu bestehlen. Ich habe damals meine Mitmenschen wirklich mißbraucht. Weil ich mit Boxhandschuhen gut umgehen konnte und nie besiegt wurde, benahm ich mich gemein meinen Mitmenschen gegenüber. [. . .]

Ich hatte vier Schwestern, und von ihnen und von meinen Eltern bekam ich alles, was ich jemals besessen habe. Aber ich beharrte darauf, ein gemachter Mann zu sein. Ich lebte damals in einer Ehe mit zwei Frauen zusammen, und einmal hatte ich sogar vier Frauen zur selben Zeit; zwei lebten im Haus meiner Eltern und zwei wohnten bei anderen Verwandten von mir. Mit keiner von ihnen meinte ich es ernst. Ich belog sie alle und wußte, wie man ständig die Unwahrheit sagt, ohne aufzufallen. Zu guter Letzt wurden mir vier Kinder geboren, und jedes hatte eine andere Mutter. Aber ich kümmerte mich nur um neue Frauenbekanntschaften und ließ auch vom Alkohol nicht ab.

Im Frühjahr gab es immer Arbeit für uns. Wir flößten Holz den Fluß hinab und soffen. Ich suchte vor allem solche Beschäftigungen, bei denen man sich an der Flasche festhalten konnte. Wenn ich dann Geld ausbezahlt bekam, machte ich gleich wieder irgendeine Frau betrunken. [. . .]

Später luden mich mein Vater und meine Mutter ein, sie am Missouri-Fluß in Nebraska zu besuchen, doch ich wurde vor ihnen gewarnt, weil sie der Peyote-Kirche beigetreten waren. [. . .] »Deine Verwandten nehmen Peyote und haben dich kommen lassen, um dich zu bekehren. Deine Mutter, dein Vater und deine jüngere Schwester, alle essen den Peyote-Kaktus«, bekam ich zu hören. Dann erzählten sie mir einige schlimme Sachen, die man den Peyote-Essern vorwarf. Ich schämte mich für meine Angehörigen und bereute schon, daß ich überhaupt gekommen war. Aber ich antwortete ihnen, daß ich selbstverständlich genau wie meine Eltern den heiligen Kaktus essen wollte.

Bald sah ich meinen Vater, meine Mutter und meine Schwester wieder. Wir freuten uns und fuhren an den Ort, wo sie jetzt wohnten. Als ich mit meinem Vater allein war, erzählte er mir von der Peyote-Kirche. »Es hat nichts Besonderes zu Bedeuten, was bei ihren Treffen genau geschieht, obwohl es stimmt, daß alle Mitglieder mit dem Trinken aufhören. Angeblich sollen sogar Kranke geheilt worden sein. Das hatte man uns jedenfalls erzählt, bevor wir aufgenommen wurden, und tatsächlich sind wir beide gesund, deine Mutter genauso wie ich. Man sagt, daß die Peyote-Esser zum Schöpfer der Erde beten«, erklärte er mir.

»Es sind wirklich ganz eigenartige Leute. Sie weinen sogar, wenn sie sehr glücklich sind. Außerdem werfen sie alle Zaubermittel fort, die sie vorher benutzt haben. Sie vertrauen nämlich den Kräften nicht mehr, die sie durch Fasten mühsam erworben haben, und schwören allen Geistern ab, die ihnen jemals erschienen sind. Sie lassen auch das Rauchen und das Tabakkauen sein. Sie veranstalten keine Feste und opfern keinen Tabak mehr. Stattdessen verbrennen sie ihre heiligen Sachen, zum Beispiel ihre Kriegsbündel. Wie du siehst, sind es wirklich dumme Leute. Sogar mit dem Medizintanz hören sie ganz auf. Sie werfen ihre Medizinbündel ins Feuer und zerschneiden ihre Otterfellbeutel, weil sie einzig und allein zum Schöpfer der Erde beten wollen, wie sie behaupten. Sie beten im Stehen und weinen dabei. Angeblich ist nur der Schöpfer der Erde heilig, und alles andere kommt vom bösen Geist, der die Menschen täuscht. Deshalb lehnen sie alle Geister ab, die den Menschen Zauberkräfte verleihen, und verehren keine andere Macht als den Schöpfer der Erde.«

Da empörte ich mich: »Sie reden ja wirklich Unsinn, meinst du nicht?« Ich war sehr ärgerlich geworden. »Du kannst dich selber davon überzeugen«, antwortete mir mein Vater, »denn sie wollen heute nacht ein Treffen abhalten. Sogar ihre Lieder klingen sehr merkwürdig. Sie verwenden nämlich nur eine kleine Trommel.« Das machte mich allerdings neugierig, und ich wollte sie selber hören.

Nach einiger Zeit erreichten wir ihr Zelt. Ihre Zeremonie dauert immer eine ganze Nacht. In der ersten Zeit hielt ich mich vom Kreis der Teilnehmer fern und hörte ihnen bloß zu. Alles in allem konnte ich sie gut leiden. Ich war ja ihr Gast, und die jungen Peyote-Esser behandelten mich sehr zuvorkommend. Sie schenkten mir gelegentlich sogar etwas Geld und waren auch sonst um mich besorgt. Sie erwiesen mir jede Freundlichkeit, von der sie annahmen, daß sie mir gefallen würde, und deshalb sprach ich nur gut über ihre Zeremonie. Tatsächlich wollte ich sie aber mit meinen Worten täuschen und ihnen schmeicheln, weil sie so gutmütig zu mir gewesen waren. Ich dachte, daß sie mir nur deshalb soviel Beachtung schenkten, weil der Peyote sie irregemacht hatte. [. . .] Wenn ich dann mit anderen Leuten zusammen war, erzählte ich nur Schlechtigkeiten über die Peyote-Anhänger, und wenn ich zu den Peyote-Essern zurückkehrte, erfand ich alles mögliche über die anderen. [. . .]

Eines Tages trank ich wieder und verbrachte deswegen sechs

Tage hinter Gittern. Als meine Schwester von ihrer Reise zurückkam, erwiesen mir ihre Verwandten, besonders aber mein Schwager, noch mehr Aufmerksamkeit als bisher. Sie schenkten mir sogar ein Pferdegespann und versorgten mich mit allem, was mir fehlte. Ich war überzeugt, daß sie sich nur deshalb so große Mühe gaben, weil sie mich zum Mitglied ihrer Kirche machen wollten. Ich meinte, sie an der Nase herumzuführen, wenn ich ausgesprochen freundlich zu ihnen war, während sie andererseits glaubten, daß ihre Bemühungen Erfolg hatten. Ich versicherte ihnen sogar, daß ich an die Kraft des Peyote glaubte, bloß weil sie so nett zu mir waren.

Nach einer Weile fuhren wir an einen Ort, wo man ein großes Peyote-Treffen abhalten wollte. Ich wußte, daß sie mich diesmal mitnahmen, um mich endlich zu bekehren. Deshalb sagte ich zu meiner jüngeren Schwester: »Ich habe eigentlich nichts dagegen, diesen Peyote-Kaktus zu essen, aber ich mag die Frau nicht so sehr, mit der ich jetzt zusammenlebe, und werde sie vermutlich eines Tages verlassen. Weil es doch heißt, daß Mann und Frau fest miteinander verbunden sind, wenn sie zusammen Peyote essen, möchte ich kein Mitglied in eurer Kirche werden, bis ich eine Frau gefunden habe, mit der ich den Rest meines Lebens verbringen möchte.«

Das erzählte sie meinem Schwager, der darauf mit mir sprach: »Du hast recht mit dem, was du sagst. Die Frau, mit der du jetzt zusammenlebst, ist noch verheiratet, und du kannst nicht bei ihr bleiben. Wir wissen, daß eure Bindung ungültig ist. Das ist also kein Grund, weshalb du nicht beitreten darfst. Es ist, als ob du ledig wärst. Wir beten in der Zeremonie für dich, als ob du nicht verheiratet wärst. Später kannst du jede Frau heiraten, die du nach dem Gesetz zur Frau nehmen darfst. Also werde noch heute unser Mitglied. Es wird das beste für dich sein. Wir hoffen schon lange darauf, daß du bei uns mitmachst, aber wir haben dir nichts davon gesagt. Es war der Wunsch des Schöpfers der Erde, daß du erst gründlich darüber nachdenken solltest«, sagte er.

So kam es, daß ich doch noch im Kreis der Teilnehmer Platz nahm. Einer der Männer war ihr Anführer. Wir mußten tun, was er uns sagte. Seine Insignien lagen vor ihm auf dem Boden ausge-

»Nach einiger Zeit erreichten wir ihr Zelt.«

breitet. Ich wollte möglichst weit außen sitzen, weil ich fürchtete, daß ich wie die anderen weinen müßte, und davor schämte ich mich.

Schließlich erhob sich der Anführer und hielt eine Ansprache. Er erklärte uns, daß wir uns nun in der Hand des Erdschöpfers befänden und daß er, als unser Führer, nichts aus eigener Kraft tun könnte, daß vielmehr der Erdschöpfer selbst unsere Zeremonie leiten würde. Er sagte weiter, daß die Peyote-Medizin heilig sei, so daß wir uns alle bedenkenlos in ihren Schutz begeben könnten, wie er selbst sich ihr anvertraut hätte, damit wir ihm darin folgen könnten.

Er schloß mit den Worten: »Ich bin nur ein bedauernswerter Mensch. Wenn ihr in dieser Zeremonie zum Schöpfer der Erde betet, schließt mich in eure Gebete mit ein. Nun laßt uns aufstehen und zum Erdschöpfer beten!« Wir erhoben uns, und er betete für die Kranken und für alle Menschen, denen der Erdschöpfer noch nicht begegnet war. Man solle Mitleid mit ihnen empfinden. Als er geendet hatte, setzten wir uns.

Dann wurde der Peyote herumgereicht. Sie gaben mir fünf Stück. Mein Schwager erklärte mir: »Wenn du zu dieser Medizin betest, bekommst du alles, worum du sie bittest. Du brauchst nur deine Worte an den Erdschöpfer zu richten und diese Medizin zu essen.« Ich aß den Kaktus jedoch, ohne lange nachzudenken, weil ich nicht wußte, worum ich den Erdschöpfer bitten sollte. Also verdrückte ich die Kaktusstücke, wie sie waren. Sie schmeckten sehr bitter und hinterließen einen Geschmack auf der Zunge, den man nur schwer beschreiben kann. Ich fragte mich, was wohl als nächstes mit mir geschehen würde.

Nach einiger Zeit bekam ich noch einmal fünf getrocknete Kaktusscheiben, die ich wie die anderen verspeiste. Sie schmeckten wirklich bitter. Allmählich wurde ich ganz ruhig. Der Peyote machte mich ziemlich schwach, und ich hörte dem Gesang mit großer Aufmerksamkeit zu. Ihre Musik gefiel mir jetzt sehr. Es kam mir vor, als hörte ich sie im Schlaf, denn ich fühlte mich anders als sonst. Wenn ich mich aber umsah und mich selbst betrachtete, konnte ich nichts Ungewöhnliches feststellen. Trotzdem fühlte ich mich irgendwie anders. Früher hatte ich ihre

Lieder gar nicht gemocht. Jetzt gefiel mir, was der Anführer sang, und ich hörte ihm gerne zu.

Alle lauschten nur dem Gesang der einzelnen Teilnehmer. Jeder der Männer stimmte vier Lieder an, bevor er die Insignien der Zeremonie an den nächsten im Kreis weiterreichte. Jeder Sänger hielt einen verzierten Stock und eine Adlerschwanzfeder in der einen Hand und schüttelte eine Kürbisrassel in der anderen. Sein Nebenmann schlug währenddessen eine kleine Trommel.

Dieselben Gegenstände wurden im Kreis herumgereicht, bis sie wieder beim Anführer der Zeremonie eintrafen, der seinerseits vier Lieder sang. Wenn er damit fertig war, legte er die Ritualobjekte vor sich auf den Boden, erhob sich und betete zum Erdschöpfer. Darauf bat er den einen oder anderen der Anwesenden, eine kurze Ansprache zu halten. Meist erklärten die Redner dann, daß der Erdschöpfer und Peyote jeden, der die Medizin zu sich nimmt, vom bösen Geist befreit, weil der Erdschöpfer die Menschen davor bewahrt, sich zu versündigen. Wenn sie ihre Rede beendet hatten, begann man von neuem, abwechselnd im Kreis zu singen.

Nach Mitternacht hörte ich immer öfter, wie jemand weinte. Einige wandten sich an den Anführer und sprachen mit ihm. Er erhob sich dann und betete mit ihnen. Später habe ich erfahren, was dort gesprochen wurde. Sie baten alle Anwesenden, für sie zu beten, weil sie ihre Fehler bereuten und nicht weiter sündigen wollten. Das war das Bekenntnis, das sie vor dem Anführer abgelegt hatten. Sie schluchzten beim Weinen so sehr, daß ich ziemliche Angst bekam. Ich merkte auch, daß ich anfing, seltsame Dinge zu sehen, wenn ich die Augen schloß und ganz still dasaß. Ich war überhaupt nicht müde, als am nächsten Morgen die ersten Sonnenstrahlen ins Zelt fielen.

Nach Tagesanbruch hörte man zu singen auf. Alle erhoben sich und beteten zum Erdschöpfer; damit war das Treffen zu Ende. Während des Tages wurde ich überhaupt nicht schläfrig, nur meine Bewegungen waren vielleicht ein bißchen anders. Deshalb sagte ich: »Heute abend findet noch ein Treffen statt. Da muß ich wieder hin.« [. . .]

Als wir abends zur Veranstaltung gingen, hatte ich tagsüber schon drei Kaktusscheiben gegessen. In der Nähe des Peyote-

Zeltes wurde ein indianisches Tanzfest abgehalten. Ich konnte nicht widerstehen, erst einmal dorthin zu gehen. Die Tanzfläche schien mir ungeheuer lang zu sein. Der Lärm war unbeschreiblich. Man schlug eine enorm große Trommel. Ihr mächtiger Klang hob mich fast vom Boden ab, so kräftig schien sie zu dröhnen. Das Peyote-Treffen, das ich vorher besucht hatte, war nicht annähernd so vergnüglich gewesen. Ich tanzte die ganze Nacht durch und flirtete mit allen Frauen.

Als ich im Morgengrauen den Heimweg antrat, war die Peyote-Zeremonie noch nicht zu Ende. Ich ging ins Zelt, und man zeigte mir eine Stelle, wo ich Platz nehmen durfte. Sie waren alle sehr freundlich zu mir. Ich nahm wieder Peyote zu mir. Später hörte ich, daß am folgenden Abend noch ein Treffen in der Nähe stattfinden sollte. Während des ganzen Tages aßen wir Peyote im Haus meines Verwandten, wo wir uns zu Besuch aufhielten. Einige junge Leute brachten mir dort Peyote-Lieder bei. »Hör mal, wenn du richtig singen lernst, wirst du noch unser bester Sänger«, meinten sie zu mir. »Du bist nämlich ein guter Sänger und hast eine gute Stimme.« Das fand ich auch.

Abends fuhren wir zu dem Ort, wo das Peyote-Meeting stattfinden sollte. Sie zeigten mir meinen Sitzplatz im Zelt und behandelten mich wieder sehr freundlich. »Na, er hat also doch noch zu uns gefunden«, bemerkten sie anerkennend, als ich hereinkam. »Macht Platz für ihn!« Da dachte ich, daß sie mich für eine wichtige Persönlichkeit hielten. John Rave, der Anführer der Peyote-Kirche, sollte die Zeremonie leiten. Ich aß fünf Peyote-Stücke. Dann gingen mein Schwager und meine Schwester nach vorne, um sich zum Erdschöpfer zu bekennen. Sie baten mich, mit ihnen vorzutreten. Ich mochte nicht, aber schließlich gab ich ihrer Bitte nach.

»Wozu sollte ich ein Bekenntnis ablegen?« fragte ich mich. »Ich nehme alles ohnehin nicht ernst und höre damit auf, sobald ich nach Wisconsin zurückkehre. Jetzt erweise ich ihnen nur meine Dankbarkeit für ihre Geschenke«, ging es mir durch den Kopf. »Dann kann ich mich eigentlich neben sie stellen, weil es mir doch nichts bedeutet«, dachte ich, als ich sie nach vorne begleitete.

Gleich zu Beginn der Ansprache wurde mir plötzlich übel. Mein Widerwille verstärkte sich noch, bis ich schließlich das Bewußtsein verlor. Als ich wieder zu mir kam, lag ich flach auf dem Rücken. Um mich herum war alles unverändert. Offensichtlich hatte ich durch den Sturz die Besinnung augenblicklich wiedergefunden. An diesem Abend wäre ich am liebsten einfach davongelaufen, aber ich schaffte es nicht, weil meine Kräfte aufgezehrt waren.

»Warum habe ich das nur gemacht?« beklagte ich mich. »Hatte ich meiner jüngsten Schwester nicht versprochen, die Hände davon zu lassen?« So überlegte ich immer wieder und versuchte aufzustehen, aber es gelang mir nicht. Mir war furchtbar elend zumute. Als das Tageslicht auf mich herabfiel, hoffte ich, daß sie mich nun endlich als jemanden ansehen würde, der in einer Trance Erfahrungen gesammelt hatte.

Dann gingen wir nach Hause, und sie zeigten mir in der Bibel eine Stelle, wo geschrieben stand, daß es eine Schande für einen Mann sei, lange Haare zu tragen. Sie sagten mir, daß es dort aufgeschrieben wäre. Ich sah mir die Stelle genau an. Ich kannte mich nicht besonders mit Büchern aus, aber ich wollte ihnen den Eindruck geben, daß ich lesen konnte, deshalb erlaubte ich ihnen, mein Haar abzuschneiden, das ich damals lang trug.

Nachdem sie mir das Haar abgeschnitten hatten, holte ich eine Menge Amulette hervor, die zufällig in meinen Taschen steckten. Es waren vor allem Liebeszaubermittel. Ich besaß ziemlich viele kleine Bündel davon. Die gab ich meinem Schwager zusammen mit meinen abgeschnittenen Haaren. Dann weinte ich, und auch mein Schwager weinte und dankte mir.

Er begrüßte meinen Entschluß, weil ich nun verstanden hätte, daß nur der Erdschöpfer wirklich heilig sei. Alle Sachen, die mir gehört hatten, seien falscher Zauber und Täuschungen des bösen Geistes. Er versicherte mir, daß ich jetzt von manchem Übel befreit wäre. Meine Verwandten dankten mir alle tief bewegt.

In der vierten Nacht fand ein weiteres Treffen statt, das ich besuchte. Dort nahm ich wieder Peyote zu mir. Diesmal gefiel es mir, und ich sang mit ihnen. Ich wollte nicht lange warten, bis ich an der Reihe war, denn ich mochte es, wie die jungen Männer sangen. Deshalb betete ich zum Erdschöpfer, daß er mir helfen solle, die Lieder richtig zu lernen. Das war alles, worum ich ihn bat. Mein Schwager blieb während der ganzen Zeit in meiner Nähe.

Bei diesem Meeting wurden alle Sachen verbrannt, die ich meinem Schwager gegeben hatte. Dazu erklärte er den Anwesenden, daß ich die Lehre des Erdschöpfers nun vollkommen verstanden hätte. Ich fühlte mich sehr beruhigt und sah dem Tageslicht am nächsten Morgen unbesorgt entgegen. Tatsächlich war ich überhaupt noch nicht zur Einsicht gelangt. Vielmehr dachte ich, daß ich mich genau so verhalten müßte, wie sie es von mir erwarteten.

Später besuchte ich ab und zu wieder ein Treffen und sah mich nach einer Frau um, mit der ich eine feste Verbindung eingehen konnte. Einmal nahm ich meine Bekannte zu einem Treffen mit, weil ich den nächsten Tag mit ihr verbringen wollte. Das war der einzige Grund, weshalb ich sie mitbrachte. Als wir beide das Zelt betraten, bat mich der Anführer, neben ihm Platz zu nehmen. Ich sollte mich direkt neben ihn setzen. Dann drängte er mich, möglichst viel Peyote auf einmal zu essen, und das tat ich auch.

Der Leiter einer Zeremonie hat stets die Wahrzeichen des Kultes vor sich ausgebreitet, zu denen immer ein besonders schöner Peyote-Kaktus gehört. Diesmal schien der Anführer einen winzigen Kaktus ausgesucht zu haben. »Warum nimmt er bloß einen so kleinen Kaktus?« fragte ich mich, dachte aber nicht weiter darüber nach.

Später in derselben Nacht hatte ich schon viele Peyote-Stücke gegessen und fühlte mich ziemlich schwach. Ich mußte einiges durchmachen. Nach einer Weile blickte ich zu dem Peyote-Kaktus hinüber, doch da saß auf einmal ein Adler mit ausgebreiteten Schwingen. Das war ein so prächtiger Anblick, wie man es sich kaum vorstellen kann. Jede einzelne Feder schien besonders gezeichnet zu sein. Der Adler musterte mich aufmerksam. Ich sah mich um, weil ich dachte, daß vielleicht mit meinen Augen etwas nicht stimmte. Dann blickte ich wieder hin, aber der Adler saß wirklich dort. Als ich in eine andere Richtung schaute, war er plötzlich verschwunden. Nur der kleine Peyote-Kaktus lag noch da. Nun sah ich zu den anderen Leuten hinüber, aber sie hielten ihre Köpfe geneigt und sangen. Da war ich sehr erstaunt. [...]

Als ich wieder aufblickte, bemerkte ich eine Fahne. Ich sah sie mir genauer an und erkannte, daß der ganze Raum mit Flaggen geschmückt war. Sie waren in die leuchtendsten Farben getaucht. In der Mitte des Raumes hing ein riesengroßes Banner, und ein Lufthauch hielt es in Bewegung. Im Eingang wehte eine andere Fahne, die man nicht so deutlich wahrnehmen konnte. In meinem ganzen Leben hatte ich noch nie etwas Schöneres betrachtet.

Dann betete ich wieder zum Erdschöpfer. Ich senkte den Kopf, schloß die Augen und begann zu sprechen. Ich sagte viele Sachen, die ich normalerweise nie über die Lippen gebracht hätte. Während ich betete, bemerkte ich etwas über mir, und dort war er: Der Erdschöpfer, zu dem ich gebetet hatte, wachte über mir. Was man die Seele nennt, das ist er, und das nennt man auch den Erdschöpfer. Genau das war es, was ich spürte und was ich sah.

Alle, die wir dort zusammensaßen, hatten einen einzigen Geist oder eine einzige Seele. Zumindest erlebte ich das so. Ich selbst war durch und durch Geist und damit zugleich ihr Geist und ihre Seele. Was immer sie dachten, ich wußte es sofort. Ich brauchte mit ihnen nicht zu sprechen und auf eine Antwort zu warten, um ihre Gedanken zu erfahren. Dann kam mir ein bestimmter Ort in großer Entfernung in den Sinn, und schon befand ich mich dort. Ich war, was ich dachte.

Ich schaute mich um und betrachtete genau, was mich zu umgeben schien, doch sobald ich meine Augen öffnete, war ich wieder ich selbst in meinem Körper. So möchte ich immer leben, dachte ich mir. Genau so lebten die anderen, und ich fing gerade erst an, wie sie zu leben. »Alle, die den Erdschöpfer verehren, empfinden wohl dasselbe«, meinte ich. »Künftig werde ich auf Essen verzichten können«, überlegte ich dann, »war ich nicht ganz und gar Geist?« Mit meinem Körper konnte ich jedenfalls nichts mehr anfangen. »Meine körperlichen Bedürfnisse kann ich nun vergessen«, fand ich.

Mittlerweile hatte die Zeremonie aufgehört, und die Teilnehmer waren ins helle Tageslicht hinausgegangen. Jemand sprach mich an. Ich sagte aber nichts, weil ich dachte, daß sie mich zum Narren halten wollten, weil wir doch alle gleich waren, so daß wir keine Worte mehr auszutauschen brauchten, um uns zu verstehen. Wenn ich daher etwas gefragt wurde, antwortete ich mit einem Lächeln. »Sie wollen mich nur in ein Gespräch verwickeln, um mich auf die Probe zu stellen, ob ich schon ganz zu ihnen gehöre«, dachte ich und reagierte nicht weiter auf ihre Annäherungen. Bis Mittag unterhielt ich mich mit niemandem. [. . .]

Damals habe ich diese Religion in mein Herz geschlossen. Ganz gleich, wo ich mich befinde, ist sie in meinem Denken immer bei mir und wird mich nicht verlassen, solange ich lebe. Sie ist das einzig Heilige, das mir in meinem Leben erschienen ist.

Später besuchte ich jedes Peyote-Treffen, von dem ich hörte. Mein Verlangen richtete sich aber immer noch auf Frauen. »Wenn ich fest verheiratet wäre«, überlegte ich mir, »würde ich vielleicht auf andere Gedanken kommen.« Als verheirateter Mann könnte es mir wohl gelingen, mich ganz der Zeremonie zu widmen.

Eines Tages nahm ich wieder an einem Meeting teil, hatte meine Augen geschlossen und hörte in mich hinein. Plötzlich sah ich etwas. Es war fest verschnürt und an einen langen Strick gefesselt, so daß es sich nur im Kreis bewegen konnte. Dort gab es auch einen Pfad, den es beschreiten wollte, aber es war festgebunden und kam nicht voran.

Vor ihm lag ein verführerischer Weg. An seinen Rändern wuchs kräftiges Rispengras, und viele Sorten der zartesten Blumen verbreiteten beiderseits ein süßes Aroma. In ganz weiter Ferne funkelte ein helles Licht. Dort strahlte eine Stadt in einem Glanz, den man nicht beschreiben kann. In ihrer Mitte sah man eine Wegkreuzung.

Das verschnürte Bündel stürzte immer zu Boden, bevor es diesen Pfad erreichen konnte. Es schien ihm die Kraft zu fehlen, sich loszureißen. In seiner Nähe lag etwas, das ihm die Kraft hätte geben können, seine Fesseln zu sprengen, doch der Strick reichte nicht so weit.

Ich betrachtete dieses unentwirrbar verschnürte Bündel nun

etwas genauer und entdeckte, daß ich es selbst war, der immer nur an Frauen dachte. »Das sind die Fesseln, die mich niederhalten«, wurde mir plötzlich klar. »Wäre ich verheiratet, hätte ich genügend Kraft, den Strick zu zerreißen und den guten Pfad zu beschreiten.« Schließlich fiel das Tageslicht in unser Zelt, und wir beendeten unser Meeting.

Bald danach erinnerte ich mich an einen alten Peyote-Mann, den ich früher kennengelernt hatte und der sich immer sehr freundlich mit mir unterhielt. Ich ging ihn also besuchen. Vielleicht sollte ich ihm erzählen, was ich erlebt hatte. Er freute sich sehr, mich zu sehen. Weil ich zur Mittagszeit gekommen war, fütterte er meine Pferde und lud mich zu Tisch ein. Nach dem Essen berichtete ich ihm von meinem Traum. Er hatte seine Freude daran und bestätigte mir, daß mir etwas ganz Wichtiges an meinem Leben aufgefallen war.

»Nun will ich dir aber verraten, was mein Rat für dich ist«, sagte er zu mir. »Du weißt doch, daß man einem alten Pferd nicht mehr austreiben kann, störrisch zu sein. Auch wenn du es gekauft hättest und bloß umziehen müßtest, würde dir das kaum gelingen. Nach sehr viel harter Arbeit würdest du bestenfalls erreichen, daß es sich an dich gewöhnt. Einem jungen Pferd kannst du dagegen noch alles beibringen, was dir paßt. So ist es mit allem im Leben.«

»Wenn du eine Frau heiratest«, erklärte er mir weiter, »die ihre Männer häufig gewechselt hat, wird es schwer für sie sein, eine Gewohnheit abzulegen, die sie am meisten liebt. Du bist es jedenfalls nicht, den sie liebt. Wenn du sie trotzdem heiratest, steht dir einiges bevor. Wenn du eine feste Beziehung zu einer Frau eingehen willst, laß dir vor allem Zeit. Es gibt eine Menge guter Frauen. Viele gehen jetzt zur Schule und waren noch nie mit einem Mann zusammen. Ich finde, du solltest dir erst einmal einige dieser Frauen ansehen, bevor du ans Heiraten denkst. In den Sommerferien kommen sie nach Hause zurück. Also, schlag dir die Frauen aus dem Kopf, denen du hier begegnest. Warte ab und bete geduldig zum Erdschöpfer. Das wird das beste für dich sein, finde ich.« Sein Rat leuchtete mir ein, und ich dankte ihm dafür. [...]

Der alte Mann sollte tatsächlich recht behalten. Im Sommer kehrten die Internatsschülerinnen nach Hause zurück. Bald darauf fragte mich ein Freund, den ich schon länger kannte, ob ich nicht heiraten wollte. »Ja, das möchte ich«, antwortete ich ihm. »Hör mal«, sagte er weiter, »ich habe mir da etwas überlegt. Denkst du an eine bestimmte Frau, die du heiraten möchtest?« Ich erzählte ihm, was ich im Sinn hatte. Darauf meinte er: »Komm doch einfach zu mir nach Hause mit. Ich habe eine jüngere Schwester und möchte, daß sie einen guten Mann bekommt. Du sollst sie heiraten.« Ich begleitete ihn also nach Hause. Nachdem wir alles besprochen hatten, gab das Mädchen ihre Einwilligung. Auch ihre Eltern waren einverstanden.

So kam es also dazu, daß ich dort eine Ehe eingegangen bin, wie ich sie mir immer gewünscht hatte, denn seither lebe ich nur mit meiner Frau zusammen. Nachdem wir uns näher kennengelernt hatten, erzählte sie mir eines Tages, daß sie früher beschlossen hatte, keinen ganz jungen Mann zu nehmen, wenn sie jemals heiraten würde. »Ich habe einen Partner gesucht, der Peyote nimmt und unserer Religion anhängt«, erklärte sie mir. Ich war also genau der Mann, nach dem sie sich gesehnt hatte. Sie liebte mich, versicherte sie mir, und war glücklich, mit mir verheiratet zu sein. Genau das war ihre Bitte gewesen, die sie in einem Gebet an den Erdschöpfer gerichtet hatte. »Und meine Hoffnung hat sich erfüllt«, vertraute sie mir an. Sie war davon überzeugt, daß es der Wille des Erdschöpfers gewesen war, daß wir heiraten sollten. Sie war deshalb überglücklich, mit mir verheiratet zu sein. [. . .]

Wenn es auch nur wenige Dinge sind, die ich zu Papier gebracht habe, so wollte ich sie doch möglichst genau darstellen. Deshalb habe ich die alten Leute darauf angesprochen, aber sie wollten ihre eigenen Erfahrungen nicht weitergeben. Ich meinte dagegen, daß ich alles aufschreiben sollte, damit unsere Nachkommen nicht irregeleitet werden. [. . .] Vor meiner Bekehrung führte ich ein erbärmliches Leben, doch jetzt bin ich ein glücklicher Mensch, und meine Frau hat ein gesundes Baby zur Welt gebracht. Das ist die Arbeit, die mir aufgetragen war, und sie ist hiermit zu Ende.

Algonkin-Völker des Nordens: die Ojibwa und die Cree

Unermeßliche Wälder erstrecken sich nördlich der Großen Seen bis an den Rand der subarktischen Tundren. Hier leben die Algonkin-Völker der Ojibwa und der Cree mit jeweils über hunderttausend Angehörigen auf den größten Territorien, die in Nordamerika von einzelnen Stämmen kontrolliert wurden. Die Anishinabe, »ursprüngliche Menschen« oder »Ureinwohner«, hatten den Namen »Ojibwa« (auch »Chippewa« geschrieben) nach dem gekräuselten Saum ihrer Mokassins erhalten. In ihrer Lebensweise stimmten sie mit den Cree oder Kenistenoag soweit überein, daß sich häufig Cree-Familien den Ojibwa anschlossen. Von beiden Völkern hatten sich wiederum einige Gruppen getrennt, seit sie mit Pferden auf Bisons Jagd machten.

Während der meisten Zeit des Jahres sind die Wälder des Nordens auch für Indianer undurchdringlich. Sümpfe und Marschen zergliedern das Land, in dem weitläufige Flußsysteme und Seenketten die einzigen Verbindungswege darstellen. Im Sommer belohnt die Natur die Bewohner der Wälder durch ungewöhnlichen Tier- und Pflanzenreichtum. Die geschlossene Schnee- und Eisdecke der langen Wintermonate schlägt zwar Brücken zwischen den Menschen, entzieht ihnen zugleich aber den Zugang zu ihren wichtigsten Nahrungsquellen.

Der großen Ausdehnung der Territorien der Ojibwa und der Cree steht eine Vereinzelung ihrer Wirtschaftseinheiten gegenüber. Der kleinste Baustein der Gesellschaft ist wie in Europa die Kernfamilie aus Vater, Mutter und Kindern, die ein angestammtes Jagdrevier durchstreiften. Nur wenige Wochen im Jahr, zur Reisernte und zur Gewinnung von Ahornsirup, wohnten mehr als fünf Familien am selben Ort zusammen. Allerdings geschah es häufiger, daß Frauen mit ihren Kindern einen selbständigen Haushalt führten und sogar Männerarbeiten wie Kanubau oder Jagd erledigten, obwohl Frauen im allgemeinen keine Vorrechte besaßen und viele Benachteiligungen erleiden mußten. Der Nahrungsüberfluß ermöglichte ihnen aber ein relativ unabhängiges Leben.

Aus Zweigen und Ästen errichteten die Frauen in nur wenigen Stunden ein ovales, kuppelförmiges Gerüst, den »Wigwam«, der mit Streifen aus Birkenrinde gedeckt wurde und auf einer Fläche von vier mal sechs Metern bis zu acht Personen Raum gab. Gelegentlich wurden mehrere Wigwams zu einer einzigen langen Hütte verbunden, in der zum Beispiel Ahornsirup gekocht werden konnte. In einer solchen Großhütte besaß jede Familie ihren eigenen Eingang und ihre eigene Feuerstelle. Bei einem Umzug wurden die ein Meter breiten Bahnen aus Birkenrinde aufgerollt und an den nächsten Lagerplatz getragen.

Bis heute bleibt das Kanu als Verkehrsmittel unentbehrlich, weil es wegen seines geringen Gewichts sogar die Barrieren von Stromschnellen und Sandbänken überwindet. Aus Holz, Birkenrinde und Harz ist es in kurzer Zeit zusammengebaut. Nach der Einführung moderner Materialien haben die zweckmäßigen Konstruktionen des Wigwams und des Kanus weltweite Verbreitung gefunden.

Der Reichtum der Natur begünstigte eine Lebensweise, die nur wenige gemeinsame Wirtschaftsunternehmungen kannte. Die Nahrungsschwemmen zwischen Frühjahr und Herbst und die entbehrungsreichen Wintermonate erzwangen aber das Anlegen von Vorräten. Fleisch und Fisch wurden im Sommer gedörrt und im Winter gefroren aufbewahrt. Im Sommer pflückten Männer und Frauen auf Flächen von mehreren Quadratkilometern Ausdehnung Beeren, die zur Aufbewahrung eingetrocknet wurden. Gruppen von zwei Familien sammelten im Spätsommer den Sirup von dreihundert bis fünfhundert Ahornbäumen und gewannen Zucker daraus. Schließlich ernteten Männer und Frauen im Herbst Wildreis, der getrocknet oder geröstet in Lederbeutel abgefüllt wurde.

Transportprobleme und die gleichmäßige Verteilung der Nahrungsquellen über ein großes Gebiet ließen in alter Zeit keine ausgesprochene Handelswirtschaft entstehen. Persönlicher Besitz war ein Beweis außergewöhnlicher Begabung, nicht aber das Ergebnis planmäßiger Tätigkeit. In diesem Sinne konnte man Träume, Namen, Lieder, Tänze, Ornamente oder besondere Fähigkeiten »besitzen« und »verkaufen«. Erst der europäische Pelzhandel förderte die Aufteilung des Landes in einzelne Jagdreviere und führte zur Ausbeutung des Naturreichtums über den eigenen Bedarf indianischer Familien hinaus.

Wie bei anderen Algonkin-Völkern des Waldlandes bezeichneten sich die Angehörigen mehrerer Männer als Nachfahren desselben Totemtieres. Als Folge einer solchen Totemgruppe wurden die Grenzen der biologischen Familie erweitert, so daß beispielsweise eine Frau und ihre Kinder versorgt waren, wenn ihr Ernährer starb. Sogar Mitglieder verschiedener Stämme fühlten sich durch die gedachte Abstammung vom selben Totemtier miteinander verwandt. Weil der Ehepartner immer aus einem anderen Totem gewählt werden mußte, standen die kleinen Siedlungsgemeinschaften unter dem Zwang, mit entfernteren Gruppen Kontakt aufzunehmen.

Nachdem die Ojibwa und die Cree ihren Einflußbereich über fast dreißig Längengrade ausgedehnt hatten, wandelte sich die Bedeutung der Totemgruppen. Ihre Mitglieder nannten sich zwar immer noch »Bruder« und »Schwester«, aber die Zersplitterung der Gesellschaft in Einzelhaushalte verlagerte den Schwerpunkt auf die Fortpflanzungsfamilie.

Die Grundlage der Ojibwa- und der Cree-Gesellschaft bildeten nun die Interessen des einzelnen, der darüber entschied, welche Mitglieder der weiteren Verwandtschaft als Ehepartner in Frage kamen, so daß man jederzeit einen vertrauten, familiären Umgang mit ihnen pflegen konnte, und wer als »Bruder« oder »Schwester« Anspruch auf größere persönliche Distanz besaß. Als »Bruder« und »Schwester« bezeichnete man nicht nur seine Geschwister und die Mitglieder der eigenen Totemgruppe, sondern auch die Kinder des Vaterbruders und der Mutterschwester, die sogenannten »Parallel-Vettern« und »Parallel-Basen«. Wer in diesem Sinne als »Bruder« oder »Schwester« angesprochen wurde, mußte mit der größten Zurückhaltung behandelt werden, die so weit gehen konnte, daß »Bruder« und »Schwester« niemals in derselben Hütte allein bleiben durften, solange sie unverheiratet waren.

Andererseits brachte man den Kindern der Vaterschwester und des Mutterbruders, den sogenannten »Kreuz-Vettern« und »Kreuz-Basen«, die größte Vertraulichkeit entgegen. Sie galten als mögliche und bevorzugte Ehepartner, auch wenn sie noch

verheiratet waren, und forderten deshalb zu scherzhaften An-
näherungsversuchen heraus. Grundsätzlich kam aber jeder als
Ehepartner in Betracht, sofern er oder sie nicht als »Bruder«
oder »Schwester« nach dem Verständnis der Ojibwa und Cree
ausdrücklich von Heirats- oder Spaßbeziehungen ausgeschlos-
sen waren. Eine Heirat war vollzogen, sobald das Paar längere
Zeit zusammen wohnte. Wenn ein Mann mehrere Frauen heiratete, weil er sie ernähren konnte, bildeten sie keine Großfa-
milie wie bei den Cheyenne und Arapaho, sondern jede Frau
führte einen eigenen Haushalt.

Als größere politische Einheit fühlte sich der Stamm nur
vorübergehend. Trotz mancher Unterschiede in Sprache und
Brauchtum nahmen viele Cree am Leben der Ojibwa teil und
siedelten auf ihrem Land. Streitigkeiten trug die Gemeinschaft
durch Wettbewerbe und Spiele in der Öffentlichkeit aus, konnte sie aber nur selten lösen. Deshalb bestand nicht selten Mißtrauen zwischen den Gruppen, so daß man die Gegenseite sogar der Hexerei verdächtigte oder sich den Wünschen einer
anderen Familie unterwarf, weil man ihre Zauberkräfte fürchtete.

Frauen hatten besonders unter dem sozialen Druck zu leiden, nachdem die Fortpflanzungsfamilie zum Angelpunkt der
Gesellschaft geworden war. Drei Menschen in der besonderen
Situation der indianischen Gesellschaft an der Jahrhundert-
wende zeigen die folgenden drei Autobiographien, die in den
dreißiger Jahren von der amerikanischen Anthropologin Ruth
Landes (geboren 1908) in Kanada gesammelt wurden.

Wie alle Algonkin-Sprachen haben auch das Ojibwa und
das Cree kein Handlungsmodell zur Grundlage ihrer Aussagen. In den Mittelpunkt eines Satzes stellen sie vielmehr Wort-
felder, die ebenso Personen und Sachen wie Eigenschaften
und Vorgänge ausdrücken. Weil sie also nicht zwischen »han-
delndem« Subjekt und »leidendem« Objekt unterscheiden,
kennen sie kein »ich« im europäischen Sinn. Um Mittel und
Möglichkeiten der Algonkin-Sprache zu verdeutlichen, wurden die »Ich«-Erzählungen der drei Frauen in der dritten Person wiedergegeben, was dem sachlichen Charakter des indianischen Satzbaus näherkommt.

Käuzchen (Ojibwa)

Es folgt die Geschichte einer Frau mit dem Namen »Käuzchen« und wie sie ihren Kindern das Leben geschenkt hat. Ihr Ehemann hieß Mahween.

Einst zogen die Indianer im Frühjahr von Ort zu Ort, wie sie das in alter Zeit taten, als Käuzchen ein Kind unter dem Herzen trug und das Einsetzen der Wehen spürte. Also unterbrachen sie ihre Wanderung, räumten den Schnee beiseite, streuten etwas Heu auf den Boden und errichteten eine Hütte aus Zweigen darüber. Hier kam ihr kleines Mädchen zur Welt.

Zwei Tage lang ruhte sie sich aus. Ihre Begleiter waren weitergezogen und hatten sie und ihre Großmutter zurückgelassen. Ihr Ehemann wollte an einer günstigeren Stelle eine Hütte für sie bauen, in der sie noch einmal Kräfte sammeln konnte. Es war März, und die feste Schneedecke bot den Füßen Halt. Nach zwei Tagen konnte sie ihren Weg fortsetzen. Sie befestigte ihre kleinen Schneeschuhe unter ihren Mokassins und folgte den anderen. In jener Nacht kamen sie acht Kilometer voran, weil sie keine Lasten zu tragen hatten.

Als sie ihre Angehörigen einholten, hatte ihr Gatte schon eine Hütte für sie errichtet. Dort wohnte er aber nicht mit ihr zusammen, denn in alter Zeit war es Brauch, daß Wöchnerinnen genauso gemieden wurden wie Mädchen, die ihre Tage hatten. Ihre Großmutter kümmerte sich auch jetzt um sie und ihr Baby.

Am nächsten Tag erlegte Mahween einen Elch, so daß sie etwas länger am selben Ort bleiben konnten. Ihre Schwiegermutter kochte für die ganze Familie. Käuzchen hatte eine Schachtel mit getrockneten Blaubeeren und etwas Wildreis aufbewahrt, so daß ihre Schwiegermutter mit dem Elchfleisch ein Festessen bereiten konnte, wie es gewöhnlich nach einer Geburt für das Neugeborene gegeben wird. Ungefähr fünf Familien wanderten mit ihnen zusammen. Alle wurden zum Essen eingeladen, nur

Käuzchen durfte nicht daran teilnehmen, weil sie die Gastgeberin war. Dann wurde ein Tag festgesetzt, an dem ihr Baby bei einem weiteren Fest seinen Namen erhalten sollte.

Bald setzten sie ihre Wanderung fort und gelangten an das Ufer der Seen, die sie in jedem Sommer aufsuchten. Als sie das Wäldchen erreicht hatten, wo sie Ahornzucker bereiten wollten, gaben sie das nächste Fest für ihr Baby. Sie baten eine alte Frau, ihrem Kind einen Namen zu geben. Die alte Frau, Käuzchens Großmutter, nannte es »Podo«. Nach ein paar Tagen träumte ihr Schwiegervater, daß es für ihr Kind besser sei, außerdem noch einen Namen aus der Geisterwelt zu tragen. Deshalb bat Käuzchen ihren Mann, daß er ihrem Schwiegervater etwas Tabak schenken sollte, damit er sich für das kleine Mädchen Gedanken machte. So erhielt Podo seinen zweiten Namen. Sie hieß nun auch »Kolibri«. Die anderen Familien hielten sich in der Nähe auf, um Ahornzucker zu bereiten.

Als ihre Arbeit getan war, zogen sie in ihr großes Sommerlager weiter, wo sie mit vielen anderen die Zeit der Blaubeerernte abwarteten. Jedes Jahr trafen sich hier alle Indianer und besuchten Gesellschaftstänze, die religiöse Mide-Zeremonie, Wettkämpfe wie Lacrosse und Hockey und zahllose andere Vergnügungen. Käuzchen nahm an keiner dieser Veranstaltungen teil, sondern arbeitete zu Hause und kümmerte sich um ihr Baby. Bald kam ihr Mann abends nicht mehr zurück und ließ sich erst am nächsten Morgen wieder blicken. Er sprach kaum noch mit ihr, und sie fragte ihn nicht, wo er seine Nächte verbrachte.

Nach etwa drei Wochen verließen die ersten Familien das große Sommerlager. Wie an jedem Morgen stand Käuzchen mit dem ersten Tageslicht auf. Ihr Mann war noch nicht zurückgekommen. Sie schnürte ihr Baby von seiner Tragwiege los und stillte es im Sitzen, als sie hörte, daß jemand hereinkam. Es war ihr Mann. Er betrat die Hütte und legte sich auf sein Bett. Nach einer Weile stand er auf und setzte sich neben sie. Er küßte das Baby und sagte zu ihr: »Paß gut auf unser kleines Mädchen auf!« Sie antwortete ihm nicht, fragte sich aber, wie er das meinte. Sie legte sich neben ihr Kind und wiegte es in den Schlaf. Ihr Mann warf ihr zwei Geldscheine hin und verließ sie mit seiner Decke, seinem

»Sie wiegte ihr Kind in den Schlaf.«

Gewehr und seinem Pack. Sie sagte kein Wort. Natürlich wußte sie ganz genau, daß er hinter einem anderen Mädchen her war. An diesem Tag zogen die anderen Indianer weiter. Nur ein paar blieben zurück. Mahween war nicht dabei.

Es dauerte nicht lange, bis ein junger Mann Käuzchens Kanu zurückbrachte und ihr ausrichtete, daß Mahween wieder geheiratet hätte. Sie schämte sich und beschloß, nicht mehr im Lager ihrer Schwiegereltern zu bleiben, sondern zu ihren eigenen Eltern zurückzukehren. Mit ihrer Großmutter machte sie sich reisefertig.

Beim Abschied beklagte sich ihre Schwiegermutter: »Ich mag es gar nicht, daß du unser Enkelkind mitnimmst!« Käuzchen antwortete ihr aber: »Wozu soll ich denn noch hierbleiben? Mein Mann will mich nicht mehr; ich nehme euch mein Baby also nicht fort, sondern bringe es euch, wann immer ihr es sehen wollt. Ich wohne doch nicht weit von hier . . . Ihr könnt die Kleine jederzeit besuchen kommen. Ich möchte nur nicht hierbleiben. Ich gehe zu meinen Eltern, weil ich sie lange nicht mehr gesehen habe.«

Nach diesen Worten machte sie sich zum Lager ihrer Eltern auf. Schon bald wurde sie von ihren Schwiegereltern besucht, die ihrem Enkelkind eine Decke und andere Sachen schenkten. Die beiden alten Leute erzählten ihr, daß sie bei Mahween gewesen waren und ihn gebeten hatten, zu seiner Frau zurückzukehren. Doch er hatte das abgelehnt, weil ihm Käuzchen nichts mehr bedeutete, seit er eine Frau liebte, die große Ohrringe trug. Trotzdem hatte er seine Eltern gebeten, sein kleines Mädchen möglichst oft zu besuchen. Käuzchen störte das nicht, denn ihre Eltern sorgten sehr gut für sie, und ansonsten hatte sie ihre Ruhe.

Vier Jahre lang verzichtete Käuzchen auf Vergnügungen. Ihre Eltern zogen jeden Sommer an den Leech-See in Minnesota, wo sich alle Indianer in einem großen Lager zu Stammestänzen und zur Mide-Zeremonie einfanden. Doch Käuzchen begleitete sie nie. Statt dessen leistete sie ihrer Großmutter und einigen alten Frauen Gesellschaft. Ihre Eltern hielten sich fast drei Wochen am Leech-See auf und hatten bei ihrer Rückkehr viele Neuigkeiten zu berichten.

Auf diesem Wege erfuhr Käuzchen von ihren Eltern, daß

Mahween zwei Kinder bekommen hatte, die beide schon bald wieder gestorben waren. Auch ihr drittes Kind lag nun im Sterben. Ihre Schwiegereltern besuchten ihr Enkelkind Podo nicht mehr, weil sie Käuzchen die Schuld am Tod all dieser Kinder gaben. Doch davon wußte Käuzchen nichts.

Im Frühjahr, als ihr kleines Mädchen vier Jahre alt wurde, starb ihre Großmutter, so daß sie während des Sommerlagers niemanden hatte, mit dem sie ihre Zeit verbringen konnte. Deshalb begleitete sie diesmal ihre Eltern zum Indianerfest am Leech-See, obwohl sie eigentlich nicht viel davon hielt.

Vor ihrem Eintreffen waren alle Indianer dort bereits zusammengekommen. Auch die Familie ihres Mannes hatte ihre Zelte längst aufgeschlagen. Doch das war ihr egal. Einmal begegnete sie sogar der neuen Frau ihres Mannes. Sie sah krank aus, nur noch Haut und Knochen, weil sie an Schwindsucht erkrankt war. Sie starrte Käuzchen wortlos an. Käuzchen war nicht viel unterwegs, weil sie sich nicht darum kümmerte, was im Lager vor sich ging. Auch die Mide-Zeremonie besuchte sie nicht, weil die kranke Frau ihres Mannes daran teilnahm, um gesund zu werden.

Als sie eines Tages mit Hausarbeiten beschäftigt war, sah sie, wie plötzlich eine Hand nach ihrer Tochter griff und sie fortzerrte. Sofort sprang sie auf die Beine und erkannte – ihren Mann! Sie rannte ihm hinterher und erreichte ihn gerade noch, bevor er die Hütte seiner kranken Frau betreten konnte. Sie packte ihre Kleine und schrie ihn an: »Wer hat dir erlaubt, mein Mädchen fortzuholen?« Mahween antwortete: »Niemand. Ich habe sie hergebracht, damit meine Frau sie kennenlernen kann, und ich möchte sie auch einmal sehen.« »Was willst du mit ihr anstellen?« fragte sie weiter. »Du hast deine Tochter verlassen, weil du eine andere Frau heiraten wolltest. Deshalb möchte ich, daß du sie jetzt in Ruhe läßt!« Danach brachte sie ihr Mädchen in die Hütte ihrer Eltern zurück.

Doch nun kam Mahween jede Nacht und belästigte sie. Er wurde zudringlich, wollte sich zu ihr legen oder ihr kleines Mädchen mitnehmen. Sie bekam große Angst und erzählte ihrem Vater davon, aber er konnte ihr nicht helfen. Sie hatte eine Tante, deren Mann gestorben war, und die flehte sie um Hilfe an: »Laß uns von hier fortgehen! Ich möchte nicht länger hierbleiben, weil Mahween mich quält und mir mein kleines Mädchen wegnehmen will.«

Ihre Tante wollte ihr beistehen und sprach deshalb mit ihren Eltern, um sich für später mit ihnen zu verabreden, weil sie noch Fische fangen und dörren wollten. In derselben Nacht ruderte Käuzchen mit ihrer Tante und ihrer Tochter zu einer Insel im See. Außer ihren Eltern wußte niemand, wohin sie geflohen waren. Sie lebten einige Zeit allein auf der Insel, bis ihre Eltern sie besuchen kamen. Da erzählten sie ihr, daß sich der Zustand von Mahweens Frau weiter verschlechtert hatte, so daß sie wohl kaum noch gesund werden würde. Mitten im Winter trafen sie einige Männer, von denen sie erfuhren, daß Mahweens Frau gestorben war. Käuzchen hörte das gar nicht gern, weil sie fürchtete, daß ihr einstiger Mann ihr nun wieder zusetzen würde.

Zur Zeit der Zuckerbereitung zogen sie in das Ahornwäldchen und begannen mit ihrer Arbeit. Eines Tages wollte Käuzchen nach dem Zuckerwasser sehen, als sie merkte, daß Mahween ihr gefolgt war. Wieder wollte er sie bedrängen, doch sie hob einen Stock vom Boden auf und setzte sich zur Wehr. Sie ließ überhaupt keinen Zweifel daran, daß er ihr nicht zu nahe kommen sollte. Es sei genug, sagte sie, daß er bereits eine Frau auf dem Gewissen habe. Schließlich konnte sie sich befreien und rannte fort.

Nachdem sie abends zu Bett gegangen war, versuchte es Mahween von neuem. Sie wehrte sich mit allen Kräften und beschwor ihn, endlich von ihr abzulassen. Er belog sie und behauptete, daß er gar nichts von ihr wolle. Er sei nur gekommen, um seine Tochter zu sehen. »Warum störst du uns dann in der Nacht?« fragte sie zurück. »Wenn du sie sehen willst, mußt du warten, bis es hell geworden ist!« Schließlich gab er auf.

Am nächsten Tag zog ihr Vater sie ins Vertrauen: »Wenn du Mahween los sein willst, wird es das beste für dich sein, einen anderen Mann zu heiraten. Nur so kannst du ihn davon abhalten, daß er dir weiter nachstellt.« Sie hörte auf den Rat ihres Vaters und folgte einem anderen in sein Lager.

Es dauerte aber nicht lange, bis auch ihr neuer Ehemann

gemein zu ihr wurde. Er schlug sie und ihre Tochter. Er warf das kleine Mädchen sogar aus der Hütte und verbot ihr, etwas zu essen. Seiner Frau erlaubte er nicht einmal, ein schönes Kleid anzuziehen, weil er eifersüchtig war.

Im nächsten Frühjahr, lange bevor man zur Zuckerbereitung wieder zusammenkam, erfuhr sie, daß ihr Vater sehr krank geworden war. Sie machte sich deshalb große Sorgen um ihn. Eines Morgens war ihr Mann fortgegangen, nachdem er sie geschlagen und Podo herumgestoßen hatte. Er würde in einer Woche zurücksein, hatte er ihr gesagt und sie bei einigen alten Leuten zurückgelassen, mit denen sie ihr Lager teilten. Sie wollte aber nicht mehr auf ihn warten, weil es ihr weh getan hatte, als er ihre Tochter ausschimpfte. Deshalb ging sie zu den alten Leuten und bat sie, ihr ein Paar alte Schneeschuhe und einen Schlitten zu schenken. Das taten sie gerne und verrieten sie auch nicht, weil sie wußten, daß sie von ihrem Gatten mißhandelt wurde.

Noch am selben Tag brach sie zum Leech-See auf. Sie wanderte den ganzen Tag bis spät in die Nacht hinein. An dem Ort, wo die alten Schuppen standen, traf sie niemanden an. Deshalb lief sie zum Begräbnisplatz hinüber, doch es war kein frisches Grab zu sehen. Da wußte sie, daß ihr Vater noch lebte. Sie ging in den Schuppen ihres Vaters und schlief erschöpft ein.

Am nächsten Morgen suchte sie weiter nach ihren Eltern und folgte ihrer Spur, bis sie gegen Mittag ein Lager erreichte, wo man Zucker bereitete. Viele Hütten standen dort. Verstohlen blickte sie sich um, bis sie das Heim ihrer Eltern fand. Sie ging hinein, doch es war niemand zu Hause. Ihr kleines Mädchen war sehr müde. Deshalb legte sie es dort schlafen, während sie nach ihren Eltern suchte. Sie hörte, daß in der Nähe Holz gehackt wurde, und folgte dem Geräusch, um nachzusehen. Es war ihre Mutter! Sie kam ihr sogar entgegengelaufen, um sie zu begrüßen, so sehr freute sie sich, ihre Tochter wiederzusehen! Dann stieß sie einen lauten Ruf aus, den ihr Mann im Wald hören konnte, damit er schnell nach Hause kam.

Käuzchens Mutter erkundigte sich nach dem genauen Grund ihrer Heimkehr: »Wir haben schon gehört, daß du oft von deinem Mann geschlagen wirst.« »Ja, ich werde furchtbar schlecht behandelt«, antwortete Käuzchen. »Deshalb komme ich nach Hause zurück. Es war doch der Wunsch meines Vaters, daß ich noch einmal heiraten sollte.«

Sie blieb nun bei ihren Eltern und half ihnen, Ahornzucker zu gewinnen. Da erfuhr sie, daß ihr Ehemann krank gewesen war. Nach seiner Rückkehr hatte er sich mit einigen Männern betrunken, bis sie in Streit gerieten. Jemand stach ihm zuletzt ein Taschenmesser zwischen die Rippen. Einen Monat dauerte seine Qual, bis er starb. Man hatte Käuzchen nicht benachrichtigen können, daß ihr Mann todkrank war, weil das Eis der Seen taute. Auch nachdem sie von seinem Tod erfahren hatte, kehrte sie nicht mehr zurück. Da merkte sie, daß sie ein Kind erwartete, obwohl sie seither mit keinem Mann zusammen gewesen war, denn es lebten kaum mehr als fünf Familien in ihrer Nähe.

Zur Zeit der Erdbeerernte nahm Käuzchen ihr kleines Mädchen zum Pflücken in die Felder mit, denn Podo war mittlerweile sechs Jahre alt. Ihre Eltern machten gerade eine längere Wanderung, als Käuzchen eines Tages beim Beerenpflücken Schmerzen bekam. Sie wußte, daß es nun soweit war, ihr Baby zur Welt zu bringen, und beeilte sich, das Lager ihrer Eltern zu erreichen, doch es war schon zu spät. So wurde ihre zweite Tochter geboren. Sie war ganz allein, nur Podo spielte in ihrer Nähe. Als alles überstanden war, erhob sie sich, nahm ihr Baby und wickelte es in ihr altes Kleid, während Podo die Erdbeeren nach Hause trug.

Käuzchens Eltern waren von ihrer Tour noch nicht zurückgekehrt, so daß sie ohne ihre Hilfe eine Wöchnerinnenhütte für sich bauen mußte. Als ihre Eltern schließlich nach Hause kamen, waren sie um ihre Tochter sehr besorgt und holten sie in ihre Hütte, doch Käuzchen wurde bald gesund. Ihre zweite Tochter erhielt den Namen »Stehende Frau« oder Sheena. Käuzchen pflückte Blaubeeren, erntete Reis, legte Vorräte für den Winter an und verbrachte die Zeit im Kreis ihrer Familie.

Etwa ein Jahr danach starb ihr Vater. Nun wohnte sie mit ihrer Mutter zusammen und kümmerte sich nicht mehr um Männer. Als ihr jüngstes Kind ungefähr drei Jahre alt war, kam ihr Bruder mit einigen Freunden zu Besuch. Er hatte eine Frau vom Rainy-Fluß geheiratet und war zu ihr gezogen. In seiner Begleitung

Trockenes Moos für die Kinderwiege

befand sich ein Mann, in den sich Käuzchen vom ersten Augenblick an verliebte. Sein Name war Bahsheeta.

Als die Besucher ihren Heimweg antraten, ließ Käuzchen ihre Töchter einfach bei ihrer Mutter, folgte Bahsheeta zum Rainy-Fluß und heiratete ihn dort. Fast einen Monat blieb sie von zu Hause fort, dann kam sie mit Bahsheeta zurück und holte ihre Töchter und ihre Mutter nach.

Bahsheeta war verwitwet und hatte selbst zwei Kinder, einen Jungen und ein Mädchen. Er liebte ihre Kinder, und Käuzchen mochte seine, weil sie ihn liebhatte. Sie liebte ihn unsterblich, denn er hielt sie mit einem Liebeszauber gefangen, deshalb war sie ihm blindlings gefolgt und hatte sogar ihre Töchter im Stich gelassen.

Seither lebte sie im Reservat von Little Forks und bekam sechs Jungen von diesem Mann. Mit den anderen vier waren also zehn Kinder in ihrer Familie. [. . .] Sie brachte ihren Nachwuchs immer allein zur Welt und versorgte sich selber. Auch nach vielen Jahren wurde sie niemals krank. Nach jeder Entbindung konnte sie mühelos aufstehen und umherlaufen. Es fiel ihr leicht, Kinder zu gebären, weil ihr eine Stute als Schutzgeist erschienen war. Käuzchens Mutter erreichte ein hohes Alter, bis sie schließlich erblindete. Dann mußte sie ihre Mutter immer an der Hand führen, wenn sie nach draußen wollte, bis die alte Frau schließlich starb. Käuzchen hatte noch eine Schwester, mit der sie zusammenlebte.

Eines Tages, als sie im Reservat von Little Forks lebte, arbeitete sie in den Feldern vor sich hin, als sie einen Mann des Weges kommen sah, der einen Schnurrbart trug. Vor Schreck schrie sie laut auf: »Zu Hilfe, ihr Frauen! Da kommt ein Waldgeist!« Doch ihre Begleiterinnen lachten sie nur aus, denn es war ein Amerikaner, der erste weiße Mann, dem sie begegnete. Danach fand sie nichts Besonderes mehr am Anblick der Weißen.

Als ihre älteste Tochter Podo ins heiratsfähige Alter gekommen war, machten einige Weiße ihr einen Heiratsantrag. Weil ihre Eltern sie aber nicht hergeben wollten, wurden sie wütend und wollten das junge Mädchen und ihre Mutter mit Gewalt nehmen. Sie begannen eine Schießerei, bei der Bahsheeta in den Arm getroffen wurde. Er warf sich zu Boden und stellte sich tot. Das erschreckte die Weißen so sehr, daß sie fortrannten, worauf Bahsheeta wieder aufstehen konnte.

Bald darauf gab Käuzchen ihre Tochter einem Indianer zur Frau, weil sie Angst hatte, daß die Weißen Podo etwas antun könnten, wenn sie noch länger unverheiratet bliebe. Die Tochter ihres Mannes war nun ebenfalls erwachsen und heiratete einen Mann von der Mündung des Rainy-Flusses. Auch ihre anderen Kinder wuchsen heran und heirateten. So erreichten sie ein hohes Alter. Das ist alles.

Josie (Ojibwa)

Es folgt die Geschichte einer Ojibwa-Frau namens Josie. Bevor sie zur Frau geworden war, hatten ihre Eltern mit einigen alten Leuten, die einen Sohn hatten, eine Abmachung getroffen. Beide Familien waren miteinander befreundet und beschlossen, daß ihre Kinder heiraten sollten, sobald sie ein entsprechendes Alter erreicht hatten.

Josie wuchs zur Frau heran und fand, daß sie den jungen Mann, der für sie vorgesehen war, nicht besonders mochte. Sein Name war »Feder«. Auch der junge Mann war nicht gerade verrückt nach ihr, obwohl das junge Mädchen nett anzusehen war und einiges Geschick bei allen Arbeiten zeigte, die Indianerfrauen erledigen müssen. Ihre Eltern fürchteten die Zauberkräfte der Eltern des jungen Mannes. Als sie gebeten wurden, Josie ihrem Sohn zur Frau zu geben, weil sie immer fleißig arbeitete und ein ruhiges Wesen besaß, mußten sie daher ihren Heiratsantrag annehmen. Es gab aber noch einen anderen jungen Mann, der sich sehr um Josie bemüht hatte, und auch ihr war er nicht ganz gleichgültig geblieben.

Drei Jahre lang konnte es Josie verhindern, mit dem Mann zusammenzuziehen, den ihre Eltern als ihren Ehemann ausgesucht hatten. Statt dessen traf sie sich heimlich mit ihrem Geliebten, der »Kleiner Luchs« hieß. Oft bat er sie, seine Frau zu werden, doch sie mußte ihn abweisen, weil sie Feder schon versprochen war. Sie wollte ihren Eltern keinen Ärger bereiten.

Drei Jahre lang wartete Feder auf sie. Als sich alle Indianer im Sommer in einem großen Lager versammelten, errichteten ihre Eltern eine Hütte für Josie und Feder, in der sie zusammen wohnen sollten. Josie konnte sich nun nicht mehr dagegen wehren, denn sie war jetzt mit Feder fest verheiratet. Ihre Eltern schenkten ihnen Decken, ein Kanu und andere nützliche Sachen.

Sie war ganz unglücklich und sprach kein Wort mit ihrem

Gatten. Er verlangte aber keine Liebe von ihr. Beide schämten sich voreinander, weil sie sich noch fremd waren. Gelegentlich schickten seine Eltern beide auf eine Wanderung und hofften, daß sie sich dann näher kennenlernen würden. Doch die gemeinsamen Ausflüge vermehrten nur die Scheu, die sie voreinander empfanden. Wenn sie draußen eine Mahlzeit bereitete, nahm ihr Mann seinen Teller und suchte einen Platz in einiger Entfernung von ihr auf. Auch sie aß dann allein. Schließlich kehrten sie unverrichteter Dinge wieder heim. Erst nach geraumer Zeit wurden sie miteinander vertraut. Selbst dann nahm Feder Rücksicht auf ihre Gefühle. Er war stets ein guter Ehemann, und sie bemühte sich, seine Erwartungen nicht zu enttäuschen.

Kleiner Luchs war sehr traurig, als Josie den anderen Mann heiratete. Jetzt durfte er sich nicht mehr mit ihr treffen. Im nächsten Sommer nahm auch er sich eine Frau, doch er konnte Josie nicht vergessen. Natürlich wußte sie nichts davon und bemühte sich, dem Mann, den ihre Eltern für sie bestimmt hatten, eine treue Gattin zu sein. So vergingen fünf gemeinsame Jahre. Ihr Gemahl kam immer erfolgreich von der Jagd zurück, weshalb sie seinen Unternehmungen keine besondere Aufmerksamkeit schenkte. Jedesmal brachte er viele Geschenke mit. Es fehlte ihr nie an Kleidung, und sie hatte immer reichlich zu essen. Auch ihre Schwiegereltern und ihre Schwägerinnen behandelten sie zuvorkommend.

Nachdem sie fünf Jahre zusammen gelebt hatten, trat ihr Mann eines Tages wieder eine Reise an. Er hatte ihr gesagt, daß er Fallen stellen und eine Arbeit aufnehmen wollte und ihr Geld schicken würde. Mehrere Monate wartete sie auf Nachricht, doch sie erfuhr nichts mehr von ihm. Ein ganzer Winter ging ins Land, und sie hatte immer noch kein Lebenszeichen erhalten, seit er zur Blaubeerernte fortgegangen war. Da hörte sie, wie ihre Schwiegermutter und ihre Schwägerin sich erzählten, daß Feder Kinder haben wollte und Josie verlassen hatte, weil sie keinen Nachwuchs bekam.

Sie kümmerte sich nicht um das Gerede. Allmählich merkte sie jedoch, daß die Familie ihres Mannes ihr nicht mehr so viel Aufmerksamkeit wie früher entgegenbrachte; man unterhielt sich kaum noch mit ihr. Deshalb kehrte sie zu ihren Eltern zurück. Als die Blaubeeren herangereift waren, zog sie mit ihrer Familie in das Lager, in dem sich alle Indianer zur Erntezeit versammelten. Den ganzen Tag lang pflückte sie Beeren. Was sie aus dem Verkauf einnahm, gab sie für Kleiderstoff aus.

Als sie eines Tages beim Beerenpflücken allein war, merkte sie, daß ein Mann in ihre Nähe geschlichen kam, und erkannte Kleiner Luchs. Er hielt sich verborgen und sprach sie aus einiger Entfernung an: »Du bist also wieder allein! Ich wünschte, ich wäre jetzt noch ledig. Damals wollte ich dich furchtbar gern zur Frau und wäre sehr stolz auf dich gewesen!« Sie lächelte ihm zu und meinte: »Na ja, das war nicht mein Fehler. Unsere Eltern wollten, daß mein Gatte und ich heirateten.« Kleiner Luchs fuhr fort: »Weißt du, was deinen Mann in der Ferne hält?« »Nein«, antwortete sie, »das weiß ich nicht.« »Um die Wahrheit zu sagen«, erklärte er zögernd, »dein Mann hat eine andere Frau geheiratet. Ich erlaube mir bestimmt keinen Spaß mit dir. Glaubst du mir?« »Ja«, versicherte sie ihm, »man wird es kaum noch abstreiten können, daß er mich verlassen hat, aber es stört mich auch nicht. Ich wußte, daß ich ihm ziemlich gleichgültig war, so daß er es nicht wirklich ernst mit mir meinte.« »Ja . . .«, Kleiner Luchs dachte lange nach, bevor er weitersprach: »Die Leute, denen er sich angeschlossen hat, kommen zum Blaubeerensammeln hierher, und er wird bei der Familie seiner Frau wohnen. Du wirst ihm also bald begegnen.« Darauf sagte sie nichts, und Kleiner Luchs ging seiner Wege.

Gegen Abend kehrte sie nach Hause zurück. Sie war sehr bedrückt, sprach aber mit niemandem darüber. Am liebsten wäre sie fortgelaufen, denn sie mochte nicht ansehen, wie ihr Gatte eine andere Frau heimführte. Sie schämte sich vor der Begegnung mit ihrem Mann und seiner Ehefrau.

Als ihre Mutter sie fragte, warum sie so betrübt war, antwortete sie, daß nun endgültig feststehe, daß ihr Mann wieder geheiratet hatte. »Ihr seid schuld«, beklagte sie sich, »daß mir eine solche Schande angetan wird. Wenn ich damals eure Bitte nicht erfüllt hätte, wäre ich jetzt mit einem anderen Mann glücklich, der sich richtig um mich kümmern wollte!« »Ja, das war unser Fehler«,

»Josie kehrte zu ihren Eltern zurück.«

gaben ihre Eltern zu, »weil wir uns Sorgen um dich machten. Wir fürchteten die Zauberkräfte der Eltern dieses Mannes und wollten dich vor Schaden bewahren, deshalb haben wir ihren Heiratsantrag nicht zurückgewiesen, obwohl wir dir noch Zeit lassen wollten.« Da rief Josie aus: »Ich kann nicht länger hierbleiben, wenn mir so viel Schande angetan wird. Am liebsten wäre ich tot!« »Nimm es nicht so schwer«, trösteten ihre Eltern sie. »Du mußt uns zuliebe deinen Schmerz vergessen lernen. Du bist noch jung, und es wäre feige, dein Leben einfach fortzuwerfen.« Sie gab ihnen keine Antwort, und es wurde kein Wort mehr darüber gesprochen.

Als sie nach drei oder vier Tagen vom Beerensammeln zurückkam, bemerkte sie, daß weitere Familien im Lager eingetroffen waren, und ahnte, daß es die Leute waren, von denen Kleiner Luchs ihr erzählt hatte. Sie ging nach Hause und wartete ab. Inzwischen errichteten die Neuankömmlinge ihre Hütten. Während sie ihnen dabei zuschaute, fiel ihr in der Nähe der Hütte ihrer Schwiegereltern ein Mann auf, der ein feines weißes Hemd, rote Armbänder und ein rotes Halstuch trug. Neben ihm stand eine Frau, der man ansah, daß sie bald ein Kind erwartete. Josie wußte sofort, daß es Feder mit seiner neuen Frau war. Josie zwang sich, gleichgültig zu bleiben, schämte sich aber sehr. Deshalb blieb sie zu Hause und wollte niemanden sprechen.

Nach ein paar Tagen suchte sie ihre Kleider zusammen und ging zum Waschen an den See. Als sie schon eine Weile damit beschäftigt war, sah sie, wie ein Mann in seinem Kanu auf sie zusteuerte. Sie schenkte ihm zunächst keine Aufmerksamkeit, bis sie merkte, daß er ganz in ihrer Nähe an Land ging. Er ließ sein Paddel geräuschvoll ins Kanu fallen, doch sie blickte nicht auf. Als er das Paddel ein weiteres Mal aus der Hand fallen ließ, hob sie ihren Kopf. Es war ihr Mann. Als er sah, daß sie ihn erkannt hatte, redete er sie mit ihrem Namen an: »Hier bist du also, Josie!« Und sie antwortete ihm sogleich: »Ja, hier bin ich! Und wo bist du die ganze Zeit gewesen? Du sagtest doch, du wolltest nur arbeiten und Fallen stellen gehen!« Er wich ihrer Frage aus: »Warum heiratest du nicht einfach wieder, weil ich dich nicht mehr mag? Ich habe jetzt eine andere Frau, und sie bekommt ein Kind von mir. Deshalb versuche bitte nicht, mich irgendwo allein zu treffen.« »Es kümmert mich überhaupt nicht, ob du verheiratet bist oder nicht«, antwortete sie darauf. »Wie heißt denn deine Ehefrau?« »Josie heißt meine richtige Frau«, antwortete er spöttisch.

Wütend sprang sie auf und rannte auf ihn zu, packte sein Paddel und wollte ihn damit verprügeln, als sie die vielen Enten bemerkte, die im Kanu lagen. Sie ließ das Paddel fallen und sagte zu ihm: »Fast hätte ich das gute Paddel auf deinem alten Schädel zertrümmert; das will ich nicht. Statt dessen nehme ich mir ein paar von diesen Enten«, und damit suchte sie sich die größten heraus. Sie brachte sie zu ihrer Waschstelle, und Feder schleppte den Rest der Beute nach Hause.

Es waren nur die kleinen Enten übriggeblieben, doch davon konnte seine Frau nichts wissen. Aber einige Kinder hatten in der Nähe gespielt und die stattlichen Tiere betrachtet, die neben Josie am Ufer lagen, während sie Wäsche wusch. Sie erzählten ihrer Mutter davon, die sich aus Neugier den Fang ansehen kam. »Oh!« rief sie aus, »ich wußte nicht, daß du hier wäschst. Ich wollte nur etwas Wasser holen.« »Ja«, antwortete Josie, »hier waschen alle, aber Wasser holt man von dort drüben.« Darauf ging die Frau wieder fort und gleich zu Feders Hütte, um seiner Frau von den Enten zu erzählen, die sie in Josies Besitz gesehen hatte. Natürlich führte das sofort zum Streit zwischen der Frau und ihrem Mann, weil sie ein Recht auf seine Jagdbeute hatte.

Nachdem Josie Wäsche gewaschen hatte, putzte sie das Geflügel. Als sie damit fertig war, kam eine alte Frau auf sie zu. Es war ihre Schwiegermutter. Josie ahnte, was folgen würde, und versteckte die Tiere. »Ich komme wegen der Enten«, sagte die alte Frau. »Meine Schwiegertochter streitet deswegen mit meinem Sohn. Sie behauptet, daß er sie dir geschenkt hat, wie sie von der Frau gehört hat, die hier gewesen ist.« »Nein, du kannst die Enten nicht mitnehmen«, sagte Josie. »Sie muß sich schon selbst darum bemühen. Wenn sie herkommt, will ich sie ihr geben.«

Mit dieser Antwort mußte sich die alte Frau begnügen und ohne Enten umkehren. Josie wartete noch eine Weile am Seeufer. Als ihre Rivalin jedoch nicht kam, nahm sie ihre Sachen und machte sich auf den Heimweg. Sie trug ihre Beute so offensichtlich zur

Schau, daß jeder sie sehen konnte. Sie fürchtete niemanden und wollte nur die Frau verspotten, die ihr den Gatten weggenommen hatte. Obwohl sie ihrem Mann keine Träne nachweinte, fühlte sie sich von ihm gedemütigt. Als sie in ihrer Hütte angelangt war, bereitete sie die Enten zu und teilte das Festessen mit ihrer Familie. Ihre Eltern fragten sie nicht, von wem sie die Tiere bekommen hatte, weil sie die ganze Geschichte schon von der Frau erfahren hatten, die als erste zu ihr ans Ufer gekommen war.

Jeden Tag sammelte Josie Beeren und verdiente einiges Geld damit. Sie kleidete sich gut und war hübsch anzusehen. Mit dem Ende der Blaubeerernte gingen die Indianer wieder auseinander, und sie zog mit ihren Eltern fort. Sie paddelten einen ganzen Tag lang, übernachteten und wanderten einen weiteren Tag mit einigen anderen Leuten zusammen.

Als sie an diesem Abend ihr Lager aufgeschlagen hatten und alle zur Ruhe gegangen waren, legte sich auch Josie zu Bett. Plötzlich wurde sie von jemandem wachgerüttelt. Es war so dunkel, daß sie nicht sehen konnte, wer es war, als er ihr zuflüsterte: »Josie, läßt du mich mit dir schlafen?« Jetzt erkannte sie seine Stimme – es war Feder, aber sie tat so, als ob sie ihn nicht kennen würde, und antwortete ihm: »Nein, ich will dich nicht hier schlafen lassen. Du mußt dir schon einen anderen Platz suchen. Du mußt dich ja nicht gerade hier hinlegen.« »Mach dich nicht lustig über mich«, flehte er sie an. »Es ist schlimm genug, daß ich dir so weit hinterherreisen mußte.« »Warum stellst du mir auch nach?« fragte sie zurück. »Ich mache mir nichts mehr aus dir. Warum belästigst du also nicht deine Frau, die ein Kind von dir erwartet? Ich habe nichts, weshalb es sich lohnen würde, mir nachzulaufen, nichts, worauf du stolz sein könntest. Geh nach Hause zu deiner Frau, die ein Kind von dir hat. Ich komme ohne dich genauso gut zurecht. Es war ja nicht unser Wille zu heiraten; deine Eltern haben uns zusammengebracht. Deshalb kannst du getrost nach Hause gehen und mich nun in Ruhe lassen. Deine Enten habe ich mir damals schenken lassen, weil ich eifersüchtig war. Ich wollte deine Frau ärgern, mehr nicht. Mir ist schon seit langem bekannt, daß ich deinen Eltern völlig gleichgültig bin, weil ich kein Kind von dir bekommen habe.«

»Nein«, protestierte Feder. »Ich gehe nicht zurück. Ich bleibe hier, weil mir meine Frau nicht verzeihen kann. Seit du mir damals die Enten abgenommen hast, ist sie eifersüchtig auf dich, deshalb streitet sie ständig mit mir.« »Ich will dich nicht sehen!« war ihre Antwort. »Ich will, daß du tust, was sich gehört, und zu deiner Frau und zu deinem ungeborenen Kind zurückgehst.«

Aber Feder ließ sich nicht abweisen. »So bist du immer zu mir gewesen«, beklagte er sich. »Nie hast du dich um mich gekümmert, und deshalb bin ich zu einer anderen Frau gegangen, um von ihr zu bekommen, was jeder Mann bei seiner Frau sucht – Liebe. Aber meine Frau ist einfach zu launisch. Deshalb vergiß nicht: Ich werde immer an dich denken und dein Gemahl bleiben.« »Nein!« unterbrach sie ihn. »Du hast jetzt eine andere Frau. Du hast sie mir vorgezogen, deshalb laß mich jetzt und vergiß, daß wir miteinander verheiratet waren.« »Gut«, lenkte er ein, »dann gehe ich eben, aber gib mir bitte noch etwas zu essen, bevor ich mich auf den Heimweg machen kann.« Sie stand auf und versorgte ihn mit Proviant für die Rückreise. Ihre Eltern fanden, daß sie recht getan hatte, ihn fortzuschicken.

In Kenora, dem Ziel ihrer Wanderung, verkauften sie ihre Beeren. Nach mehreren Tagen brachten einige Indianer die Nachricht, daß Feder fast gestorben wäre, einen ganzen Tag hätte er im Sterben gelegen. Er tat Josie sehr leid, und sie sprach lange Zeit mit niemandem. Ihre Eltern sorgten sich um sie, sagten aber kein einziges Wort.

Eines Tages zog Josie zu einer Frau, um ihr im Haushalt zu helfen. Als sie dort arbeitete, traf sie irgendwann Kleiner Luchs. Er kam oft bei ihr vorbei und unterhielt sich mit ihr: »Hast du gehört, daß man deinen Mann vor zwei Tagen in die Stadt gebracht hat? Er wäre fast gestorben, weil seine Frau ihn töten wollte.« »Nein«, antwortete sie. »Wo ist er jetzt?« »Er wurde zu einem Arzt gebracht. Sein Kopf war fast eingeschlagen. Der Arzt mußte ihm alle Haare abschneiden, damit die Wunde heilt.« Sie sagte nichts, und Kleiner Luchs ging seiner Wege.

Nachdem sie am selben Abend ihre Arbeit erledigt hatte, machte sie sich auf, um Feder zu besuchen. Als sie das Haus des Arztes gefunden hatte, sah sie ihn aufrecht zwischen Kissen sitzen. Weil sich seine Frau in der Nähe aufhielt, wollte sie weitergehen, doch er rief ihr zu: »Josie, komm mal her. Stimmt es nicht, daß du mich damals nach der Blaubeerernte abgewiesen hast, als ich dir nachgeschlichen war?« »Doch«, versicherte sie, »das stimmt!« Da zeigte er auf seine Frau und meinte: »Sie wollte mir nicht glauben, als ich es ihr erzählte. Sie behauptet, daß du mich mit Freuden erwartet hättest, und deshalb hat sie mir den Schädel gespalten und mich fast getötet.«

»Nun«, antwortete Josie, »welche Frau würde ihren Ehemann nicht mit Freuden bei sich aufnehmen? Ich habe dir nie etwas getan. Es ist alles deine eigene Schuld. Du bist aus freiem Willen fortgegangen und hast mich wegen dieser Frau hier verlassen. Nun sieh selbst, was du davon hast . . ., sie hat dich fast umgebracht . . ., so viel habe ich dir nie angetan.« Mit diesen Worten verließ sie ihn.

Seine Frau hatte ihr während der ganzen Zeit den Rücken zugekehrt und kein Wort gesagt. Auch später hat Josie sie nicht mehr gesehen. Im Spätherbst erfuhr sie, daß es Feder besser ging. Aber sein Baby war gestorben, und seine Ehefrau war ihm davongelaufen. Als sie schon viele Tage nicht mehr zurückgekehrt war, schickten seine Eltern ihn auf die Suche, um sie zurückzuholen. Seine Eltern fürchteten nämlich die Zauberkräfte der Eltern seiner zweiten Frau, es waren bösartige Menschen. Trotzdem gaben sie ihm den Rat, sich endgültig von ihr zu trennen, wenn sie ihn erneut angreifen würde. Mit großer Mühe fand er sie schließlich. Am Ufer der Großen Seen lebte seine Gattin mit einem anderen Mann zusammen; deshalb kam er ohne sie nach Kenora zurück.

In der Zwischenzeit hatte Josie einen anderen kennengelernt, der »Stürmischer Mann« hieß. Er kam aus Sahging. Sie heiratete ihn, und er nahm sie nach Sahging mit. Ihre Eltern blieben in Kenora. Kaum war sie in Sahging angekommen, da erzählte man ihr, daß ihr Mann bereits verheiratet war. Sie wollte aber keine Zweitfrau sein und entschloß sich, ihm den Laufpaß zu geben, auch weil die andere Frau schon drei oder vier Kinder zu versorgen hatte.

Mit einer Freundin besuchte sie das kleine Blockhaus, das die

Frau ihres Mannes bewohnte, und unterhielt sich dort mit ihr. Von ihrer Begleiterin erfuhr sie, daß Stürmischer Mann sich herumtrieb und seine Gefährtin mißhandelt hatte. Josie versprach der anderen, daß sie ihr den Mann nicht fortnehmen wolle. Sie bat nur, daß man ihr ein Pferd lieh, damit sie einen möglichst großen Vorsprung bekam, bevor sie zu Fuß ihren Heimweg allein fortsetzen konnte.

Als ihr Mann am nächsten Morgen fortgegangen war, brachte man sie bis zum Überlandweg, den die Weißen »Dawson-Straße« nannten. Dort wurden soeben Schienen für die Eisenbahn verlegt, als Josie ihren Fußmarsch Richtung Heimat begann. Jedesmal, wenn sie auf eine Gruppe weißer Arbeiter traf, verließ sie die Trasse und nahm einen weiten Umweg. Viele Tage war sie so gewandert, bis ihre Mokassins verschlissen waren und ihre Füße so sehr schmerzten, daß sie alte Sackleinen darum band. Sie war todmüde, weil sie jede Nacht durchmarschierte. Eines Tages schlief sie neben der Straße ein und wurde von weißen Landstreichern aufgeweckt. In panischer Angst flüchtete sie vor ihnen. Glücklicherweise begegnete sie einem freundlichen weißen Händler, der ihr eine gute Beschäftigung gab und später half, nach Kenora zu ihren Eltern zurückzukehren . . .

Irgendwann erhielt Feder Kenntnis davon, daß Josie schon eine ganze Weile wieder in Kenora lebte, und kam sie im Spätherbst besuchen. Feder tat Josie leid, weil er nur ihretwegen den weiten Weg unternommen hatte. Deshalb willigte sie ein, ihn noch einmal zu heiraten. »Ich war nicht schuld, daß wir auseinandergegangen sind«, beteuerte sie ihm. »Und ich war es auch nicht, der dein Gesicht entstellt hat.«

Danach heirateten sie und lebten mehrere Jahre zusammen. Sie lernten sogar, große Rücksicht aufeinander zu nehmen. Feder sorgte wieder für Josie und schenkte ihr eine Menge schöner Sachen. Ihre Eltern freuten sich, daß ihre Kinder endlich miteinander glücklich geworden waren. Josie bekam immer noch keinen Nachwuchs, aber Feders Eltern machten ihr nun keine Vorwürfe mehr, weil ihn die andere Frau so grausam zugerichtet hatte und auch das Kind der anderen Frau nicht lebensfähig gewesen war.

Einige Jahre später kamen alle Indianer im Frühjahr nach Kenora, um Bisamfelle und andere Pelze an die Handelsgesellschaft zu verkaufen. Josie und ihr Mann hatten reiche Beute gemacht und zogen in dieses Lager. Am anderen Ende der Stadt schlugen Besucher vom Adler-See ihre Zelte auf. Feders zweite Frau, die ihn fast umgebracht hatte, stammte vom Adler-See. Josie wußte aber nicht, daß sie mit ihren Eltern ebenfalls in Kenora war.

Seine frühere Frau war von ihrem Mann verlassen worden, nachdem sie rücksichtslos mit ihm umgegangen war. Schon am Adler-See hatte sie gehört, daß Feder wieder mit Josie zusammenlebte. Das raubte der jähzornigen Frau jede Beherrschung. Eines Abends hielt sie große Reden vor ihren Freundinnen, daß sie ihr Messer schärfen und in Feders Hütte stürmen wolle, um ihn und Josie zu töten. Feder hatte keine Ahnung, daß seine zweite Frau zurückgekehrt war, und ging in dieser Nacht wie üblich zu Bett.

Feder schlief auf dem Bauch, und Josie hatte ihren Arm um ihn gelegt. Deshalb merkten es beide nicht, als sich die andere Frau in ihre Hütte schlich. Wortlos stieß sie ihr Messer in Feders Rücken und mit derselben Bewegung in Josies Arm. Entsetzt sprang Josie auf. Als sie aus der Hütte stürzen wollte, schlug die Frau ihr ein Stück Holz ins Gesicht, so daß sie bewußtlos zu Boden sank. Feder kam noch mit dem Messer im Rücken auf die Beine und gab seinen Kriegsruf von sich, um jeden wissen zu lassen, daß er tödlich getroffen war. »Kommt alle her«, rief er mit markerschütternder Stimme. »Zieht mir das Messer aus dem Rücken. Ich bin überfallen worden, und meine Frau ist tot.«

Sofort liefen alle Männer aus den Hütten der Umgebung zusammen, fanden Josie, die wie tot am Boden lag, und zogen das Messer aus Feders Rücken, worauf sein Blut in großen Strömen aus der Wunde quoll. Sie schlugen Feder und Josie in eine helle Decke, die schon bald von ihrem Blut durchtränkt war. Auch die Frauen des Lagers waren inzwischen herbeigeeilt und kümmerten sich um Josie. Nach langer Ohnmacht fand sie allmählich ihr Bewußtsein wieder, doch Feders Kräfte schwanden unter dem hohen Blutverlust.

Gleich nach ihrem Überfall war die andere Frau nach Hause gerannt. Einige Männer nahmen die Verfolgung auf und verbreiteten überall die Nachricht, daß Feder tödlich verletzt worden war. Nun bekam es seine frühere Frau mit der Angst, weil sie die Beamten der Handelsgesellschaft fürchtete, und ihre Eltern brachten sie noch in derselben Nacht aus der Stadt. Ihre Mutter weinte unaufhörlich. Feders Vater versuchte zwar, seinen sterbenden Sohn zu behandeln, doch vor Morgengrauen war der Verwundete verblutet.

Am nächsten Tag ging es Josie etwas besser. Aber der Kummer über den Tod ihres Mannes kannte keine Grenzen, denn sie hatte ihn liebgewonnen und vermißte ihn sehr. Als er begraben wurde, beklagte sie ihren Verlust mit seiner Familie und ihren Eltern. Niemand machte ihr jetzt noch Vorwürfe.

Zwei Jahre lang sparte sie, um die Festtagskleidung eines Mannes kaufen zu können, mit der sie ihre Sippenschuld abtragen wollte. Man nennt diesen Brauch »gi wenige« – »den Verlust eines Gatten seiner Sippe ersetzen, um sie verlassen zu dürfen«. Feders Familie bedankte sich bei Josie durch viele Aufmerksamkeiten: Man zog ihr schöne Kleider an, legte ihr Gesichtsbemalung auf, kämmte ihr Haar und band es in Zöpfe. Vorher hatte man ihr sanft das Gesicht gewaschen und gesagt, daß man sie liebhabe, weil sie ihren Gatten immer umsorgt hatte. Sicher hätte ihr Mann sich seines Lebens erfreuen können, wenn man ihn nicht ermordet hätte. Die andere Frau wurde nie wieder gesehen, weil sie die Öffentlichkeit mied und sich mit ihrer Familie in den Wäldern versteckt hielt.

Ein Jahr lebte Josie allein. Ungefähr zur selben Zeit, als Feder zu Tode kam, starb auch die Frau des anderen Mannes, mit dem Josie gegangen war. Nun trafen sie sich wieder. Als eine Trauerzeit von drei Jahren vorüber war, heirateten sie. Mit diesem Mann teilte sie ihr weiteres Leben. Er brachte zwei Kinder in die Ehe, einen Jungen und ein Mädchen, um die sie sich kümmerte, als wenn es ihre eigenen wären. Ihr Gemahl war ein Cree-Indianer, ein Medizinmann, der sich auf Krankenheilung verstand. Er war stets hilfsbereit, und sie dankte es ihm und seinen Kindern durch ihr Entgegenkommen. Ihre Eltern waren schon bald darauf gestorben; ihr Unglück nahm also kein Ende. Trotzdem wurde sie ihres Lebens noch froh, weil sie mit ihrem Gatten ein hohes Alter erreichte und der Junge und das Mädchen Familien gründeten. Doch damit nun genug.

Tupuhsi (Cree)

Tupuhsi und ihr Mann Buhnah gehörten zu einer Gruppe von Cree-Indianern, die sich den Ojibwa angeschlossen hatten und ihre Bräuche teilten. Annähernd fünf Jahre lebte Tupuhsi mit ihrem Gatten glücklich zusammen. Weil er ein erfolgreicher Jäger war, fehlte es ihnen an nichts.

Sie hatten nur ein einziges Kind, einen Jungen. Als ihr Sohn etwa vier oder fünf Jahre alt war, wurde er krank und starb nach langem Leiden. Seine Eltern versuchten alles, um ihn zu heilen. Tupuhsi rief sogar ihren persönlichen Schutzgeist zu Hilfe, doch selbst das konnte ihr Kind nicht retten. Deshalb verstand sie nicht, warum Buhnah sie jetzt so oft verließ und bis spät in die Nacht hinein ausblieb.

Als ihr Sohn gestorben war, empfand sie große Trauer. Sie vermißte ihren kleinen Jungen so sehr und war schrecklich einsam. Noch schlechter fühlte sie sich, weil ihr Mann seither abends ausging, die ganze Nacht fortblieb und erst am Morgen wieder heimkehrte. Nie sprach Buhnah mit seiner Frau darüber, wenn er morgens zurückkam, um sich schlafen zu legen. Sie fragte ihn auch nicht, wo er gewesen war, sondern setzte ihre Hausarbeit fort und tat so, als beachte sie ihn nicht. Natürlich war sie neugierig zu erfahren, wo er seine Nächte verbrachte. Jeden Abend ließ er sie allein, den ganzen nächsten Tag verschlief er, und abends stand er bloß zum Essen auf. Mit niemandem unterhielt er sich über seine Unternehmungen.

Eines Tages kramte er wieder in seinen Sachen und holte ein Otterfell hervor, das er in Streifen schnitt. Dann nahm er einen Kamm, brachte seine Haare in Ordnung und flocht zwei lange Zöpfe. Als nächstes band er das Otterfell um die Zöpfe. Schließlich zog er Festtagskleider und besonders schöne Mokassins an, nur sein Gesicht bemalte er diesmal nicht. Nachdem er sich eine neue Decke ausgesucht hatte, ging er aus der Hütte.

Seine Frau beschloß, ihm diesmal auf seinem Ausflug nachzugehen. Auf Schleichwegen folgte sie ihm bis ans Ende der Siedlung. Dort betrat ihr Mann die letzte Hütte vor dem Dorfausgang. Tupuhsi spähte hinein und bemerkte zwei alte Leute und ein junges Mädchen. Die alten Leute waren schon zu Bett gegangen. Nur die junge Frau war aufgeblieben, und Buhnah setzte sich neben sie. Sogleich begann sie, seine Zöpfe zu liebkosen. Tupuhsi blieb noch eine Zeitlang und beobachtete das Paar. Dann ging sie heim und legte sich schlafen.

Erst am nächsten Morgen kam ihr Ehemann nach Hause, legte sich hin und verschlief den ganzen Tag. Tupuhsi sagte kein Wort. Aber sie weinte fürchterlich, bis ihre Schwiegermutter sie bat, keine Tränen mehr zu vergießen. Sie würde damit bei niemandem Mitleid erwecken. Den Leuten im Dorf war ohnehin aufgefallen, daß ihr Gatte im Sonntagsstaat umherstolzierte. Man tuschelte bereits, daß die beiden keine glückliche Ehe führten, weil Buhnah sich so auffällig benahm. Da er sich um das Gerede der Leute nicht scherte, wollte Tupuhsi nicht länger tatenlos zusehen.

Als Buhnah an diesem Abend wieder ausgegangen war, legte sich Tupuhsi zu Bett und tat so, als ob sie eingeschlafen wäre. Später stand sie leise auf, wusch sich ihr Gesicht, kämmte ihr Haar, flocht es in zwei lange Zöpfe auf ihrem Rücken und band einige Schleifen darum. Dann zog sie neue Mokassins und ein schönes Kleid mit Weste an und suchte sich einen großen Schal aus, den sie über ihre Schultern warf. Schließlich nahm sie das Lederseil, das sie zum Holztragen benutzte, und stahl sich nach draußen. Zuerst ging sie an das Grab ihres kleinen Sohns und weinte bittere Tränen. Dann führte ihr Weg zu einem Grauweidenbaum, über den sie ihren Lederstrick warf, während sie mit sich sprach: »Was ist mir denn noch geblieben, wofür es sich zu leben lohnte? Niemand kümmert sich um mich, und mein Junge fehlt mir sehr. Deshalb will ich fort von hier und zu meinem Jungen gehen.«

Darauf legte sie den Strick um ihren Hals. Bevor sie ihren Plan jedoch zu Ende führen konnte, packte sie jemand bei den Schultern und sagte zu ihr: »Nein, das darfst du nicht tun, eine kluge Frau, wie du es bist! Es wäre schade um dich, wenn du dein Leben

»Tupuhsi war verzweifelt.«

einfach fortwirfst. Ich weiß, was dir durch den Kopf geht, seit du entdeckt hast, daß dein Mann dich betrügt. Aber denk jetzt nicht mehr an ihn! Ich hole dich hier raus, damit du nicht mehr ertragen mußt, was er dir antut. Ich bringe dich zu deinen Eltern, und du brauchst sie nicht mehr zu verlassen, solange sie leben. Ich habe dich lange Zeit beobachtet und kenne dich ganz genau.« Dann nahm er sie an der Hand und führte sie fort.

Noch einmal wandte sich der Fremde an sie: »Bereite alles für unsere Abreise vor. Wenn du noch etwas mitnehmen möchtest, beeil dich bitte.« Sie sagte kein einziges Wort, während er mit ihr sprach, denn sie wußte nicht, wie sie sich entscheiden sollte. Schließlich war sie einverstanden, mit ihm fortzugehen, und er brachte sie zu ihrer Hütte zurück.

»Sieh zu, daß du dich bereithältst, wenn ich dich mit dem Kanu holen komme«, sagte er, bevor er sie verließ. Erst als er fort war, dachte Tupuhsi darüber nach, wer er sein könnte. Seine Stimme kam ihr gar nicht bekannt vor. Wieder ging sie zur Hütte von Buhnahs Geliebter. Wieder spähte sie hinein und sah, wie ihr Mann mit der anderen Frau schlief. Da wurde sie sehr zornig.

Tupuhsi war verzweifelt und ohne Rat, was sie tun sollte. Der Fremde trat wieder zu ihr, legte seine Hand auf ihre Schulter und sagte: »Komm weg von hier! Geh mit mir! Es schadet dir nur, wenn du hierbleibst und ihm zusiehst. Er ist deiner nicht wert. Ich will für dich sorgen, damit du das Elend vergessen kannst, das du erfahren hast.« Nun folgte sie ihm zu ihrer Hütte. Er bat sie, sich zu beeilen und nicht mehr mitzunehmen, als sie wirklich brauchte. Sie schlich sich hinein und holte einige Habseligkeiten. Auch das Hündchen, das ihr gehörte, nahm sie mit. Dann half der Mann ihr ins Kanu und legte vom Ufer ab. Sogar um das Paddeln kümmerte er sich.

Unterwegs versperrten Untiefen ihren Weg. Als sie das Kanu endlich auf die andere Seite der Sandbank geschleppt hatten, legten sie eine kurze Rast ein, und der Mann entzündete ein Feuer und bereitete Tee. Es war inzwischen stockfinster geworden. Tupuhsi gab sich Mühe, sein Gesicht zu erkennen, doch er hielt den Kopf gesenkt, so daß sie immer noch nicht sagen konnte, ob sie ihn kannte.

Als ihr der Fremde einige Leckerbissen gab und mit ihrem kleinen Hund spielte, dachte sie bei sich: »Wer immer er sein mag, er ist doch ziemlich kindisch.« Ohne sie anzublicken, sagte darauf der Mann zu ihr: »Ich weiß, was du über mich denkst. Du meinst, ich bin kindisch, weil ich mit deinem kleinen Hund spiele.« Da wurde er ihr langsam unheimlich.

Nach dem Essen ließen sie das Kanu zu Wasser und setzten ihre Reise fort. »Wir nähern uns jetzt einigen Stromschnellen«, erklärte er nach einer Weile. »Die können wir erst morgen nach Tagesanbruch durchqueren.« Deshalb suchten sie nach einem Rastplatz für sich. Er sagte ihr, daß sie es sich im Kanu bequem machen sollte, während er sich ins Gras legte. So schliefen sie ein.

Tagelang bewies der Fremde große Rücksichtnahme und hielt sich von Tupuhsi fern, obwohl sie auf den menschenleeren Inseln allein miteinander waren. Ganz allmählich brachten sie sich größere Liebenswürdigkeit entgegen, aber ihre Schüchternheit ließ nur langsam nach. Als der Unbekannte Tupuhsi fragte, ob sie nicht einige Tage Rast einlegen könnten, um das Fleisch eines Elchs zu dörren, den er erlegt hatte, war sie einverstanden. Nun bauten sie also schon eine kleine Hütte für sich.

Der Fremde erzählte ihr, daß sie ihm aufgefallen war, als sie noch mit Buhnah zusammenlebte. Von den Leuten im Dorf hatte er erfahren, daß man ihr die Schuld am Tod ihres kleinen Jungen gab, so daß ihr Mann sich von ihr abwendete und ihr eine andere Frau vorzog, wie er bald herausfand. Da beschloß er, Tupuhsi nicht mehr aus den Augen zu lassen, und folgte ihr heimlich auf ihren Wegen. Er empfand große Liebe für sie und hatte wegen ihr keine andere Frau geheiratet. Solange Tupuhsi mit Buhnah verheiratet war, behielt er seine Gefühle für sich. Als er jedoch entdeckte, daß Tupuhsi von Buhnah betrogen wurde, war ihm klar, daß er nicht vergebens auf sie gewartet hatte. Nach diesen Worten versprach er Tupuhsi, daß er sie heiraten wolle, ganz gleich, was man ihr vorwerfen würde.

Erst jetzt verstand Tupuhsi, warum ihr Mann sie vernachlässigt hatte. Aber es stimmte nicht, daß sie am Tod ihres Sohnes schuld war, denn sie hatte nichts unversucht gelassen, um ihn zu retten.

So kam es, daß sie in dieser Nacht zum ersten Mal miteinander schliefen.

Drei oder vier Tage lagerten sie nun schon am selben Ort und dörrten Fleisch, als sie zwei Männer bemerkten, die sich in einem Kanu näherten. Tupuhsi rannte fort und versteckte sich, denn sie wollte nicht gesehen werden. Die Männer warfen einen Blick auf ihre Hütte und meinten: »Ach, hier bereitest du dein Fleisch zu.« »Ja«, antwortete Tupuhsis Begleiter, und die Männer fuhren fort: »Wir sind von unseren Leuten hergeschickt worden, um nach dir zu suchen. Deine Großmutter macht sich Sorgen um dich, weil sie fürchtet, du könntest dich verirrt haben. Im Dorf wird außerdem eine Frau vermißt.« Darauf erwiderte er: »Wir haben unseren Weg nicht verloren. Wir wissen, wo wir sind, und wir wissen auch, was wir tun.« Dann gab er ihnen etwas Fleisch für unterwegs, und sie traten ihren Heimweg an.

Tupuhsi kam zu ihrer Hütte zurück, und ihr Begleiter erzählte ihr, was die Männer ausgerichtet hatten. Sie fürchtete sich, doch er tröstete sie: »Du brauchst keine Angst zu haben . . . Ich paß schon auf dich auf, daß dir kein Leid geschieht. Weißt du nicht, daß ich dich ganz schrecklich liebe? Aber es tut mir weh, wenn ich spüren muß, daß du kein Vertrauen zu mir hast und dich weiter fürchtest.« Dann nahm er sie in die Arme. Sie gestand ihm, daß sie nun immer für ihn sorgen wolle. Er bat sie, alle Sachen zusammenzupacken, damit sie von ihren Eltern die Zustimmung zu ihrer Ehe einholen konnten.

Tupuhsis Mutter sah sie schon von weitem kommen. Sie eilte in ihre Hütte und verständigte ihren Mann: »Unsere Tochter kommt nach Hause, aber mit einem anderen Mann.« Tupuhsis Vater antwortete nur: »Ich fürchte, sie will uns Schande bereiten.« Die alte Frau lief ihrer Tochter am Ufer entgegen und küßte sie. Mit ihrer Tochter weinte sie über den Verlust ihres kleinen Enkels. Der alte Mann kam auch jetzt noch nicht aus seiner Hütte heraus, denn er war ärgerlich und schämte sich für seine Tochter. Tupuhsi erzählte ihrer Mutter, was Buhnah ihr angetan hatte und daß man ihr sogar die Schuld am Tod ihres kleinen Jungen gab. Ihre Mutter ging ins Haus und berichtete alles dem alten Mann, doch der sagte gar nichts.

Tupuhsis Mann errichtete in der Nähe ihrer Eltern eine große Hütte, die sie beide bezogen. Tupuhsi hatte noch einen jüngeren Bruder, der auf seinen neuen Schwager sehr stolz war, weil er wußte, daß er seine Schwester gut behandelte. Es fehlte Tupuhsi an nichts. Ihr jetziger Gemahl war ein zärtlicher Liebhaber und ein erfolgreicher Jäger. Sogar der alte Mann hatte bald seine Abneigung überwunden, als er einsehen mußte, daß er diesmal einen sehr viel besseren Schwiegersohn bekommen hatte.

Vor der jährlichen Reisernte trafen sich alle Indianer zu einem großen Fest. Auch Buhnah nahm mit seiner Frau daran teil. Vor und nach den Tänzen kämpften die Männer im Mokassinspiel gegeneinander, und die Frauen traten zum Hockey und zu anderen Indianerspielen an.

Tupuhsis Mann erlaubte ihr, zu den Frauenspielen zu gehen. Einmal wurde sie auch zum Hockey aufgefordert, weil sie schöne Kleider besaß und schöne Schuhe, die man als Trophäe zu gewinnen hoffte. Deshalb konnte sie die Einladung nicht ablehnen [ohne geizig zu erscheinen]. Buhnahs Frau, mit der ihr früherer Gemahl jetzt zusammenlebte, nahm an demselben Spiel teil. Sie war armselig gekleidet, und ihre Mokassins waren nichts wert. Während des Spiels versperrte sie Tupuhsi ständig den Weg. Tupuhsi stieß sie endlich beiseite, so daß ihre Beine im Fallen in die Luft geworfen wurden. Da machte sich Tupuhsi auch noch lustig über sie: »Schaut euch mal ihre alten Mokassins an! Die haben ja fast so viele Flecken wie ein Luchsfell!« Tupuhsis Mannschaft gewann das Spiel, doch zu Hause tadelte sie ihr Mann: »Laß das sein! Reize niemanden, besonders aber diese Frau nicht!« Deshalb hielt Tupuhsi künftig ihre Zunge im Zaum, weil sie immer den Rat ihres Mannes befolgte.

Als die Männer am nächsten Tag zum Mokassinspiel eingeladen wurden, entschied sich ihr Mann für ein Gewehr und eine Decke als seinen Spieleinsatz. Sein Schwager begleitete ihn. Buhnah sollte gegen ihn antreten und brachte deshalb ebenfalls ein Gewehr mit. Bevor das Spiel begann, hantierte Buhnah so lange mit seinem Gewehr herum, bis die Kugel herausfiel. Bevor Buhnah etwas merken konnte, hatte Tupuhsis Mann das Geschoß bereits aufgehoben.

Während des Spiels mußte Buhnah erkennen, daß seine Mannschaft verlieren würde. Er nahm sein Gewehr vom Boden auf und spielte wieder damit. Tupuhsis Mann ließ ihn nicht aus den Augen, denn er wußte genau, was passieren sollte. Tatsächlich zog Buhnah den Abzug, als die Waffe auf seinen Widersacher gerichtet war. Buhnah stieß seinen Kriegsschrei aus, allerdings zu früh, denn das Gewehr war nur noch mit Pulver geladen. Der Mann, den er gerade erschossen zu haben glaubte, lachte ihm ins Gesicht: »Da hast du deine Kugel, Mensch! Du hast vergessen, sie in dein Gewehr zu stecken. Aber die Waffe, die ich in meiner Tasche trage, ist bestimmt scharf.« Mit diesen Worten zog er sein Messer. Als er sich damit auf Buhnah stürzen wollte, fiel ihm sein Schwager in den Arm, entwand ihm die Waffe und brachte ihn nach Hause. Auch Buhnah lief zu seiner Hütte, aber bald sah man ihn, wie er mit seiner Frau fortpaddelte. Die Männer gröhlten voll Verachtung hinter ihm her, denn sie hielten ihn für einen Feigling.

Tupuhsis Mann sagte ihr, daß sie nur noch kurze Zeit im Lager bleiben wollten. Nach vier Tagen zogen sie an einen anderen Platz, um Wildreis zu ernten. Buhnah hatte sich zufällig für denselben Ort entschieden. Tupuhsis Mann warnte seine Frau davor, in den Wald zu gehen, um Zweige und Äste für ihre Hütte zu schlagen. Sein Schwager und er würden diesmal das Holz holen. Er wußte genau, daß Buhnah Tupuhsi mit der Axt töten wollte, die sie gewöhnlich bei dieser Arbeit benutzte. Tatsächlich forderte Buhnah die Frauen auf, Holz für den Bau ihrer Hütten zu besorgen. Doch Tupuhsi blieb im Lager zurück, wie ihr Mann sie gebeten hatte, und Buhnah gelang es nicht, sie zu töten. Wieder zog er unverrichteter Dinge fort.

Nach der Reisernte wanderten sie an ihren angestammten Platz zurück. Die Eisenbahn wurde gebaut, und ihr Mann half bei den Arbeiten. Die Weißen hatten eine hohe Meinung von ihm, weil er mit Fleiß bei der Sache war. Eines Sommers, etwa drei Jahre später, war Tupuhsi zum Wäschewaschen an den Fluß gegangen. Ihr Bruder, nun schon ein erwachsener Mann, lag mit einer Fußverletzung in der Hütte.

Als Tupuhsi ganz in ihre Beschäftigung vertieft war, sprach sie jemand an: »Du machst mich noch verrückt, wenn du so glücklich verheiratet bist, während du offenbar überhaupt nicht bereust, daß unser Junge tot ist. Und der Mann, mit dem du jetzt verheiratet bist, ist auch noch stolz auf dich!« Da antwortete sie ihm: »Du hast auch nicht mehr für unseren Jungen getan als ich. Du hast aber als erster von uns beiden geheiratet.«

Wutentbrannt stieß Buhnah sie darauf ins Wasser. Tupuhsi konnte nicht schwimmen. Jedesmal, wenn sie wieder an die Oberfläche kam und sich am Ufer festhalten wollte, trat Buhnah ihr auf die Hände und drängte sie zurück. Jedesmal schrie sie auf. Ihr Bruder hörte sie und schleppte sich aus der Hütte, obwohl er kaum laufen konnte. Er sah den Mann am Ufer stehen, nahm einen Stock und prügelte Buhnah damit ins Wasser. Erst jetzt gelang es seiner Schwester, sich an Land zu ziehen, und beide flüchteten in ihr Haus. Buhnah rannte fort, so schnell er konnte. Als Tupuhsis Mann von der Arbeit kam, war sie immer noch mit dem Trocknen ihrer Kleider beschäftigt, und ihr Bruder erzählte, wie er seine Schwester vor dem Ertrinken gerettet hatte. Tupuhsis Mann wurde sehr zornig, aber er ließ Buhnah diesmal laufen.

Im nächsten Sommer hatten sie ihre Hütte am selben Ort aufgeschlagen, als Buhnah eines Tages mit zwei Männern in einem Kanu zu ihnen gerudert kam. Buhnah erklärte Tupuhsis Mann, daß er wegen seiner einstigen Frau gekommen war, die tatsächlich immer noch mit ihm verheiratet wäre. Deshalb wolle er sie jetzt mitnehmen, ob das ihrem jetzigen Mann recht sei oder nicht. Tupuhsis Mann antwortete ihm darauf: »Nein, du wirst sie mir nicht wegnehmen, solange ich lebe. Du hast sie wegen einer anderen Frau im Stich gelassen, und ich habe ihr Leben gerettet, das sie wegen dir fortwerfen wollte. Deshalb bedeutet sie mir unendlich viel, so daß ich um sie kämpfen werde!«

Bei diesen Worten stürzte sich Buhnah auf Tupuhsis Mann, wurde jedoch schon bald zu Boden geworfen, so daß er seinen Begleitern zurief: »Los, Jungs, helft mir doch!« Aber seine Gefährten rührten keine Hand für ihn. Die beiden Männer kämpften weiter gegeneinander, und Buhnah bezog schlimme Prügel, weil er der ältere von beiden war.

Obwohl er ganz offensichtlich den Kampf verloren hatte, drohte er weiter, Tupuhsi zu verschleppen. Da verlor Tupuhsis

Mann die Geduld: »Nein, Buhnah, du wirst sie mir nicht wegnehmen, weil ich dich töten werde, damit du uns endlich in Ruhe läßt. Wir haben dir nie nach dem Leben getrachtet, doch nun ist es aus. Du hast uns genug angetan, und ich kann dich nicht länger ertragen. Zweimal hättest du meine Frau fast getötet. Sie war dir egal. Du bist nur eifersüchtig auf mich, weil ich stolz auf sie bin. Deshalb werde ich dich mit meinen eigenen Händen töten, damit du uns nie mehr nachstellen kannst.«

Während er so sprach, schlug Tupuhsis Mann immer stärker auf Buhnah ein, und einer dieser Schläge kostete Buhnah das Leben. Seine Begleiter standen unbeteiligt daneben und sahen zu. Als Tupuhsis Mann erkannte, daß Buhnah tot war, sagte er seinen Gefährten, daß sie seinen Leichnam nach Hause schaffen sollten, was sie auch taten. Einige Leute versuchten später, Tupuhsis Mann Schwierigkeiten zu bereiten, indem sie den Weißen von dem Todesfall erzählten, doch die Weißen glaubten seiner Geschichte, und außerdem vertrauten sie ihm. Deshalb blieb er unbehelligt, und niemand störte seither ihren Frieden.

Die Skagit –
Jäger und Fischer der Nordwestküste

Unvergleichlicher Naturreichtum in einer unzugänglichen Umwelt, so könnte man die Lebensbedingungen an der Nordwestküste Amerikas zusammenfassen. Schroff fallen die Bergketten des Felsengebirges zum Pazifik ab, durchtrennt von engen Tälern mit kaskadenreichen Flüssen. Der immergrüne Feuchtwald aus Zedern, Fichten und Tannen birgt einen unendlichen Vorrat an Pflanzen und Tieren; für den Menschen bildet er eine weitere natürliche Grenze, die nur entlang der Flußläufe überwunden werden konnte. Unzählbare Scharen von Wasservögeln finden an den Flußmündungen Nahrung und Schutz. Doch jedes dieser natürlichen Reviere wird noch übertroffen vom Meer mit seinem schier unerschöpflichen Vorkommen an Fischen, Meeressäugetieren und Muscheln.

Die ersten Einwanderer, die als Schützlinge der Meeresströmung und des Gezeitenunterschieds nach Amerika kamen, haben hier vor Tausenden von Jahren ihre Spuren hinterlassen. Und doch waren die Indianerkulturen der Nordwestküste erst wenige Generationen alt, als sie in den zwanziger Jahren des 19. Jahrhunderts in dauerhaften Kontakt zur übrigen Welt traten.

Regelmäßig wiederkehrende Nahrungsschwemmen und begrenzter Siedlungsraum – diese beiden Bedingungen haben an der Nordwestküste die Voraussetzungen zum Entstehen von Herrscherdynastien geschaffen, die an anderen Orten der Welt unter ähnlichen Umwelteinflüssen »Hochkulturen« hervorgebracht haben. Nicht in der Bevölkerungszahl, wohl aber in der Bevölkerungsdichte übertreffen die Nordwestküsten-Indianer sogar die Dorfindianer des Südwestens. Vielleicht hat nicht der Mangel an Lebensgütern, sondern gerade ihr Überfluß dazu geführt, daß sich der Raum zwischen den Mitgliedern derselben Gesellschaft vergrößerte.

Bis zu vierzehn verschiedene Sprachfamilien hat man an der Nordwestküste nachweisen können. Eine der größten ist die Salishan-Familie mit dreiundzwanzig Einzelsprachen, die von etwa siebentausend Menschen gesprochen wurden. Das Skagit ist eine dieser Salishan-Sprachen und wurde von drei- bis vierhundert Menschen benutzt, die sich selbst »hum-a-luh«, »unser Volk«, oder »bastúlekw«, »Menschen am Fluß«, nannten.

Der Skagit-Fluß war nicht nur der einzige bedeutende Transportweg, sondern gleichzeitig ein Gradmesser des wirtschaftlichen Erfolgs seiner Anwohner. Die schmalen Ufersäume zwangen zu einer Wohnweise auf engstem Raum, so daß die Skagit-Dörfer zwischen Flußmündung und Oberlauf aneinandergereiht waren. Jede Siedlung nutzte eine andere Umwelt, und jedem Haushalt war ein unabhängiges Wirtschaften innerhalb der Dorfgemeinschaft möglich, so daß Handel kaum als Notwendigkeit begriffen wurde, um irgendeinen Mangel auszugleichen. Glücklich nannten sich die Familien, die Angehörige in andere Dörfer verheiratet hatten, so daß sie im Lauf eines Jahres mehrere Fisch-, Jagd- und Sammelgründe nutzen konnten. Der Jahreskreis mit seinen regelmäßig wiederkehrenden Jagd- und Erntezeiten wurde zum Vorbild, wenn in sogenannten »Verschenkfesten« (potlatch) die Feindseligkeit zwischen den Stämmen, Dörfern und Haushalten bewältigt wurde, indem man den Überfluß der Natur spielerisch nachahmte.

Die zwölf Stämme der Skagit-Indianer lebten in offenen Siedlungen, die aus mehreren massiv gebauten Plankenhäusern bestanden. Grundlage der Gesellschaft waren die Kleinfamilien, von denen mehrere mit jeweils eigener Herdstelle in einem Haus zusammenlebten. Dadurch wurde eine gewisse Arbeitsteilung möglich. So erledigten einige Männer des Hauses die Jagd, andere den Fischfang, den Kanubau oder das Schnitzen von Figuren und Gebrauchsgegenständen aus Holz, während die Frauen nach Lust und Können das Weben von Decken, Flechten von Körben, Kinderhüten, Beerensammeln und andere Hausarbeiten unter sich aufteilten. Zu den Unterschieden der Fähigkeit und Begabung traten solche des Besitzes, zu dem sogar Menschen gehörten, denen gleiche Rechte bis hin zum Recht auf Leben genommen worden waren. Auf Kriegszügen und bei Wettkämpfen wurde diese Kaste der Hausklaven ständig ergänzt.

Weil mehrere Familien in einem gemeinsamen Haushalt zusammen wirtschafteten, hatten die Verwandtschaftsbeziehungen geringere Bedeutung. Wie die Europäer machten die Skagit keinen Unterschied zwischen den Angehörigen des Vaters und der Mutter; ausschlaggebend war der Grad der Verwandtschaft: Man achtete streng darauf, daß der Ehepartner außerhalb der eigenen Verwandtengruppe gewählt wurde, um nach Möglichkeit weitentfernte Haushalte miteinander zu verbinden. Damit Wirtschaftsbeziehungen, die durch eine Heirat begründet worden waren, nach dem Tod des Ehepartners nicht abbrachen, mußte die Sitte der Schwager- und Schwesterehe befolgt werden: Der Mann heiratete die Schwester seiner verstorbenen Frau und die Frau den Bruder ihres verstorbenen Gatten.

Obwohl solche und ähnliche Formen des Zusammenlebens von kaum mehr als jeweils einigen Dutzend Menschen während weniger Jahrhunderte praktiziert wurden, geben sie mit der Aussagekraft schriftlicher Texte Aufschluß über weitreichende Kulturverbindungen. Dafür gibt es etliche Beispiele. Nicht nur die Indianer der Nordwestküste, sondern auch die Völker Nordsibiriens überließen ihre Toten ungeschützt den Einflüssen des Wetters, bevor man schließlich die Knochen beerdigte. Noch heute folgen viele Indianer dem Brauch, die gesamte Habe eines Verstorbenen zu verschenken, um die Geisterwelt zufriedenzustellen. Verschenkfeste, bei denen Besitz nicht nur umverteilt, sondern ganz zerstört wurde, kannten viele Kulturen beiderseits des Pazifiks. Die Bewirtung eines »Herrn der Tiere« in einem Festmahl zu Beginn der Jagd- oder Fischfangsaison findet sich ebenfalls bei fast allen Jägervölkern des großen Waldgürtels von Nordeuropa bis nach Nordamerika. Sind die jährlichen Laichzüge der Lachse mit dem anschließenden Massensterben der Elterntiere nicht Zeichen eines wiederkehrenden Sterbens des »Herrn der Tiere«? Und bekommen die Indianer nicht jedes Jahr auf ähnliche Weise Beeren und viele Arten jagdbaren Wildes »geschenkt«?

Ein weiteres Kulturphänomen haben die Stämme an der Nordwestküste besonders hoch entwickelt, den Traumrealismus. Mit diesem Namen bezeichnet man die Vorstellung, daß durch Fasten und andere Entbehrungen Traumerscheinungen absichtlich herbeigeführt werden können, die dem Suchenden eine außergewöhnliche Auffassungsgabe und Selbstsicherheit in bestimmten Tätigkeiten, wie Jagd, Heilen oder Handwerk, verleihen. Die Traumsuche ähnelt den Übungen sibirischer Schamanen, Zustände der Besessenheit bei sich herbeizuführen, um Kranke zu heilen, verborgene Gegenstände zu finden oder mit Abwesenden Kontakt aufzunehmen. An der Nordwestküste fühlten sich Frauen wie Männer dazu berufen, im Lauf ihres Lebens möglichst viele Geisterkräfte an sich zu binden. Die Geistersuche wurde mit solchem Ernst betrieben, daß manche Zauberkraft sogar vor dem eigenen Ehepartner geheimgehalten wurde. Andererseits konnten Schutzgeister auch vererbt werden und wurden dann auf den Wappenpfählen der Häuser einflußreicher Familien abgebildet.

Die Struktur der Sprachen an der Nordwestküste erklärt die Kultur der Schutzgeister nur zum Teil. Fachleute zählen sie zu den schwierigsten Sprachen der Welt. Die Indianerkinder müssen nämlich fast anderthalbmal so viele Sprachlaute lernen wie europäische Kinder. Manche Wörter scheinen aus verschieden betonten Konsonanten zu bestehen. Für den Ausdruck der Gedanken ist aber eine andere Eigenschaft wichtiger. Die Sprachen der Salishan-Familie sind im Gegensatz zu denen Europas nominale Sprachen, das heißt, ihre Aussagen gehen gerade nicht von einem Tätigkeitswort und seinen Zeit- und Personenbestimmungen aus, sondern zergliedern die Erlebniswelt in Hauptwörter, die durch Wortpartikeln erweitert werden. So gibt es in den Salishan-Sprachen neunzig verschiedene Wortwurzeln, die konkrete Farben bezeichnen.

Die Geistersuche der Nordwestküsten-Indianer ist also fast ein »Übersetzungsfehler«, denn man kann denselben indianischen Satz in irgendeiner europäischen Sprache auf verschiedene Weise wiedergeben: »sein Geisterlied singen« kann auch bedeuten »von seiner Geisterkraft singen«, »zu seiner Geisterkraft singen«, »als Geisterkraft singen« oder »mit Geisterkraft singen«. Natürlich liegen die Wurzeln kultureller Phänomene nicht allein in der Sprache.

Was wir über die Kultur der Skagit-Indianer wissen, verdanken wir zu wesentlichen Teilen der geduldigen Arbeit von June M. Collins (geboren 1920), die als Studentin zu Beginn des Zweiten Weltkriegs in langen Gesprächen die Lebensgeschichte des Skagit-Heilers John aufgezeichnet hat. Die folgende Übersetzung wählt einige Episoden aus ihrer Niederschrift aus.

John (Skagit)

Ich bin schon lange auf der Welt. In dem Monat, als ich geboren wurde, hatte man unser Volk nach Muckilteo eingeladen, um einen Vertrag zu schließen [Januar 1855].

Früher habe ich in Sikwigwĭlts gelebt. Drei Häuser gab es dort; das eine gehörte dem Häuptling, das andere meinem Vater und ein weiteres anderen Leuten. Mein Vater, mein Großvater und die Brüder meines Großvaters, insgesamt fünf Familien, wohnten in unserem Haus. Mein Vater kümmerte sich um die Verpflegung der alten Leute, der drei Brüder, meine Großväter. Sie erfreuten sich eines sorgenfreien Daseins in diesem Haus und lebten gerne mit meinem Vater zusammen. Weil er Bären und anderes Wild erlegte, fehlte es ihnen nie an frischem Fleisch. Unser Volk genoß das Zusammenleben; damals wollten noch alle bei ihrem Stamm leben.

Unser Name ist Sikwigwĭlts. Mein Vater kam aus Sikwigwĭlts; er war ein *echter* Skagit-Indianer. Meine Mutter stammte von den Snohomish-Indianern ab, die an der Küste leben.

Jedes Plankenhaus hatte nur einen einzigen großen Raum. Meist wohnten drei oder vier Familien in einem Haus. Deshalb gab es zwei oder drei Feuerstellen, eine in jeder Ecke. Jede Familie hatte ihr eigenes Herdfeuer. Die gewöhnlichen Mahlzeiten nahm jede Familie getrennt für sich ein. Zum Schlafen gab es gemütliche Nischen mit schönen Dielen; es war immer sauber im Haus. Wenn ein Fest zu feiern war, aßen alle gemeinsam. Dafür hatten wir besondere Eßtafeln, die wie kleine Kanus aus Zedernplanken zusammengesetzt wurden. Einige Tische waren über drei Meter lang. An einer solchen Tafel fanden viele Leute Platz, und es ging dann beim Essen immer sehr lustig zu. Damals kannten wir noch kein Mehl und keinen Zucker. Erst die Weißen haben uns später richtigen Zucker gebracht.

Mein Großvater zankte sich mit niemandem. Mit seinen Brüdern kam er immer gut aus. Auch bei einem Umzug blieben sie zusammen; nicht einen einzigen Mann ließen sie dann allein zurück. Gelegentlich wanderten sie nämlich flußabwärts und wohnten eine Zeitlang in Skagit City. Dort besaßen sie noch ein Plankenhaus. Wenn keine Fische mehr flußaufwärts zogen, setzten wir zur Camano-Insel über. Dort hielten wir uns auf, wenn wir am Salzwasser lebten. Den getrockneten Fisch bewahrte man zu Hause auf. Man hängte die Stücke oben an einen Deckenbalken. Niemand vergriff sich daran. Man verschloß einfach die Tür. Man verschloß sie so fest, daß niemand hereinkommen konnte. [. . .]

Wenn ich fror, befahl mir mein Vater: »Geh nach draußen und nimm ein Bad im Fluß! Wenn du dich beizeiten abhärtest, erreichst du bestimmt ein hohes Alter.« Und so ist es auch gekommen. Als Kind durfte ich zum Beispiel nicht zu Hause bleiben, bloß weil es draußen regnete. »Härte dich ab!« brauchte mein Vater dann nur zu rufen, um mich hinauszuschicken. Er verlangte von mir, daß ich jeden Tag schwimmen gehe. Immer ermunterte er mich mit denselben Worten: »So erreichst du bestimmt ein hohes Alter.« Und ich meine, er hat recht damit behalten, denn jetzt bin ich fast hundert Jahre alt. Morgens war es ganz besonders kalt. Wenn ich mich dann geweigert hätte, wären sie wütend geworden und hätten mich geschlagen. Von meinem Vater bin ich nie gezüchtigt worden. Allerdings weiß ich, daß andere Väter ihre Jungen mit Gewalt ins Wasser geprügelt haben.

Im Häuptlingshaus lebte der Häuptling, Dzíktub, mit seiner Frau und seinen Kindern. Der Häuptling hatte zwei oder drei Töchter und ein oder zwei Söhne. Seine Familie war ziemlich groß, lauter Mädchen und Jungen. [. . .] Nur ein guter Mann wurde zum Häuptling gemacht, jemand, der keinem etwas wegnahm. Er war ein kluger und guter Redner, der mit seinen Leuten umgehen konnte und dafür sorgte, daß sie keinen Streit miteinander anfingen. Weil es alles gute Leute waren, zankten sie nicht untereinander. Sie kämpften nur gegen die anderen. Dann erklärte man der Gegenseite, daß sie nicht erstklassig sei. »Du kommst aus einer schlechten Familie«, gab man seinem Feind zu verstehen. »Ich bin von bester Herkunft, und du hast überhaupt

Ein Junge von der Nordwestküste

keine Abstammung.« Wenn es dann Ärger gab, trat das Volk zusammen und besprach die Angelegenheit. Deshalb kam es nie wirklich zum Kampf. Wenn der Häuptling seine Anordnungen traf, hatte das Volk zu folgen. [. . .]

Mein Onkel Siáytlbiq'u war Zimmermann und baute Häuser und Boote. Mein Vater verstand nicht soviel vom Schiffbau. Sein Vetter brachte sogar seetüchtige Kanus zustande. Er wußte, wie man Planken aus dem Holz der Bäume spaltete und dauerhaft zusammenfügte. Er kannte sich in allem aus, weil er einen Schutzgeist für die Zimmermannsarbeit besaß, der ihm dabei half. Er baute Zedernkanus. Es waren immer Zedernkanus, auch Boote für die Flußschiffahrt baute er immer aus Zeder, niemals aus Fichte. Es mußte Zedernholz sein. Die Häuser bestanden ebenfalls ganz aus Zedernholz. [. . .]

Im Winter blieben unsere Leute bis spät in die Nacht hinein wach und erzählten sich Geschichten. Trotzdem standen sie gleich früh morgens wieder auf. Einige gingen dann zur Jagd, andere bauten ein Kanu. Mein Vater war ein erfolgreicher Jäger. Weit unterhalb von Skagit City machte der Fluß eine Schleife. Dort ging mein Vater auf die Pirsch. Fast jedesmal, wenn er fort gewesen war, lag ein großer Bär in seinem Kanu. Meinem Vater gehörte nämlich ein Bärenlied, das jetzt mein Bärenlied geworden ist. Deshalb waren in Sikwigwílts die großen Pfosten an unserem Haus rot und weiß gestrichen. Mein Vater hatte dort seine Bärenkraft aufgemalt. [. . .] In Sikwigwílts waren die Hauspfosten innen mit Tiergestalten bemalt, manchmal ein Bär, ein Puma oder ein Wolf. Ein Wolf verkörperte eine starke Kraft; der Puma ist ein böses Tier. [. . .]

Alle glaubten, daß mein Vater einen Schutzgeist für die Jagd besaß, weil er ganz allein auf hoher See Tümmler harpunierte. Einmal begleitete ich ihn auf einem solchen Fischzug. Ich hatte Angst, obwohl mein Vater nie danebentraf. Nachdem er das Tier mit der Harpune getötet hatte, sagte er zu mir: »Wir binden es fest und nehmen es ins Schlepp.« Als wir damit fertig waren, meinte er zu mir: »Wirf deine Matten aus dem Boot und leg es auf die Seite.« »Warum willst du das Kanu auf die Seite legen?« fragte ich ihn. »Man kann den Tümmler sonst nicht hineinbekommen;

er ist zu schwer. Leg das Kanu auf die Seite und laß Wasser eindringen. Zieh das Tier hinein und verstau es gut. Dann schöpfe das Wasser aus dem Boot.«

Am Ufer kamen uns viele Menschen entgegengelaufen. Alle freuten sich mit uns. Vier Männer mußten das Tier an Land tragen. Am Abend gab es dann Tümmler zu essen. Es ist schmackhaftes Fleisch. Mein Vater lud die Verwandten meiner Mutter ein, die sich gerade in der Nähe aufhielten. Sie fischten vor der Skagit-Landzunge nach Lachs. Alle taten das. Mein Vater rief die Verwandten meiner Mutter herüber, um das Tümmlerfleisch mit ihnen zu teilen. Man kocht es mit Steinen. Dafür entzündeten sie ein Feuer, legten Holzscheite darüber und Steine auf das Holz. Schließlich breitete man das Fleisch und auch Kartoffeln darauf aus. Die Verwandten meiner Mutter schnitzten sich Holzspieße, mit denen sie nach Hause trugen, was sie nicht mehr essen konnten. [...]

Mein Vater benutzte Fallen, wenn er dem Biber und anderem Wild nachstellte. Die Fallen waren ganz aus Holz. Oder man nahm einen Baumstamm, mindestens dreißig Zentimeter dick und so schwer, daß man ihn gerade noch tragen konnte. Den hängte man genau über einem Bärenpfad auf. Wenn der Bär dann unter den Baumstamm trat, hatte er meist nicht mehr lange zu leben, mit dem schweren Stamm auf seinem Schädel. Manchmal erlegte mein Vater auf diese Weise einen großen Bären. Dann konnte er das Fell an die Weißen verkaufen. Er machte auch Biberfelle zu Geld. Acht Dollar bekam er für ein großes Biberfell. Für ein Bärenfell zahlte man ihm bis zu zehn Dollar. Die Weißen kauften alles und gerbten es besonders weich. Man erzielte gute Preise für gute Stücke – fünf oder sechs Dollar für gute Häute. [...]

Niederwild und Enten wurden mit Pfeil und Bogen gejagt. Die Pfeile schnitzte ich mir selber aus Zedernholz. Für die Pfeilspitzen wurden harte Knochen genommen. Man befestigte sie am Schaft und schärfte das eine Ende. Das sieht gut aus. Besonders kräftige Sehnen bekam man östlich der Berge. Mein Vater gab mir für meinen Bogen genug davon. Manchmal erlegte ich damit Fasane oder Enten. [...]

Sobald der erste Frühlingslachs gefangen worden war, sprach der Häuptling, Dzíktub, ein Dankgebet. Wenn gleich mehrere Fische ins Netz gegangen waren, dankte man eben für den ganzen Fang. Dazu versammelten sich alle Leute im Haus des Häuptlings und beteten zu Gott, bevor sie den Lachs verzehrten. Der Fisch wurde immer besonders sorgfältig zubereitet und auf großen Holzscheiten gebraten, die über ein Feuer geschichtet worden waren. Nur das Holz von jungen Erlen durfte dafür genommen werden.

Man achtete darauf, daß wirklich alle Kinder anwesend waren und mit den alten Leuten zusammen aßen. Auch ich bekam ein kleines Stück Lachs. Für jeden gab es nur einen kleinen Bissen, sobald der Fisch gar war. Danach wurde gebetet, und der Häuptling erklärte den Lachsfang für eröffnet. Niemand durfte auf Fischfang gehen, bevor der Häuptling allen ein Zeichen gegeben hatte. Wer sich nicht daran hielt, wurde fünf- oder sechsmal mit einem Stock geschlagen. Der Mann, der die Bestrafung vornahm, war so etwas wie ein Polizist.

Für die ersten Lachsbeeren wurde ebenfalls ein Gebet gesprochen. Sobald die ersten Früchte herangereift waren, betete man gemeinsam vor dem Beerensammeln. Ein Teller wurde mit Beeren gefüllt und auf eine Plattform gestellt. Dann betete man zusammen, und der Häuptling erklärte allen, daß sie nun mit dem Pflücken beginnen könnten. Die Frauen stiegen in ein Kanu und überquerten damit den Fluß, um auf der anderen Seite zu sammeln. Als Kind haben sie mich dann immer mitgenommen. Man betete für den Lachs und für die Beeren, weil man wußte, daß Gott sie geschaffen hatte. Gott hat sie für uns hervorgebracht. Man betete auch für den ersten Bären oder für das erste Wild, die in einem Jahr erlegt worden waren. [. . .]

Früher hatte ich viele Spielkameraden. Jetzt sind sie alle schon lange tot; nur ich bin noch übriggeblieben. Damals spielten wir oft zusammen. [. . .] Einmal gingen wir zum Haus von Kwaské-dib oberhalb von Skagit City. Die Holzsäulen, eine an jeder Seite des Hauses, waren schön bemalt. Hinter dem Haus wuchsen sehr viele Lachsbeeren. »Laßt uns mal da raufklettern«, schlug ich meinen Freunden vor. Wir wußten nicht, daß genau dort das

Skelett von Kwaskédib lag. Wir fanden unheimlich viele Beeren und stöberten überall herum. Plötzlich standen wir mitten an der Rückwand des Hauses den Überresten von Kwaskédib gegenüber. Wir bekamen es mit der Angst zu tun und zogen uns schnell zurück. Wir haben dort nie wieder Beeren gesammelt, obwohl ich lachen mußte, als wir in unser Kanu stiegen. [. . .]

Das war merkwürdig mit den Leuten vom Oberlauf des Skagit-Flusses. Sie zogen niemals ans Salzwasser wie wir. Nur die Leute aus Sikwigwílts unternahmen jedes Jahr ihre Wanderung zur Camano-Insel. Sie mochten das Leben am Meer. Die Leute vom Oberlauf fürchteten wohl, in Sklaverei zu geraten oder getötet zu werden. Naja, manchmal kamen sie doch den Fluß herab und gruben nach Muscheln, von denen sie einige nach Hause mitnahmen. Wir hielten sie fast für wilde Burschen, weil sie die ganze Zeit für sich da oben lebten.

Sie machten schwere Zeiten durch, oben am Fluß. Einmal fand ein vollbesetztes Kanu den Weg zu uns herab. Das Boot kam kaum von der Stelle. Wir fragten uns natürlich: »Was ist bloß mit den Leuten im Kanu los? Es fährt nur langsam und so nahe am Ufer.« Wir gingen ihnen entgegen und fragten sie, was sie vorhätten. Sie erzählten uns, daß sie an der Küste nach Muscheln graben wollten, weil sie nichts mehr zu essen hatten. Meine Großmutter sagte ihnen, daß sie ihre Reise kurz unterbrechen sollten. Sie holte allen etwas zu essen – Trockenfisch und geräucherten Lachs. Alle waren müde und entkräftet, weil sie lange nichts mehr zu essen gehabt hatten. Als sie von der Küste wieder zurückkamen, bedankten sie sich bei uns, weil ihr Unternehmen erfolgreich gewesen war, nachdem sie bei uns etwas zu essen bekommen hatten, bevor sie ans Meer gelangt waren. Das war im Sommer.

Ich war etwa acht oder neun Jahre alt, als meine Mutter erkrankte und starb. Sie wurde drüben an der Snatlem-Landzunge bestattet. Viele Skagit haben dort ihr Grab. Nach ihrem Tod wohnte ich bei meiner Großmutter und bei meinem Großvater. Meine Großmutter väterlicherseits, die Mutter meines Vaters, sorgte für mich, bis ich alt genug war, um in einem Holzfällerlager zu arbeiten. [. . .]

Als meine Mutter gestorben war, heiratete mein Vater [. . .]

seine Sbálotsid, die nahe Verwandte der verstorbenen Ehefrau. [. . .] Sie war die Cousine meiner Mutter, wie eine Schwester, aber nicht so nahe verwandt, ihre Sókwa, jüngere Schwester beziehungsweise Cousine. Sie hatte einen anderen Vater und eine andere Mutter als meine Mutter, aber sie waren trotzdem Geschwister. Gleichzeitig war sie aber auch meine Ska, meine ältere Schwester oder Cousine. Sie behandelte mich ganz gut und beschwerte sich niemals über mich, solange ich immer Wasser holen ging. Trotzdem fürchtete ich mich vor ihr. Gelegentlich wohnte ich zwar noch bei meiner Stiefmutter und bei meinem Vater, doch am liebsten hielt ich mich jetzt von meinem Vater fern. Ich wollte nicht mehr bei meinem Vater leben. Manchmal waren Stiefmütter gemein. Davor hatte ich Angst.

Aber mein Großvater und meine Großmutter behandelten mich gut. Meine anderen Großväter mochten mich genauso. Ich half ihnen, wenn sie auf Frühlingslachs gingen; dann wollten sie mich immer dabeihaben. Wenn sie etwas gefangen hatten, gaben sie mir zwei oder drei Fische ab. Meine Großmutter bereitete sie für mich zu oder dörrte sie für mich.

Früher gab es noch Sklaven. Ein Häuptling auf der Whidbey-Insel besaß zwei, drei, vier Sklaven. Er hatte sogar ein Ehepaar als Sklaven. Das erfuhr ich, als ich meinen Vater fragte: »Was ist los mit dem armen Kerl? Warum behandelt der Häuptling ihn so grob?« Bevor die Weißen kamen, mußten nämlich Sklaven alle Arbeiten verrichten; man schickte sie zum Holzholen oder auf die Hirsch- und Entenjagd. So sprang man mit Sklaven um. Der Häuptling blieb zu Hause und ließ den Sklaven auf die Jagd gehen. Einige Sklaven waren sogar Schiffszimmerleute und konnten seegängige Boote bauen. Sie durften aber nicht ohne ihren Boß auf Fahrt gehen. Er war immer dabei, weil man fürchtete, daß sie ohne ihn ausreißen würden. Deshalb ließ man sie nicht allein. Andere Sklaven wollten ihren Boß gar nicht verlassen, sondern blieben ihr ganzes Leben bei ihm. [. . .] Manchmal kaufte man einen Sklaven, manchmal gewann man einen beim Spiel.

Mein Großvater besaß einmal einen Sklaven, eine Frau mit Namen Tíultc. Er hatte sie von Leuten gekauft, die jenseits der

Lummi-Indianer wohnten. Sie stammte aus dem Norden – eine Tsimshian- oder Haida-Indianerin. Der Mann, dem sie gehört hatte, war ein Cowichan-Indianer. Mein Großvater bezahlte eine ganze Menge für sie – Biberfelle und Hirschhäute, jedenfalls gutes Geld wert. Sie wurde von Großvater und Großmutter aufgezogen und bekam den Namen einer Sikwigwílts. Sie war meinem Groß-vater eine gute Frau und tat alles, um ihnen zu helfen. Später ging die Sklavin ihren eigenen Weg, als ein Weißer kam und sie zur Frau nahm. Sie lebte mit ihm an der Bucht gegenüber von Seattle. Wir haben ihm nie verraten, daß sie eine Sklavin gewesen war.

Einmal hatten wir unser Lager gegenüber von Seattle, wo sie wohnte, aufgeschlagen. Mein Vater wollte dort Hundshaie fan-gen. Er verkaufte den Tran für zehn Cents den Liter. Deshalb war er dort, um mit Hundshaitran Geld zu verdienen. Als wir am Haus des weißen Mannes vorbeischauten, sagte er zu seiner Frau: »Deine Verwandten kommen dich besuchen.« Er schenkte uns viel Mehl, denn er war Farmer. Seine Frau fühlte sich wie das Kind meiner Großmutter. Sie buk Brot und brachte es ihr ins Lager. Sie hatte nun selbst Kinder. [. . .]

Die Schwester meiner Mutter war auch mit einem Sklaven verheiratet. [. . .] Ein Sklave hatte sie als seine Frau gekauft. Alle hatten noch versucht, ihr diese Heirat auszureden, aber sie ließ sich nicht davon abbringen. Die Leute lehnten eine solche Ehe ab und rieten meiner Tante: »Heirate diesen Mann lieber nicht. Wenn du ein Kind von ihm bekommst, wird es jeder ungestraft einen Sklaven nennen. So etwas führt nur zu Mord und Tot-schlag.« Doch meine Tante wollte diesen Mann nicht aufgeben. Der Sklave hatte etwas Besitz, so daß er für meine Tante bezahlen konnte.

Sie bekamen einen Jungen, meinen Vetter. Sein Vater war ein Sklave, seine Mutter nicht. Deshalb erschoß er einen Kerl, der ihn einen Sklaven gerufen hatte. Er wurde wütend und erschoß einen anderen, weil er ein Sklave genannt worden war. Eine Verwandte der Mutter dieses Kerls, eine Indianerfrau, war mit einem Weißen verheiratet, der einfach in unser Haus kam und meinen Vetter tötete, als er in seinem Bett schlief. Das war schlimm. Damals gab es noch kein Gesetz. [. . .]

Mein anderer Vetter [. . .] unterhielt sich einmal mit mir darüber, daß manche Leute mit Sklaven verheiratet waren. »Nur wir beide sind in Ordnung«, meinte er. »Mein Vater und unsere Mütter haben keine Sklaven geheiratet.« So unterhielten wir uns. »Nur wir beide, wir sind von guter Abstammung, sowohl über die Mutter wie über den Vater.« Es ist schlecht für die Leute, die Sklaven heiraten. Wenn sie Kinder bekommen, redet man über sie, als wären sie ebenfalls Sklaven. [. . .]

Einmal fand in La Conner ein großes Potlatch-Fest statt. Die Tochter von Häuptling Joseph von den Swinomish-Indianern wurde mit dem Stammeshäuptling von Victoria verheiratet. Sein Name war Waxólq'. Nachdem sie geheiratet hatten, forderten fünf Männer aus La Conner den Bräutigam zum Potlatch heraus. [. . .] Man schnitt kurze Zedernstöcke zu und übergab das Bündel dem Ukládk. So nennt man den Mann, der vom Häuptling ausgeschickt und bezahlt wird, um die Einladungen zum Potlatch zu überbringen. Mit zwei oder drei Begleitern machte er sich in seinem Kanu auf den Weg.

Meinen Vater trafen sie in Skagit City an, wo er sich gerade aufhielt. Auch meiner Großmutter und der Großmutter meiner Nichte warfen sie ein Stöckchen zu. Sie wurden ebenfalls eingeladen, weil sie mit den Swinomish-Häuptlingen verwandt waren. Ein Mann aus Nookachamps meinte zu mir: »Ich nehme dich mit.« »Gut«, antwortete ich stolz, »ich komme mit.« Das war das erste Potlatch-Fest, das ich als Kind miterlebt habe. Damals wurden Indianer von den Stämmen der Unteren Skagit, der Oberen Skagit und der Lummi eingeladen.

Als wir in unsere Kanus steigen wollten, sagten unsere Begleiter zu dem Nookachamps-Mann: »So geht das aber nicht. Jemand wird dich noch töten, wenn du kein Geisterlied singst.« »Du hast sicher recht«, antwortete er. »Ich werde meine Tracht anziehen und meine Lieder singen.« Er setzte seine Federhaube auf und stimmte sein Geisterlied an. Unsere Gefährten schlugen auf den Seitenwänden der Boote den Takt dazu. Nun verging die Zeit im Fluge.

Zwei oder drei Männer kamen uns in Kanus entgegen. »Man hält bereits Ausschau nach euch«, riefen sie uns zu. »Die Leute erwarten euch, um Xadsátl mit euch zu spielen, wie wenn zwei fremde Stämme bei einem Potlatch gegeneinander kämpfen.« Einer von uns Skagit war ein tapferer Krieger, ein Verwandter meines Vaters. Er kannte überhaupt keine Angst und stürzte sich sofort ins Wasser. Die übrigen Männer folgten seinem Vorbild und sprangen hinterher. Dadurch trieb unser Boot ab, denn es saßen nur noch Frauen und Kinder darin.

Am Ufer angekommen, liefen die Männer gleich ins Haus, weil die Lummi mit den Skagit Xadsátl spielen wollten. Ein ziemlich großer Balken, gut dreißig Zentimeter dick, trennte den Raum in zwei Hälften, so daß man nur schwer darüberklettern konnte. Die Lummi drängten sich auf der einen Seite, die Skagit auf der anderen, und jede Mannschaft versuchte, den Gegner über den Balken zu ziehen. Die Skagit sangen ihre Kriegslieder, Tubcádad, und bekamen einen Lummi zu fassen. Mein Vater hielt den Mann an den Haaren fest und versuchte, ihn herüberzuzerren. Doch die anderen Lummi klammerten sich an ihren Kameraden, so daß mein Vater noch kräftiger an seinen Haaren ziehen mußte, was dem armen Kerl furchtbar weh tat. Trotzdem sang er: »Ich fürchte mich vor nichts.« Das sang dieser Lummi damals auf dem Potlatch in La Conner. Es ist wie ein Tubcádad-Kriegslied, aber anders. [. . .]

Die Häuptlinge der Swinomish riefen laut durch den Raum: »Bringt euch nicht gegenseitig um! Vergeßt, was eure Vorfahren sich angetan haben.« Die Lummi hatten ein scharfes Messer an das Ende einer Stange gebunden und damit einen Skagit-Mann am Bein verletzt. Beinahe hätten die Lummi diesen Mann erwischt, aber die anderen hielten ihn fest. Die Swinomish-Häuptlinge ermahnten die Mannschaften, Gewalttaten zu vermeiden. »Richtet keinen Schaden an! Benehmt euch anständig!« Mit solchen Worten verhinderten sie, daß der Wettstreit in einen richtigen Krieg zwischen den Stämmen ausartete.

Zwei bis drei Stunden war man damit beschäftigt, sich gegenseitig über den Balken im Haus zu ziehen. Als das Spiel entschieden war, hatten die Lummi die Skagit besiegt. Die Lummi hatten einfach die besseren Lieder. Als die Spieler sich zurückgezogen hatten, wurde die Frau meines Vaters von ihren Verwandten aufgerufen. Wir holten unser Dörrfleisch und den geräucherten Lachs und luden die Gaben im Haus unserer Gastgeber ab. Dem Swinomish-Häuptling schenkten wir Felle.

Man hatte ein Kanu nach Anacortes vorausgeschickt, um den Gästen aus Victoria entgegenzufahren. [. . .] Als sie zwei oder drei Kanus am Horizont entdeckten, kehrten sie zurück, um die Swinomish auf die Ankunft vorzubereiten. Die Kanus der Indianer aus Victoria waren mit Stapeln von Decken vollgeladen. Als sie anlegten, riefen die Verwandten der Frau des Häuptlings aus Victoria: »Kommt uns helfen, Jungs!« Zwanzig Mann stellten sich in eine Reihe, trugen die Decken auf ihrem Rücken bis zum Haus und warfen sie über ihre linke Schulter vor dem Vater der Braut zu Boden.

Dann bat man die Leute, ins Haus zu kommen. Der Häuptling, der das Potlatch leitete, rief laut in den Raum: »Wir wollen morgen früh damit anfangen, unsere Sachen zu verschenken.« »Gut! Gut!« kam die Antwort.

Nach dem Frühstück am nächsten Morgen fand das eigentliche Verschenkfest statt. Das Plankenhaus hatte ein flaches Dach, das zu einer Seite hin etwas abgesenkt war, so daß man die Deckenstapel hinauftragen konnte. Die Häuptlinge setzten sich daneben, und Chief Joseph, der zu dem Potlatch eingeladen hatte, brachte als erster seinen Besitz unter die Leute. Er rief einen Namen nach dem anderen auf und reichte die Wolldecken hinunter. [. . .] Mein Vater erhielt vier Decken geschenkt wie einige andere Skagit. Die meisten bekam allerdings die Tochter des Häuptlings aus Victoria, doch kaum jemand ging leer aus.

Danach baute man aus zwei Kanus ein Plankenboot zusammen. Die Braut des Häuptlings aus Victoria kletterte hinauf und setzte sich auf die Plattform zwischen den beiden Booten. Dann wurden Decken, Mützen, Hemden, einfach alles um sie herum aufgestapelt, bis schließlich nur noch ihr Kopf zu sehen war. Ihre Leute stießen das Floß etwa fünf bis sechs Meter vom Ufer ab und riefen: »Los, holt euch alle einen Stock zum Auffangen!« Ihr Mann wollte vom Boot aus Sachen verschenken. Man nennt das Xubálik'u, wenn der Ehemann für seine Frau Geschenke fortgibt.

Als erstes wurden Mützen verschenkt. Das waren die ersten

Die Braut

Mützen, die unsere Indianer zu sehen bekamen. Mein Vater konnte eine davon auffangen. Die Leute holten Stöcke, mit denen sie die Sachen aus der Luft angeln konnten. Man warf sie möglichst hoch hinauf, damit jeder eine Chance hatte. Manchmal blieben die Sachen an zwei Stöcken hängen, so daß einer der Männer ein Hemd zerschnitt, um es mit einem anderen zu teilen. Unsere Indianer hatten vorher noch keine Hemden gesehen. Dann wurden Decken vom Floß geworfen. Wenn vier Leute dieselbe Decke auffingen, wurde sie in vier gleiche Teile zerrissen.

Schließlich kamen sie an die Gewehre, die sie ebenfalls in die Luft warfen. Jemand verfehlte ein Steinschloßgewehr, so daß es ins Meer fiel. Mein Vater stürzte sich ins Wasser, tastete danach und zog es heraus. Es war das erste Gewehr, das mein Vater bekam. Es hatte ein Steinschloß. Mein Vater hatte Glück gehabt.

Der Häuptling aus Victoria warf all diese Sachen fort, weil er jetzt mit den Swinomish-Indianern verwandt war. Er beschenkte sie, wie es die Swinomish tun würden, wenn sie nach Victoria auf Besuch kämen. Die Gäste blieben zwei oder drei Tage und kehrten dann nach Hause zurück. Decken gab es damals noch ziemlich selten. Nur die Leute aus Victoria brachten einen ganzen Stapel davon mit. Die Skagit bekamen bei dieser Gelegenheit ihre ersten Gewehre und Wolldecken. Es waren kleine Decken mit einem Handelszeichen in einer Ecke. Später fuhren die Swinomish nach Victoria und gaben dort ein Verschenkfest, Ex'u, »man revanchiert sich«. Sie schleppten ihre Decken bis ins Haus. Mein Vater war dabei, als sie sich revanchierten, ex'u. [. . .]

Später verbot der Indianeragent in Tulalip den Indianern, Verschenkfeste abzuhalten. Die Weißen wollten, daß man uns bezahlte, wenn wir etwas fortgaben. »Hört damit auf«, sagte er uns. »Ihr dürft nicht einfach alles verschenken.« Ich war über zehn Jahre alt, als der Agent uns das Potlatch verbot. Danach wurden noch einige Potlatch heimlich abgehalten, aber kein großes mehr. [. . .]

Einmal sah ich am Ufer Salzwasserkanus, die mit einer Neigung zum Wasser hin aufgestellt waren. »Was ist das?« fragte ich meine Großmutter. »Warum stellt man das Kanu gerade so am Strand auf?« »Ach«, antwortete sie, »da sind tote Menschen,

Skaiyó, drin.« Einige dieser Boote waren bestimmt noch einiges Geld wert. Wenn jemand später ein Kanu brauchte, räumte er einfach die sterblichen Überreste aus und säuberte und wusch das Kanu. [. . .]

Mein Vater, mein Großvater und meine Tante kümmerten sich abwechselnd um meine Erziehung. Als ich einmal in Port Madison zu Besuch war, wollte meine Tante, daß ich bei ihr bleibe, damit sie für meine Bildung sorgen könnte. »Verschlaf nicht die ganzen Nächte«, sagte sie zu mir. »Steh auf und sieh dich nachts um. Dann wirst du Macht bekommen.« Meine Tante meinte es gut mit mir und wollte, daß ich bei ihr bleibe.

In Port Madison gab es die Sxéxetib, eine Geheimgesellschaft. Es ist schwer zu erklären, aber sie verleihen den Menschen besondere Kräfte. Wenn jemand ein Lied finden soll, stecken sie ihn acht oder neun Tage lang an einen Ort, ohne daß er irgend etwas zu essen oder zu trinken bekommt. Sie lassen ihn einfach dort, bis er einen Zustand erreicht, in dem er ein Lied erfindet. Ich fürchtete mich vor ihnen, weil sie ganz anders sangen, wie in einer Art Knurren: »I'i'i'i'a'a'a'a'.« Außerdem sprachen und sangen sie die Zuschauer aus großer Nähe an. Die Leute mußten eng zusammenrücken, und dann gingen sie umher und sangen ihnen direkt ins Gesicht. Niemand durfte lachen. Sie konnten sehr gemein werden, wenn sie jemanden lachen hörten.

Einmal spielten wir in Port Madison und sangen dabei das Sxéxetib-Lied, wie wir es gehört hatten. Ein Mann wurde auf uns aufmerksam und rannte hinter uns her. Er wollte nicht, daß wir dieses Lied aus Spaß sangen. Wir bekamen Angst und versteckten uns im Gebüsch. Bestimmt hätte er uns etwas getan, wenn er uns eingeholt hätte. Danach hörten wir auf, dieses Lied zu singen, und stimmten es nie wieder an.

Mein Onkel, der in Port Madison lebte, sagte zu mir: »Wenn du mutig bist, dann streichst du nachts umher. So findest du am leichtesten einen Schutzgeist.« »In Ordnung, Onkel«, antwortete ich ihm. Die Indianer singen dort von K'wáxk'ud, von der Geisterkraft des Reichtums. Ich stand also nachts auf und ging am Strand schwimmen. Einmal dachte ich, daß ich fast einem Schutzgeist begegnet wäre, der vor mir fortrannte. Ich legte mich deshalb auf die Lauer, um herauszufinden, ob es eine Geisterkraft war, die mich besuchen wollte. Als sie wieder in meine Nähe kam, sprang ich auf und bekam sie zu fassen. Jetzt meinte ich, den Schutzgeist eines richtigen Indianers gefangen zu haben, aber es war kein Geist. Es war ein Mädchen. [. . .] Sie suchte wie ich nach einer Geisterkraft.

»Was ist das?« rief ich vor Schreck. »Du kommst besser nicht hierher, wenn du schwimmen gehst. Ich könnte versehentlich in deine Fußstapfen treten, und dann würdest du krank werden. Ich kann nur hier schwimmen gehen.« »Ja, ja«, antwortete sie. »Wessen Tochter bist du?« fragte ich sie. »Meine Mutter ist eine Untere Skagit.«

Wenn ich versehentlich über ihre Fußspur gegangen wäre, hätte ich sie krank machen können. Deshalb nahm ich mich besonders in acht und vermied es, nachts an einen Ort zu gehen, wo andere vor mir gewesen waren. Man redete den Kindern ins Gewissen, sich überall vorzusehen. Das tat ich auch, denn ich hätte krank werden und sterben können, wenn jemand in meiner Fährte gelaufen wäre.

Das Mädchen ist bald darauf gestorben. Sie hat nicht mehr lange gelebt, weil ich damals über denselben Weg zurückgegangen bin. Das habe ich erst später erfahren. Ich hatte der kleinen Frau, die über den Strand gewandert war, eine schlimme Niederlage bereitet. Sie hat nie geheiratet, sondern ist vorher gestorben. Sie hatte versucht, die K'wáxk'ud-Kraft zu bekommen und ist vorher gestorben. [. . .] K'wáxk'ud ist so ähnlich, wie in einem Kanu auf offenem Meer laut zu singen. Deshalb singt man es auch in einem Kanu auf dem Meer. Diese Kraft bringt alle Sachen schnell und bequem herbei, so daß ich zum Beispiel für eine Arbeit gut bezahlt werde. So geht das. [. . .]

Man hat mir einmal erzählt, wie es war, als sich die ersten Katholiken auf der Whidbey-Insel niederließen [1840]. Ein Priester war mit dem Schiff gekommen und hatte ein Holzkreuz durch die Wälder getragen, um es auf der anderen Seite von Coupeville aufzustellen. Das Kreuz hat dort lange Zeit gestanden. Er war der erste Priester hier, und er war ganz allein. Er ist durch die Wälder gezogen. Eine große Menschenmenge hat ihn dabei begleitet. Als er sich ein Röllchen Gras mit einem Streichholz angezündet hat, sagten die Leute:»Das muß ein Teufel sein, weil ein Feuer brennt, wo er geht.« Erst als sie herausgefunden hatten, was Streichhölzer sind, brauchten sie den Priester nicht mehr zu fürchten. Viele kümmerten sich nicht weiter um ihn, nur die Häuptlinge unterstützten ihn. Deshalb konnte er sie dazu bewegen, alle Kinder, alle Mädchen und alle Jungen, überhaupt alle, die es wollten, taufen zu lassen.

Damals bekamen wir so etwas wie eine Karte, die man aufhängen kann. Sie zeigte uns, wo wir hingehen, wenn wir sterben. Der alte Häuptling Snatlem besaß eine. Darauf konnte man genau erkennen, welchen Weg die Seele nimmt, wenn man stirbt. Oben war Gott zu sehen und darunter das Reich des alten Teufels. Da wohnte der Teufel, zu dem die Menschen geschickt werden, die nicht gut sind. Viele Indianer hatten Angst davor. Einige glaubten es, andere nicht, genau wie heute. Das Bild wurde vorne in der Kirche aufgehängt, und der Häuptling hat es seinen Leuten genau erklärt. [. . .] Die Indianer sagen:»Die Toten leben an einem Ort, der so ist wie der unsrige. Da geht es ihnen genauso gut wie uns hier.« Es muß dort also einen Fluß geben, wo sie wohnen, und die Toten leben bestimmt zusammen. Jeweils ein Stamm lebt da zusammen. So erzählen es jedenfalls die alten Leute.

Früher trafen sich die Oldtimer in Priest Point, um ihre Gesänge abzuhalten. Dort schickten sie ihre Schutzgeister in das Land der Toten. Als ich bei meiner Tante wohnte, hörte ich einmal von ihnen. Pater Chirouse glaubte nicht daran. »Geht nicht dahin, Jungs! Das ist Teufelswerk.« Sie wollten eine ganze Nacht lang in Priest Point tanzen, weil der alte Tsaós krank war. Er war ein Snohomish-Indianer und schon lange ans Bett gefesselt. Schließlich bestellte er einige Heiler, die herausfinden sollten, ob seine Seele schon ins Reich der Toten eingegangen war, denn sie war ihren Geistern bereits begegnet. »Laßt uns nach ihm suchen«, sagten sie. Und tatsächlich entdeckten sie den Kranken da unten bei den Verstorbenen. Weil Tsaós schon lange krank gewesen war, meinte der Heiler: »Ich fürchte, die Toten haben ihn für immer geholt. Helft mir, meine Freunde! Helft mir, den Toten zu finden!«

Ich gehörte zu den wenigen jungen Leuten, die gekommen waren, um den Alten ganz genau zuzusehen. Sie tanzten, wie man es in La Conner tut, mit Stöcken, wie diesem Gehstock hier. Wenn sie von den Toten bedroht worden wären, hätten sie sich damit zur Wehr gesetzt. Man traf sich in einem großen Haus, wie es unten in La Conner gebaut wird, und die Heiler sagten den Anwesenden, wann sie aufstehen und tanzen sollten.

Sie sangen von Búltadak, der Geisterkraft, die zu den Toten hinabsteigt. Rund fünfzig Leute sangen miteinander, angeleitet von fünf oder sechs indianischen Heilern, alles alte Leute, und einem Weißen, der über Geisterkraft verfügte. Er sang uns vor, was die Toten sprachen. Es hatten sich besonders viele indianische Heiler versammelt. Man nennt das Oyóiyos, wenn die Heiler zusammenarbeiten, die ganze Nacht aufbleiben und bis zum Morgengrauen tanzen. Pater Chirouse wollte nicht, daß wir den alten Weg kennenlernten.

Da war ein alter Mann, der einen Eulen-Schutzgeist besaß. Er ging voraus und sang auf dem Weg, über den ihm alle folgten. Einige hatten Angst und äußerten ihre Befürchtungen: »Mein Schutzgeist könnte dort unten bleiben und nicht mehr zurückkehren.« Die Toten verfügen nämlich über gewaltige Kräfte, und dort unten, wo sie leben, gibt es einen großen Fluß. Als die Heiler den Fluß erreichten, rief die Eule: »O. . . hu. . . u. . . hu. . .«, und die Toten wurden aufmerksam und kamen ans Ufer, weil sie dachten, daß jemand gestorben wäre.

Die Schutzgeister waren alle in ihren verschiedenen Kanus gekommen, mit denen sie kleine Flüsse überqueren konnten. Die Toten wollten gerade ihre Boote besteigen, die wie gekrümmte Baumstämme aussahen, mit den Enden nach oben gebogen. Deshalb nahmen die Schutzgeister jetzt ein großes Kanu, das aus einer kräftigen Zeder gebaut war. Niemand brauchte zu rudern; die Schutzgeister setzten es nur mit ihren Geisteskräften in Bewegung. Die alte Eule saß vorne. »Wo ist Tsaós?« fragte sie. »Wo ist Tsaós?« »Seine Kraft ist bei seinem verstorbenen Sohn«, kam die Antwort.

Die Toten standen am Ufer und sangen, als die Schutzgeister an Land gingen. Die alte Eule stieg als erste aus: »U. . . hu. . .« Die Eule ließ ihren Ruf im ganzen Haus hören. Die Toten bekamen

Angst vor den Schutzgeistern der Heiler und ihrer Begleiter. Einer der Männer entdeckte den verlorenen Mann, sprang auf ihn zu und hielt ihn fest. Die Toten hatten ihn im Innern ihres Hauses zusammengeschnürt, aber die Schutzgeister holten ihn da heraus.

»Er ist lange Zeit verloren gewesen«, erzählte uns die Eule. Da gerieten die Toten in Zorn. Seine toten Verwandten wurden wütend und wollten Tsaós nicht ins Leben zurückkehren lassen. Doch weil sie sich fürchteten, konnten sie es nicht verhindern. Denn die Schutzgeister sangen, als sie in ihr Kanu stiegen. Dann gingen sie an Land. Als sie wieder zu Hause eintrafen, stimmten sie die Lieder ihrer Geisterkräfte an. Sie tanzten die ganze Nacht lang. »Sie haben Tsaós!« sangen alle Leute in dem Langhaus, als sie Tsaós heimholten.

»Ich war schon tot«, bestätigte der kranke Mann den Leuten, die ihn zurückbrachten. Sie hatten jedoch seine Geisterkraft gefunden und ihm zurückgegeben. »Dieser Tote hatte deine Kraft. Nun komm. Wir wollen dich hier in unserer Mitte aufrichten.« Die indianischen Heiler standen im Kreis um ihn herum und tanzten. Nachdem er seinen Schutzgeist zurückerhalten hatte, konnte er aber noch nicht sofort aufstehen. Ganz allmählich gelang es ihm, als er sein Lied anstimmte. Ich hatte ihn lange Zeit nicht mehr singen hören. Er stand schließlich sogar auf und ging umher und sang sein Geisterlied, das die Heiler ihm zurückgegeben hatten. Alle halfen ihm dabei. Er besaß die Salzwasserkraft. Sie bringt Erfolg bei der Jagd auf Tümmler und Robben vom Kanu aus. Seine Helfer freuten sich, daß der alte Mann mit seiner Salzwasserkraft gesund geworden war.

Alle setzten sich nun hin. Gleich neben Tsaós' Bett lag ein Stapel neuer Decken. Nun ging es ans Bezahlen. Er bedankte sich bei allen und gab jedem Helfer eine neue Decke für seine Arbeit. »Ich bezahle euch mit einer Xokobolítsa, einer weißen Handelsdecke«, sagte er. Die Heiler hatten ihm seine Kraft zurückgegeben, deshalb blieb er noch eine ganze Weile gesund. Die Eule geht immer voran, wenn man sich in das Land der Toten begibt. Sie macht mit ihren Augen Licht. Sie ist sehr mächtig. Der Vater meiner Großmutter besaß Eulenkraft. [...]

Meine Mutter sang früher zum Skaib-Schutzgeist. Er bringt die

Kraft, stark zu sein und nie krank zu werden. Wenn du dich schneidest, heilt die Wunde schnell. Du brauchst dich nicht weiter darum zu kümmern. Du stehst auf und kannst gehen. Man malt sich das Gesicht rot an und tanzt umher. Fischkraft war der Schutzgeist meiner Großmutter. [...] Einer meiner Großväter sang auch von Sk'ágwax. Er hatte immer Glück, wenn er auf Lachsfang ging. Einmal spielte ich weit draußen und träumte von Sk'ágwax, als ich auf dem Boden schlief. Das war der erste Schutzgeist, zu dem ich gesungen habe. Ich singe jetzt nicht mehr von ihm. Er ruft seinen Namen, wenn man sein Lied anstimmt. [...]

Als ich bei meinen Verwandten wohnte, um nach Muscheln zu graben, spielten wir Kinder draußen am Strand und warfen mit Steinen. Ich traf den Sohn der Frau, bei der ich wohnte, mit einem Stein außen am Knöchel. Ja, er war schlimm verletzt. Obwohl ich ihm erklärte, daß ich ihm nicht weh tun wollte, wurde er nur noch zorniger auf mich. Er war weit vorausgelaufen, und der Stein war abgeprallt und hatte ihn am Fuß getroffen. Ich hatte Angst und wollte nicht mehr in sein Haus zurückkehren, weil er so wütend war. Ich wünschte, ich hätte jetzt meinen Vater um Rat fragen können. »Vielleicht ist es besser, zu meinem Vater nach Hause zu gehen«, dachte ich mir.

Als ich in Skagit City angekommen war, legte ich mich draußen schlafen, weil ich fürchtete, daß sie böse auf mich wären. Ich traute mich nicht ins Haus und suchte mir einen Platz in einer Höhle. In der Nacht schlich sich die große Eidechse zu mir, direkt auf mein Gesicht, und sprach zu mir und lehrte mich, wie ich ihr Lied singen sollte. Ich war eingeschlafen, als sie mir zeigte, wie ich ihr Lied singen sollte. Weil ich Angst hatte, kroch sie in meinen Mund. Da sagte ich: »Ich singe dir jetzt ein Abschiedslied!« »Gut!« sagte sie darauf. [...]

Wir heirateten immer auf unsere Art. Nur die Jüngsten wurden nach Absprache zwischen den Häuptlingen beider Familien miteinander verheiratet. Auch wir wurden durch eine Absprache zu Eheleuten. Meine erste Frau, Lucy, eine kleine junge Frau, war eine Nookachamps. Deshalb holten sie den Häuptling der Nookachamps, um die Sache zu bereden. Der Häuptling der Nookachamps sprach darüber, dann der Häuptling der Sikwigwilts. Schließlich meinten sie: »Gut. Sie sind ja schon miteinander verheiratet. Dann ist eben alles in Ordnung.« Es war das Blut, das alles verdorben hat. [. . .]

Mein indianischer Name ist T'sálwulq. Das war der Name eines Großonkels meiner Mutter, einer der Häuptlinge auf der Whidbey-Insel. Ich bekam meinen Namen, als ich meine erste Frau geheiratet hatte. Ein alter Häuptling der Lummi war zu Besuch; er war mein Verwandter. [. . .] Ich habe ihm fünf Dollar dafür bezahlt, daß er mir diesen Namen gegeben hat. Ich habe ihn dafür bezahlt.

So war das früher üblich. Wenn ein Mann keinen Namen hatte, war er nichts wert, »überhaupt kein Mann«. Es wurde viel über einen Mann geredet, wenn er einen Namen bekommen hatte. Der Mann, der den Namen verlieh, sagte vielleicht: »Dieser Mann gehört zum höchsten Stamm. Er soll den Namen des größten Häuptlings tragen.« So wurde über die anderen Leute gesprochen. Ich wurde immer gefragt: »Wo gehörst du hin?« Darauf antwortete ich: »Ich bin ein Skagit-Mann, Unterer Skagit; meine Mutter ist eine Snohomish.« Da ist es natürlich bequemer, einen Namen zu haben. Dann wird man nämlich beim Namen gerufen, und die anderen Leute sagen: »Ja, du gehörst zu dem und dem Stamm.« Man spricht dann untereinander: »Wir kennen jetzt diesen Mann. Er ist ein Snohomish, ein Skagit. Er ist ein Mann aus diesem oder jenem Stamm.« [. . .]

Die Nookachamps sind freundliche Menschen. Sie wohnten in kleineren Häusern, nicht ganz so groß wie bei uns. Zwei oder drei Häuser benutzten sie nur dafür, Fisch zu dörren. Der Nookachamps-Fluß war sehr fischreich. Deshalb füllten sich ihre Reusen immer schon nach kurzer Zeit mit Silberlachsen. Sie flochten große Körbe, mit denen sie die Fische fingen. Sie brauchten die Körbe nur noch zu öffnen, um einen ganzen Schwarm Fische herauszuholen. »Laß uns doch einfach mal die alten Leute besuchen gehen«, sagte ich zu meiner Frau. »Wir kaufen Mehl, Zucker, Reis und bewirten die alten Leute.« Sie hatte nämlich nur noch einen Bruder in Nookachamps. »Gut, mein Großvater«, sagte sie zu mir, »wenn du unbedingt bei alten Leuten wohnen möchtest.« [. . .]

Ich bin nicht lange bei meiner ersten Frau geblieben, nachdem ich bei ihr gewesen war und sie mich mit Blut beschmutzt hatte. Deshalb habe ich sie verlassen. Meine Schutzgeister fürchteten sich davor und haben mich verlassen. Wir haben versucht, uns durch Schwimmen zu reinigen. Das Blut der Frauen ist nämlich Gift für einen Schutzgeist. Meine Schutzgeister kamen einfach nicht mehr, wenn ich zu ihnen sang. Sie spielten verrückt und hielten sich eine ganze Zeitlang vor mir versteckt.

Früher errichtete man draußen eine kleine Hütte aus geflochtenen Matten. Die Frauen lebten dort, bis ihre Tage vorüber waren. Sie zählten die Tage und kamen dann ins Haus zurück. Meine Frau hatte keine solche Hütte aufgesucht, sondern war in unserem Haus geblieben. Deshalb ging ich nach Port Gamble arbeiten und ließ meine Frau zurück. Ich glaube, daß sie traurig war. Ich habe ihr keine Vorwürfe gemacht, sondern ihr nur gesagt, daß ich nach Port Gamble arbeiten gehe. Dann habe ich mein Kanu geholt und bin fortgefahren. Meine Kraft kam zurück, nachdem ich sie verlassen hatte. [...]

Mit meinen Partnern fuhr ich später in einem Kanu nach Hause zurück. Meine Frau, die kleine Lucy, kam dann auch wieder zu mir. Wir lebten bei [...] einem Weißen, der mit einer Indianerfrau, meiner Cousine, verheiratet war. Dort traf ich eine andere Frau, eine ziemlich schlimme Person, die sich vorgenommen hatte, mich zu heiraten. [...] Sie war schon über dreißig; ich war damals ungefähr vierzig. Sie war mir nachgereist. Manchmal waren die Frauen hinter den Männern her. Ich dachte, daß sie bloß bei ihrer Verwandten zu Besuch war, doch sie hatte sich nur wegen mir auf den Weg gemacht. Mit vier oder fünf anderen Frauen wollte sie meine Frau verprügeln. Sie wollte nicht, daß ich mit meiner jungen Frau zusammenlebe. »Ihr geht besser nach Hause«, sagte ich ihnen. »Wir wollen nicht, daß ihr hier einen Streit anfangt.« Trotzdem schlugen sie Lucy und zogen sie an den Haaren, als sie miteinander kämpften. Was war das für ein Höllenspektakel! Man nennt es Cadcádzo, »Frauen kämpfen um einen Mann.« Die Frau, die den Sieg davonträgt, bekommt den Mann und heiratet ihn.

Meine erste Frau verließ mich dann. Sie wollte nicht mehr

dableiben. Ich ließ meine junge Frau gehen. Nein, ich wollte nicht, daß sie mich verläßt. Ich habe ihr aber auch nichts gesagt, als sie fortging, nur: »Adieu, Lucy.« Es war schlimm für sie, einer anderen Frau das Feld zu räumen. Eine Frau muß viel reden, um ihren Mann zurückzugewinnen. [. . .]

Ich bin traurig darüber, daß ich meine junge Frau gehen ließ. Sie ist zu ihrem Bruder zurückgekehrt. Sie wollte zwar immer noch mit mir zusammenleben, aber die Frau aus La Conner wäre wütend geworden, wenn sie das gewagt hätte. Drei oder vier Leute machten sich aus Nookachamps auf den Weg und baten mich, zu meiner ersten Frau zurückzukehren. »Ich kann nichts dagegen machen«, sagte ich ihnen. »Diese Frau hat es sich einfach in den Kopf gesetzt, mich zu heiraten.« Mein Schwager, der Bruder meiner Frau, war außer sich vor Wut. Er kam nicht, um mich umzustimmen, aber ich war sicher, daß er mich haßte. Meine erste Frau wurde bald krank und starb. [. . .]

Nach meiner Heirat habe ich in einem Frachtlager gleich unterhalb von Mount Vernon gearbeitet. [. . .] Einmal war ich fortgelaufen, um mich auszuruhen. Als ich wach wurde, sagte ich zu meiner Frau: »Da müssen irgendwo Schlangen sein.« Direkt unter meinem Kopfkissen wand sich ein ganzes Bündel Schlangen. Sie hatten sich unter meinem Kissen zusammengerollt. »Steh schnell auf!« schrie meine Frau. »Da ist ein ganzes Bündel Schlangen unter deinem Kopf.« Sie hatte furchtbare Angst. »Keine Panik!« beruhigte ich sie. »Sie besuchen mich nur, weil ich krank bin. Es sind meine Schutzgeister. Hab keine Angst vor ihnen und tu ihnen nichts.« Ich stand langsam auf und sprach beruhigend zu ihnen. Es waren zehn Schlangen, eine große und neun kleine. Ja, sie haben mir wirklich geholfen. Die Eidechse kommt mir auch zu Hilfe, wenn ich kranke Menschen heile. Sie ist eigentlich nur eine kleine, kurze Schlange. Sie sieht aber auch fast wie ein Mensch aus, diese Eidechse, sie ist eine Heilkraft. Sie hat oben und unten Gliedmaße, auf denen sie umherkriecht. Das ist die Eidechse, Dadésxaix. [. . .]

Mein Stiefsohn hatte einen Jungen, Tandy. Dessen Frau wurde krank, als sie ein Baby erwartete und es nicht herauskommen wollte. Die Frau meines Stiefsohns kam deshalb zu mir und holte mich aus dem Bett. Ich kam gleich mit und sah nach Tandys Frau. Seit zwei oder drei Tagen befand sie sich schon zwischen Leben und Tod. Es war ein großer Junge und ihr erstes Kind. Es tötete fast die Mutter.

Ich sprach folgende Worte: »Mein Großvater, Eidechse und ich versuchen es bei dieser Frau, das Baby herauszubekommen.« Ich sang ein Lied nach dem anderen. Dann nahm ich Herrn Eidechse und legte ihn gleich neben das Baby im Bauch. Es war schon fast tot. Zur Frau meines Stiefsohns sagte ich dann: »Ich lege mich jetzt wieder hin. Du weckst mich, wenn das Baby herauskommt. Jetzt gehe ich erst mal ins Bett.« Nach einer halben Stunde hörte ich das Baby schreien. Die Eidechse hatte das möglich gemacht; dafür ist sie da. Mein Großvater hat so den Frauen geholfen, als hier noch keine Weißen lebten. Tandy gab mir fünf Dollar dafür, daß ich seiner Frau geholfen hatte. Seine Frau war eine Chinesin. [...]

Ein andermal bekam ich große Angst, weil jemand meine Eidechsen- und meine Schlangenkraft versteckt hielt. Wenn da nicht der alte Mann gewesen wäre, hätte ich wohl sterben müssen. Aber er konnte sie mir zurückgeben, weil er einen Specht als Schutzgeist besaß. Der Specht verfügt über große Kräfte in seinem roten Kopf. Deshalb kann er auch den Menschen helfen. Es war wirklich lustig, wie der alte Mann meine Schutzgeister, Schlange und Eidechse, zurückgeholt hat. Er war so blind wie ich jetzt.

Er setzte sich auf einen Baumstamm, und sein Kopf ging auf und nieder. Nur der alte Mann, mein Vater und ich waren zu Hause. »Du mußt auf ihn aufpassen, Papa«, sagte ich, »sonst fällt er noch vom Baum.« Er hielt sich auf einen Gehstock gestützt, wie ich ihn jetzt habe. Schließlich kam ihm die Eidechse zu Hilfe. »Onkel«, rief ich, »du hältst eine Eidechse in deiner Hand.« Zu meinem Vater sagte ich: »Geh bitte und hol die Eidechse für mich, Vater.« Da kroch auch noch eine Schlange hinter ihm her. »Töte die Schlange nicht, Papa! Laß sie leben!« bat ich. Der alte Mann bekam es mit der Angst und schleppte sich bis zu seinem Bett. Die Schlange folgte ihm hinterher. »Es ist schon gut«, beruhigte ich ihn. »Sie wird sich gleich zurückziehen.« »Du hast aber wirklich sehr viel Macht!« meinte darauf der alte Mann anerkennend zu mir.

»Willst du nicht von deiner Kraft singen, Schlange?« fragte er mich. Ich hatte mich noch nicht ganz erholt und brauchte seine Hilfe. [. . .] Der alte Mann mit dem Specht-Schutzgeist war ein erfahrener Heiler. Er hat mir sehr geholfen. Ohne ihn wäre ich wohl gestorben. Trotzdem habe ich ihm nicht genug bezahlt, als ich ihm nur fünf Dollar gegeben habe. Am nächsten Tag brachten uns die Schutzgeister Unmengen von Fischen. Wie ein großes Seil säumte der Stint das Ufer. Die Frau meines Vaters lief zum Strand, raffte ihren Rock hoch und sammelte die Fische darin. [. . .]

Dein Schutzgeist kann dir deine Seele fortnehmen. Wenn du dann zu singen anfängst, bringt er sie dir gleich wieder zurück. [. . .] Die Schutzkraft ist stärker als Heilkraft. Manchmal kann die Heilkraft einem Kranken nicht helfen, dann hat die Schutzkraft immer noch Macht. Sie weiß, was die Menschen denken. Wirklich eine mächtige Sache! Sie besteht ganz aus Geist, ohne Körper. [. . .] Einige Leute haben von ihrer Schutzkraft nur geträumt und wollen sie dann anwenden. Das reicht aber nicht. Wenn man ihr leibhaftig begegnet ist, bei Tag oder bei Nacht, wird sie einem wirklich helfen. Eine Schutzkraft merkt sich genau, vor wie vielen Jahren man geboren wurde. Sie weiß immer, wie alt man gerade ist. [. . .] Wenn du dich verirrst, wird die Schutzkraft dich finden. Sie gleicht uns Menschen, indem sie weiß, wo sie ist, wenn niemand sie finden kann.

Als mein Bruder, meine Tochter und schließlich auch meine Frau gestorben waren, haben wir für ihre Geister ein Xódalik'u abgehalten, waóxdud skaiyo, »wir essen mit den Toten«. [. . .] Wir haben einer Frau Geld dafür gegeben. Sie war eine Cowichan-Indianerin aus British Columbia und hat uns nur für dieses Fest besucht. [. . .] Man braucht jemanden, der die Toten herbeirufen kann. Es zeigen sich alle, deren Namen man aufruft. Allerdings sprach sie die Namen in der Cowichan-Sprache aus; vermutlich verstehen die Toten Cowichan. Die Zuschauer dürfen dem Feuer nicht zu nahe kommen, sondern müssen einen gehörigen Abstand einhalten. Die Toten bleiben nämlich fort, wenn man zu nahe am Feuer sitzt.

Jeder konnte seinen verstorbenen Verwandten ein Geschenk machen. Man wickelte einen Leckerbissen in ein Stück neuen Kattun, den man dafür gekauft hatte, und warf beides ins Feuer. Auch die Angehörigen des Toten aßen bei dieser Gelegenheit eine Kleinigkeit. [. . .] Einige der Toten fuhren ins Feuer und holten sich ihr Essen. Deshalb hatte man ihnen Stoff zum Einwickeln mitgegeben. Andere Tote nahmen ihren Imbiß gleich im Feuer ein. Sie fürchteten sich aber davor, daß man sie zu fassen bekäme, und zogen sich schnell wieder zurück. [. . .] Als alle Geschenke verteilt waren, schlugen die Leute Stöcke gegeneinander, um die Toten zu vertreiben. Nun konnte man sicher sein, daß die Totengeister ihre Angehörigen in Frieden ließen. Sie hat das gekonnt, diese Frau. [. . .]

Nachdem meine Frau gestorben war, wollte ich nicht mehr heiraten. Ich machte mir Sorgen, wie ich eine Frau ernähren sollte, weil ich keine Arbeit hatte. Die Oldtimer zogen sonst immer mit ihrer Sbálotsid zusammen [Schwester der verstorbenen Ehefrau beziehungsweise Frau des verstorbenen Bruders]. Alle mußten das früher tun. Wenn man eine Sbálotsid hatte, war es egal, ob man schon mit zwei oder drei Frauen verheiratet war, man mußte seine Sbálotsid aufnehmen. In jenen Jahren hatten die Häuptlinge oft drei oder vier Frauen zu ernähren, bis sie mit diesem Brauch ganz aufhörten. [. . .]

Ich hatte Mitleid und bin zu Elizabeth und ihrem Vater gezogen. Sie wollten wohl, daß ich sie heirate, aber ich hab es nicht getan, sondern bin wieder fortgegangen. [. . .] Elizabeth hatte schon lange allein gelebt. Mein Bruder, ihr erster Mann, war an einer schweren Krankheit gestorben, und ihrem zweiten Gatten war es genauso ergangen. Deshalb erzählten sich die Leute, daß sie ein wildes Tier sein müsse, weil ihre beiden Männer gestorben waren. [. . .]

Neulich träumte ich, wie die Oldtimer miteinander sangen. »Was willst du tun, mein Enkel, was willst du tun? Willst du einen Geistertanz abhalten, Yódub? Welches Lied willst du anstimmen? Von welcher Kraft willst du singen?« fragten sie mich.

»Gut, du sollst von mir singen, mein Enkel, wenn du ein Lied anstimmst.« »Wovon soll ich singen?« fragte ich zurück. »Sk'ágwax, davon sollst du singen.« Mein Großvater gehörte zu den wenigen, die sogar im Winter Lachse fingen. Ich kannte Sk'ág-wax. Er wollte schon lange, daß ich davon singe.

»Dann werde ich es dir vorsingen«, sagte er zu mir. »Paß gut auf. Ich werde das Lied dreimal für dich wiederholen.« Das war es also, warum mein Großvater beim Lachsfang so erfolgreich war. [...] Niemand singt das Lied heute noch. Ich habe es dreimal in meinem Traum gesungen, dann schwanden mir die Kräfte.

Die Inuit – Jäger der Arktis

In vielen Büchern liest man, daß die Eskimo oder Inuit (»Wir Menschen«) keine Indianer seien. Merkmale des Körperbaus, Eigenheiten der Sprache und die genetische Häufigkeit einer Blutgruppe werden zur Begründung dieser Aussage genannt. Wie alle Indianer waren die Inuit jedoch Bewohner der westlichen Hemisphäre, bevor die europäische Einwanderung begann, und gehören deshalb zur Urbevölkerung Amerikas.

Man braucht etwas Spürsinn, wenn man verstehen will, warum so kategorisch zwischen Indianern und Eskimo unterschieden wird. Bis vor kurzem bildeten die Inuit nämlich keine regionale politische Einheit wie die übrigen Stämme Nordamerikas, weil der Stillstand der Natur während vieler Monate des Jahres größere Ansiedlungen nur vorübergehend duldete. Wenn aber schon Menschen derselben Sprache nur vereinzelt zusammenkommen konnten, bestand für größere Kontakte mit anderen Völkern noch weniger Gelegenheit. Wie kaum eine andere Bevölkerung waren die Inuit den Schwankungen ihrer Umwelt unmittelbar ausgeliefert, die immer wieder verändernd in ihr Leben eingriff. Weil die vielen Gruppen nicht wie ein einziges Volk durch ständige Kommunikation miteinander verbunden waren und sich nur selten mit anderen Völkern austauschen konnten, leiteten Wissenschaftler ihre Gemeinsamkeit von äußeren Merkmalen her, wie sie zur Beschreibung von Rassenunterschieden benutzt werden.

Bei näherer Betrachtung bietet sich ein ganz anderes Bild. Die Eskimo-Kultur hat sich nämlich in ausgesprochen hohem Maße einer Umwelt anpassen müssen, die nur wenig Wahlmöglichkeit läßt. Auf der Grundlage dieser gemeinsamen Lebensweise spannt sich eine Menschenbrücke über eine Entfernung von weit über zehntausend Kilometer hinweg von Sibirien über Alaska und Nord-Kanada bis nach Grönland. Die Eskimo-Kultur widerlegt damit den Irrtum, Amerika sei jemals von Europäern »entdeckt« worden; eine Verbindung hat zumindest nach Asien immer bestanden. Die ersten Bewohner der Neuen

Welt, denen Wikinger vor tausend Jahren begegneten, waren Inuit. Und es waren Inuit aus Alaska und Sibirien, die in ihren Fellbooten den Eisernen Vorhang immer wieder ingorierten.

Auch unsere gewöhnliche Vorstellung von der Eskimo-Kultur entspricht kaum den Tatsachen. Obwohl die Inuit als Küstenbewohner auf das Meer angewiesen waren, hatte der Fischfang keine große Bedeutung für sie. Täglich benötigte eine Familie mit ihren Schlittenhunden rund zwanzig Kilo fettreiches Fleisch, das nur durch die Jagd auf Meeressäuger wie Robben, Walrosse, Wale und Seeotter beschafft werden konnte. Meeressäugetiere lieferten nicht nur Nahrung und Brennstoff, sondern auch die Ausgangsmaterialien für Bekleidung, Sommerzelte, Bootsbezüge, Werkzeug, Schmuck und viele andere Gebrauchsgegenstände. Fische und Wasservögel boten allenfalls eine Ergänzung der kalorienreichen Nahrung. Weil die Inuit häufig ohne pflanzliche Kost auskommen mußten, deckten sie ihren Vitaminbedarf vor allem durch den Verzehr von rohem Fleisch. Deshalb bekamen sie von ihren Ojibwa-Nachbarn den Namen »Ashkimeq« oder »Rohfleischesser«, von dem sich unser Wort »Eskimo« herleitet.

Vor fünftausend Jahren dürfte die Eskimo-Kultur bereits viele Züge entwickelt haben, die bis in unsere Zeit fortgeführt wurden. Bei Ausgrabungen auf den Aleuten und in Sibirien hat man eigenartige Grubenhäuser gefunden, die nach dem Prinzip der Schneehütte (iglu) angelegt waren, indem der Eingangskorridor unterhalb der Höhe des Hauptraums liegt, so daß die Körperwärme der Bewohner als einzige Wärmequelle neben den Tranlampen genutzt werden konnte. Ein Vorläufer der Eskimo-Kultur erstreckte sich am Ende der letzten Eiszeit vermutlich bis weit nach Westsibirien hinein. In der charakteristischen Eskimo-Kleidung aus einteiliger Hose und Windjacke (Anorak und Parka sind Eskimo-Wörter) will man daher die Ausgangsform der Kleider erkennen, die an der Eisgrenze entwickelt wurden und heute in zahllosen Abwandlungen überall auf der Welt getragen werden. Kleidung, Waffen, Boote und Häuser der Inuit waren solche Wunderwerke menschlichen Erfindergeistes.

Die Eskimo-Sprache hat manche Ähnlichkeit mit anderen Indianersprachen, wenn Satzaussagen durch das Anfügen von Silben an Wortstämme gebildet werden. Dem Eskimo-Wort

»igdlorssualiorttugssarsiumavoq« entspricht zum Beispiel der Satz: »Ich suche jemanden, der ein großes Haus bauen kann.« Das grönländische Eskimo verfügt über kaum mehr als zweitausend Wortwurzeln. Trotzdem lassen sich alle Dinge, Eigenschaften, Beziehungen und Tätigkeiten der menschlichen Erfahrungswelt auch in der Eskimo-Sprache zum Ausdruck bringen, indem eine Vielzahl von Satzelementen an eine dieser Wurzeln angehängt wird. So kennt die Eskimo-Sprache nicht weniger als dreißig hinweisende Satzbestandteile, um den genauen Ort eines Gegenstands zu bezeichnen.

Die große Anpassungsfähigkeit des Eskimo-Wortschatzes soll das folgende Beispiel illustrieren. »Nalu-voq« heißt »unwissend sein«. »Nalu-na-er« besteht aus den Elementen »nalu« (unwissend), »na« (zu sein) und »er« (nicht machen), was man zusammengenommen als »miteinander sprechen«, »kommunizieren« übersetzen kann. »Nalunaer-asuar-ta-ut« bedeutet dann »womit man (ut) gewöhnlich (ta) in großer Eile (asuar) miteinander spricht (nalunaer)« oder kurz: »Telefon«. Europäer deuten ein Eskimo-Wort also vom Ende her in Richtung auf den übergeordneten Gedanken.

Alle Kunstfertigkeit und Erfahrung, die in Tausenden von Jahren erworben wurden, hat den Inuit nur wenig Unabhängigkeit von ihrer natürlichen Umwelt beschert. Eine Veränderung der Wassertemperatur um wenige Grad hat bereits zur Folge, daß die Fische ausbleiben und mit ihnen die Meeressäuger, von denen das ganze Leben, Nahrung, Kleidung, Wärme und Licht, abhängt. Zu den traurigen Tatsachen der alten Eskimo-Kultur gehörten daher nicht nur besonders häufige Jagdunfälle, sondern auch das Töten weiblicher Neugeborener und der Selbstmord der Alten und der Schwachen. An Frauen und Männer wurden hohe Anforderungen gestellt. Jede Nachlässigkeit, jeder Fehler setzte das Überleben der Gemeinschaft aufs Spiel. Trotzdem entstand keine Kriegerkaste, und große Besitzunterschiede blieben unbekannt.

In ihrem eigenen Lebensbereich besaßen Frauen die gleiche Autorität, die den Männern zugestanden wurde. Die Männer waren für die Versorgung mit Lebensmitteln verantwortlich, deren vollständige Verwertung und gerechte Verteilung in den Händen der Frauen lagen. Nahrung, Licht und Wärme, die drei Säulen des Lebens in der Arktis, haben bis heute nichts von ihrer Bedeutung verloren. Seit das Geld einen Zugang zu den Vorräten der Welt eröffnet hat, ist dem Dasein am Rande des ewigen Eises manche Härte genommen. Allerdings werden die natürlichen Quellen zur Befriedigung der Bedürfnisse immer seltener gemeinsam genutzt, seitdem alles vergleichbar geworden ist.

Der Erzähler der folgenden Geschichte wohnt in Point Hope, der größten Eskimo-Siedlung an der äußersten Nordspitze von Alaska. Erst seit dem Zweiten Weltkrieg siedeln hier auch Europäer in größerer Zahl. Das Leben der Inuit von Point Hope hat sich daher nur wenig geändert. Kleidung, Jagd, Transport, Heizung und Behausung sind von Importen abhängig geworden, doch wie in alter Zeit bestimmt das Kommen und Gehen der Jagdtiere den Jahreslauf in Nord-Alaska. Weil das Gesellschaftsleben in alter Zeit auf einige Familien beschränkt war, die zusammen wohnten und jagten, trafen Kirche und Schule bei den Inuit auf wenig Widerstand.

Die Unbarmherzigkeit der Natur hat dem Wesen dieser Menschen wenig schaden können, die als freundlich und heiter, ehrlich und hilfsbereit geschildert werden. In vielem stehen sie Europa näher, als der Mythos von der Entdeckung einer Neuen Welt glauben machen möchte.

Attun (Inuit)

Ich wurde in Point Hope, Alaska, geboren und bin der Sohn der Tochter von Häuptling Attun. Mein Eskimo-Name ist Attun. Auf folgende Weise habe ich die vergangenen siebenundzwanzig Jahre meines Lebens verbracht.

Ich kann mich eigentlich nicht mehr an meine Baby-Zeit erinnern, aber meine Schwester hat mir erzählt, daß ich ein ziemlich unruhiges Kind war. Ich finde, so müssen alle Kinder sein, besonders Jungen. Von meiner Schwester weiß ich auch, daß ich nie genug zu essen bekommen konnte, so daß sie mir bis zu einen Zentimeter dick Butter aufs Brot gestrichen hat. Das klingt ziemlich albern, ist aber wahr. Und noch etwas: Ich habe immer eine halbe Kaffeetasse voll Rosinen gegessen. Als Kind muß ich einen Magen wie ein Wolf gehabt haben. Einmal hat mich meine Schwester auch von einem Tisch fallen lassen, der fast ein dreiviertel Meter hoch war. Sie sollte mich festhalten, doch ich bin auf den Boden gefallen. Da bekam sie ziemliche Angst, daß ich mir ernstlich weh getan hätte, aber nach einer Stunde war ich wieder auf den Beinen.

Als ich etwa drei Jahre alt war, durfte ich schon alleine draußen spielen. Fünfzig, sechzig Meter vor unserem Haus floß ein Bach, und meine Schwester erzählt mir, daß ich immer mit nassen Kleidern vom Fluß nach Hause gekommen bin. Es muß schlimm für sie gewesen sein, auf mich aufpassen zu müssen, weil ich immer nasse Kleider nach Hause gebracht habe.

Als ich etwa vier Jahre alt war, habe ich meinen Vater bereits auf die Entenjagd begleitet. Später hat er mir erzählt, daß ich ihm oft vors Gewehr gelaufen bin, so daß er mich ausschimpfen mußte. Nachdem das ein paarmal geschehen war, wollte er mich nicht mehr auf die Jagd mitnehmen.

Ich kann mich noch gut daran erinnern, daß ich einmal den ganzen Tag zur Strafe in der Ecke stehen mußte, als ich etwa viereinhalb Jahre alt war, weil ich ein Stück Brot gestohlen hatte. Ohne etwas zu essen, mußte ich den ganzen Tag lang in der Ecke stehen. Das war ganz schön hart für mich, so daß ich nie wieder Brot gestohlen habe. Manchmal versuchte mein Vater, mir beizubringen, wie ich leben sollte oder besser, wie er mich haben wollte. Aber irgendwie bekam ich es nicht in meinen Kopf hinein. Ich wollte bloß mit den anderen Jungen herumalbern.

Ich konnte nie den Leuten zuhören, die über Gott redeten. Um die habe ich gleich einen großen Bogen gemacht, denn ich war doch nur ein böser kleiner Junge für sie. Ja, ich habe wirklich Dinge angestellt, die ich nicht hätte tun sollen, und habe mich vor den guten Taten gedrückt.

Da gab es einen Priester, den ich nicht besonders mochte. Ich habe Schlimmes durchgemacht, wenn ich zur Kirche gegangen bin, weil er unbedingt wollte, daß ich seiner Predigt zuhörte. Insgeheim habe ich ihn verflucht. Ich haßte seine Unverschämtheit. Sicher habe ich dem Priester unrecht getan.

In der Bibelstunde schnitt ich Grimassen, wenn ich es dort nicht mehr aushalten konnte. Ich haßte es, zur Kirche gehen zu müssen, aber ich hatte die schlimmste Strafe meines Vaters zu erwarten, wenn ich nicht hinging. Einmal bekam ich als einziges Kind keine Süßigkeiten zu Weihnachten von der Mission geschenkt, weil ich in der Kirche ungehorsam gewesen war. Aus demselben Grund wurde ich von meinen Eltern oft geschlagen und sogar vom Missionar. Manchmal versuchte ich mein Bestes, ein guter Junge zu sein, aber das endete schon bald in irgendeiner Katastrophe.

Einmal spielte ich mit anderen Jungen draußen. Wir warfen mit Steinen nach den armen Vögeln. Mit einem solchen Steinwurf tötete ich versehentlich einen Vogel. Das war meine erste Jagdbeute. Meine Mutter veranstaltete eine kleine Feier für das erste Tier, das ich erlegt hatte, wie es Brauch ist. Wenn ein Junge seine erste Robbe oder sonst ein Tier erlegt hat, wird immer ein kleines Fest gegeben.

Als ich etwa fünf oder sechs Jahre alt war, stellte ich im Herbst etwa anderthalb Kilometer von unserem Dorf entfernt Fallen für Erdhörnchen auf. Ich hatte einigen Erfolg, aber ich war immer zu

Ein Inuit-Mann

faul, ihnen anschließend das Fell abzuziehen. Mein Vater drohte mir, daß er mir die Fallen wieder fortnehmen würde, wenn ich die Tiere nicht häutete, und das machte es schwer für mich.

Das Fallenstellen gefiel mir, aber nicht das Häuten. Deshalb dachte ich mir etwas aus. Noch andere Jungen stellten wie ich Fallen auf, und denen gab ich die Erdhörnchen, die ich gefangen hatte, anstatt sie zu Hause abzuliefern. Das war eine ziemlich merkwürdige Art, auf die Jagd zu gehen, doch so machte ich das fast eine ganze Saison lang. Wenn ich meine Beute nicht verschenkte, tauschte ich dafür Spielzeug. Einmal bekam ich für drei Erdhörnchen einen Bogen mit Pfeilen. Ich nahm auch schon mal ein Erdhörnchen mit nach Hause, wenn ich es häuten wollte. [. . .]

Mit sechs Jahren kam ich in die Schule. Die Lehrer waren einigermaßen streng. Mein Vater sprach mit ihnen und ermunterte sie, mich hart zu bestrafen, wenn ich mich danebenbenahm. [. . .] Ich machte meine Sache so lange gut, bis einer der Jungen mit einer Mundharmonika in die Schule kam. Ich wollte natürlich auch so eine haben, aber mein Vater hatte nicht genug Geld, um mir eine zu kaufen. Ich wußte, daß der Junge sie in der Tasche seiner Jacke aufbewahrte, die im Sturmkeller hing. Während einer Unterrichtsstunde ging ich auf die Toilette und holte mir die Mundharmonika aus seiner Jackentasche. Ich wollte sie ihm wegnehmen. Später kamen die Leute aber dahinter, und diesmal war ich wirklich in einer schlimmen Lage. Am selben Tag bekam ich gleich dreimal Prügel, einmal von meinem Lehrer, ein zweitesmal von meinem Vater und schließlich auch noch von meiner Schwester. Fast eine Woche lang konnte ich nicht auf meinem Hosenboden sitzen, und ich schwor zu Gott, daß ich so etwas ganz bestimmt nicht wieder tun wollte.

So vergingen die Tage, und ich versuchte, ein kleiner guter Junge zu werden. Wenn die Schule im Winter gegen drei Uhr nachmittags aus war, ließ mich meine Mutter draußen vor der Tür nach meinem Vater Ausschau halten, ob er von der Jagd zurückkam. Wenn er eine Robbe erlegt hatte, ging ich ihm auf halbem Weg entgegen und half ihm, seine Beute nach Hause zu schleppen. Ich glaube, alle Jungen taten das nach der Schule. Wenn mein Vater nichts erwischt hatte, mußte meine Mutter bei anderen Leuten Essen für uns borgen. Alle machten das. Ich meine, die Frau des Hauses geht zu ihren Nachbarn und bittet sie um Lebensmittel für ihre Familie, wenn ihr Mann keine Robbe erlegt hat.

Manchmal hatte es unsere Familie sehr schwer, wenn das Wetter schlecht war, so daß man keine Robben jagen konnte und kein Fleisch zu bekommen war. Ein andermal gab es wieder sehr viel zu essen, aber eben nicht die ganze Zeit lang. Doch, ich war oft sehr hungrig. Aber es ist bestimmt nützlich, Freunde im Dorf zu haben, weil die Leute dann gerne miteinander teilen, so daß letztlich jedem damit gedient ist. [. . .]

Im Frühling, etwa in der zweiten Mai-Hälfte, drehte mir mein Vater eine Schlinge für die Entenjagd. In dieser Jahreszeit gibt es immer sehr viele Enten. Es macht viel Spaß, Enten zu jagen, wenn es draußen warm geworden ist. Ich ging mit einer Schlinge auf Entenjagd und bekam manchmal welche zu fassen und manchmal auch wieder nicht. Gelegentlich verletzten sich die Tiere auf dem Eis, so daß ich sie leicht fangen konnte. Wenn ich dann nach Hause kam, erzählte ich meinen Leuten, daß ich meine Beute mit der Schlinge gemacht hätte. Das war natürlich gelogen, aber ich kam immer damit durch, weil sie die Wahrheit ja nicht wissen konnten. Ab und zu erwischte ich sogar drei oder vier verletzte Enten auf einmal, angeblich mit meiner Schlinge, wie ich ihnen erzählte. Erst mit etwa zwanzig Jahren gestand ich ihnen, daß ich sie belogen hatte.

Ich war kaum acht Jahre alt, als ich mit dem Rauchen anfing. Einmal qualmte ich mit einigen anderen zusammen im alten Treppenhaus, als wir von einem älteren Jungen erwischt wurden. Er verpetzte mich bei meinen Eltern, und mein Vater lief mit seinem Gürtel in der Hand hinter mir her. Ich versuchte alles, ihm zu entkommen, aber es half nichts – er holte mich schließlich doch noch ein und gab mir eine ordentliche Tracht Prügel. Als er mich nach Hause brachte, mußte ich wie ein Strafgefangener vor ihm herlaufen. Natürlich war es mein Fehler, weil ich nicht lernen wollte, ein sündhaftes Leben zu meiden.

Meine Mutter ließ mich danach jeden Samstag meine Kleider selber waschen. Ich hatte sechs Schwestern, aber ich mußte meine

Wäsche selber waschen! Mein Vater sagte meinen Schwestern, daß sie mir nicht helfen sollten, bis ich gelernt hatte, ein anständiger Junge zu sein. Manchmal war ich so wütend, daß ich meine Sachen bloß in den Bottich stopfte, einmal durchspülte und gleich zum Trocknen aufhing. Ich trug also immer noch schmutzige Kleider, nachdem ich sie angeblich gewaschen hatte.

Im Alter von ungefähr acht Jahren versuchte ich mich im Glücksspiel. Mehrere Jungen trafen sich damals an einem Ort, wo man uns nicht beobachten konnte, und einer von uns brachte ein Kartenspiel mit. Wir spielten um alles Mögliche. Einmal waren es Zigaretten, ein andermal Pfeifentabak oder andere Kleinigkeiten. Wenn ich nach Hause ging, versteckte ich meinen Gewinn im Sand hinter dem Haus. Aber gelegentlich verlor ich auch meinen Einsatz, und das waren dann Mutters Zigaretten oder Vaters Pfeifentabak, die ich mir an den Sonntagabenden besorgt hatte, wenn meine Eltern Freunde besuchten und niemand zu Hause war. Dann stellte ich unser Heim auf den Kopf und nahm mir eine Packung Zigaretten oder Pfeifentabak. Ich habe wirklich viel gesündigt damals. [. . .]

Mein Vater gab mir danach den Auftrag, jeden Tag die Wassereimer aufzufüllen, Holz zu hacken und die Hunde zu füttern. Solche Beschäftigungen hielten mich von früh bis spät auf den Beinen, so daß ich abends vor lauter Müdigkeit nicht mehr zum Spielen nach draußen kam. Ich war erst achteinhalb Jahre alt, als ich all diese Arbeiten erledigen mußte.

Ungefähr mit neun Jahren ging ich bei Frühlingsanfang auf Robbenjagd. Das machte mir Spaß, weil ich gerne schieße und kein allzu schlechter Schütze bin. Das erste Tier, das ich erlegt habe, verschenkten meine Eltern an eine alte Frau, und sie hat mir dafür gedankt. Natürlich war ich ärgerlich, daß ich meine erste Robbe fortgeben mußte. Doch so war das seit alter Zeit Brauch.

Da gab es noch etwas, worauf ich achtgeben mußte – Patronen. Ich besaß ein einläufiges Gewehr Kaliber 22, und mein Vater ermahnte mich immer, nur ja keine Munition zu verschwenden. Ich schoß nämlich gerne mit meiner Kaliber 22. Vater zählte stets die Patronen ab, die er mir gab, damit er wußte, wie oft ich das Ziel verfehlte. Wenn ich kaum etwas getroffen hatte, schimpfte er mich aus, weil ich die Robben hatte entkommen lassen. Das war ungerecht, weil man nur durch Schießen lernen kann, mit einem Gewehr umzugehen. Das konnte ich ihm aber nicht erklären, weil er bestimmt in Zorn geraten wäre, wenn ich es versucht hätte.

Als ich etwa zehn Jahre alt war, benutzte ich außerdem noch eine Schrotflinte. Ich war sogar ein ziemlich guter Schütze damit. Ab und zu traf ich drei oder vier Enten auf einmal, und das ist nicht schlecht für ein zehnjähriges Kind. [. . .] Ich kannte einen Jungen, der mit fünfzehn Schuß nicht eine einzige Ente erlegt hatte. Das war schon einigermaßen Pech für ihn. Ich glaube, ich hätte eine ordentliche Tracht Prügel bekommen, wenn ich mit dem Gewehr keinen Erfolg gehabt hätte.

Jetzt sollte ich vielleicht erzählen, wie ich zum erstenmal allein auf die Jagd gegangen bin. Gegen Anfang Juni war es Frühling geworden, und mein Vater hatte schon die ganze Nacht auf dem Eis draußen zugebracht, als er nach Hause kam und mich aufweckte, damit ich ihn ablösen konnte. Es war gegen neun Uhr morgens, als ich aus dem Bett sprang, um für meinen Vater Kaffee zu kochen. Ich schenkte mir auch eine Tasse ein und aß etwas Fleisch zum Frühstück. Dann ging ich zum Eis hinunter, wo mein Vater angesessen hatte.

Während ich auf einem Karibufell auf dem Eis lag, zog Nebel herauf. Meine Sicht reichte bald kaum noch acht Meter weit. Es war das erste Mal, daß ich mich ganz allein da draußen befand, und ich dachte angestrengt darüber nach, in welche Richtung ich wohl nach Hause gehen müßte. Endlich verließen die Robben das Wasser, aber ich gab keinen Schuß auf sie ab. Ich sorgte mich nur um den Nebel und den richtigen Weg nach Hause.

Zum Glück kam damals kein Wind auf, sonst wäre ich bestimmt aufs offene Meer hinausgetrieben. Vor lauter Aufregung wagte ich es den ganzen Tag lang nicht, auch nur einen Finger zu rühren. Es fehlte nicht viel, und ich wäre in jenem Frühjahr ein totes Huhn oder ein leichtes Fressen für die Robben geworden. Was war ich doch für ein großartiger Jäger! Nicht eine müde Ente habe ich an diesem Tag geschossen! Meine Gedanken kreisten nur ums Überleben, denn ich hatte Angst bis auf die Knochen.

Bald danach, im darauffolgenden Herbst, jagte ich Eulen mit meinem Gewehr Kaliber 22. Ich traf ein Tier aus vielleicht dreißig Meter Entfernung. Als ich näherkam, blickte ich in zwei unglaublich große Augen, fast so groß wie Murmeln, und bekam einen großen Schreck. Ich glaube, daß die Eule bereits tot war, aber ich habe mich so sehr vor ihr gefürchtet, daß ich sie einfach dort liegenließ. Ich war bestimmt ein tapferer Jäger damals . . .

Während des Schuljahres ging ich nur samstags auf die Jagd. Meist bekam ich von meinem Vater nicht mehr als fünf Patronen Kaliber 22. Er wollte mir keine ganze Schachtel geben, weil er wußte, daß ich sie im Nu für nichts aufbrauchen würde. Dann war ich fürchterlich wütend auf meinen Vater, aber ich konnte ihm nicht widersprechen.

Als ich ungefähr zwölf Jahre alt war, spielten wir abends immer in der Nähe des Warenhauses. Wir waren drei oder vier Jungen und ich vermutlich der schlimmste von allen. Hinter dem Gebäude lagen viele leere Büchsen herum. Die Deckel waren lose, und so haben wir eine Büchse aufgemacht und daran gerochen. Ich war wohl als erster auf die Idee gekommen, aber die anderen haben gleich mitgemacht und ebenfalls daran geschnüffelt. Wir wurden von dem Geruch ganz schön betrunken. Natürlich meinten wir, daß wir nur unseren Spaß hätten, aber unserem Körper hat es gar nicht gutgetan. Wir haben nur unser Leben verkürzt. Manche Leute sollen sogar verrückt davon geworden sein, aber von den Kindern hier hat es keiner schlimmer getrieben als ich.

Und dann wurde ich ein Liebhaber. Und was für ein Liebhaber! Das war die Zeit, als ich nur an mein Vergnügen dachte. Wir gingen alle in die gleiche Schule, und ich saß zufällig genau hinter einem Mädchen, das so schön wie eine Puppe anzusehen war. Eines Tages hatte ich mich zur Mittagspause etwas verspätet. Die anderen Schulkinder waren schon alle fort, nur sie und ich waren allein im Sturmkeller der Schule zurückgeblieben. Als ich sie anblickte, lächelte sie zurück. Da habe ich sie an mich gedrückt und geküßt. Sie versuchte nicht einmal, sich von mir loszureißen oder so. Als ich dann zum Essen ging, konnte ich sie nicht mehr vergessen. Ab und zu lächelte ich still vor mich hin, weil ich auf meinen ersten Kuß sehr stolz war. [. . .]

Wir haben aber nichts Böses miteinander angestellt. Wir spielten alle bis neun Uhr abends im Freien, und sie blieb meist auch solange draußen. Ich ließ sie nicht aus den Augen, um den Zeitpunkt nicht zu verpassen, wenn sie nach Hause ging, damit ich sie begleiten konnte. Ich blickte immer wieder zu den Mädchen hinüber und bemerkte endlich, daß sie sich auf den Heimweg machte. Ich schlich mich in der anderen Richtung fort und holte sie nach einem Umweg ein. Dann habe ich meinen Arm um sie gelegt und sie geküßt. Wir waren ja nun ein Liebespaar, und deshalb durfte ich das. Wir blieben noch eine Weile vor ihrer Haustür stehen. Ich habe sie wohl einige Male geküßt und bin dann heimgegangen.

Wir waren ziemlich lange befreundet. Einige Male haben wir sogar die Kirche gemeinsam besucht, aber nur den Abendgottesdienst, damit wir in der Dunkelheit nicht gesehen wurden. Schließlich hat sie mir mein Ehrenwort abgenommen, daß ich den anderen Mädchen nicht mehr nachstellen würde. Ich habe mir Mühe gegeben, mein Versprechen einzuhalten, weil ich sie ganz für mich allein haben wollte.

Als ich dreizehn Jahre alt war, zogen meine Eltern im Frühjahr in ein Zeltlager bei Jabbertown, ungefähr sieben Kilometer von zu Hause entfernt, um Robben und Ugruks zu jagen. Alle schlugen dort etwa zwei Monate lang ihre Zelte auf. Gleich nebenan wohnte eine andere Familie, in der zufällig ein Mädchen in meinem Alter lebte, das gar nicht schlecht aussah. Morgens hatten wir immer denselben langen Weg zur Kirche. Nach dem Gottesdienst nahmen wir im Dorf unser Mittagessen ein, und ich kehrte dann mit diesem Mädchen nach Jabbertown zurück. Auf unserem langen Fußmarsch war weit und breit niemand in unserer Nähe, und mir fiel nichts Besseres ein, als mit ihr anzubändeln.

Nun ging ich also schon mit zwei Mädchen. Wenn meine beiden Freundinnen zur selben Zeit draußen spielten, machte ich mich schleunigst aus dem Staub. Das war eine schwierige Zeit für mich, gleichzeitig mit zwei Mädchen befreundet zu sein, weil mir beide den Laufpaß gegeben hätten, wenn auch nur eine von der anderen etwas erfahren hätte. Als wir eines Sonntags nach Jabbertown gingen, bedrängte mich meine Freundin wieder einmal, daß ich den anderen Mädchen nicht mehr nachstellen sollte. Ich habe ihr geantwortet, daß ich sie verlassen würde, wenn ich den anderen Mädchen nicht mehr hinterherschauen dürfte. Da bat sie mich unter Tränen, sie nicht im Stich zu lassen.

Während wir unser Lager abbauten und ins Dorf umzogen, kam sie zu mir herüber, als sie sah, daß niemand in der Nähe war, und schenkte mir ein Paar Strickhandschuhe, die sogar sehr schön aussahen. Aber ich machte mir nur Gedanken, was nach unserer Rückkehr geschehen sollte. Meine zweite Freundin hatte sich richtig in mich verliebt! Ich wollte ihr deshalb die Wahrheit sagen, daß im Dorf schon ein Mädchen auf mich wartete, aber ich wußte nicht recht, wie ich das anstellen sollte.

Als die Schule wieder anfing, fand meine erste Freundin sehr schnell heraus, daß ich inzwischen eine andere kennengelernt hatte, und – Donnerwetter! – wie ist sie in die Luft gegangen! Sie wollte mir überhaupt nicht mehr ins Gesicht sehen. Noch am selben Tag erfuhr auch meine neue Freundin von der anderen. Da steckte ich nun in einer ziemlichen Verlegenheit, denn ich hatte kein einziges Mädchen mehr, das mich noch lieben wollte. Zwei Monate blieb ich ganz allein, bis meine zweite Freundin zu mir zurückkam.

Ein Dummkopf wie ich mußte natürlich mit der vierten Klasse die Schule verlassen. Ich ging jedoch von der Schule ab, weil mein Vater alt geworden war und nicht mehr regelmäßig zur Jagd gehen konnte, so daß wir oft Hunger litten, bis sein Monatsscheck bei uns eintraf. Er bekam fünfzehn Dollar im Monat als Altersrente von der Regierung. Wenn das Wetter es zuließ, kam die Post einmal im Monat, doch manchmal mußten wir bis zu drei Monate auf Post warten, und das ist einfach zu lange, wenn man auf einen Scheck wartet.

Mein armer Vater tat mir leid, und deshalb versuchte ich mein Glück auf der Jagd. Bei seinen harten Strafen hatte er nie Erbarmen mit mir gezeigt, doch nun hatte ich Mitleid mit ihm. Denn es fehlte wirklich an allem bei uns zu Haus; nichts zu essen, kein Brennstoff, und dabei blieb es eine lange Zeit, wenn das Wetter schlecht war.

Ich hatte nicht viel Jagdglück, weil ich die Kälte nicht ertragen konnte, als ich noch ein Junge war. Außerdem besaß ich kein besonders gutes Gewehr und verstand nicht viel vom Jagen. Manchmal erlegte ich zwei Robben, wenn es die Umstände erlaubten, doch ebenso oft erwischte ich überhaupt nichts. Dann kam ich mit leeren Händen nach Hause, obwohl ich den ganzen Tag herumgelaufen war, und meine arme Mutter mußte schon wieder bei anderen Leuten Essen für uns zusammenbetteln. Häufig mußte ich deshalb zu meinen Verwandten gehen, um ein Abendessen von ihnen zu bekommen. Es hat bestimmt seinen Sinn, daß man Freunde und Verwandte hat.

Mit meiner Freundin kam ich lange Zeit gut aus. Wir verstanden uns prima, und ich kümmerte mich nicht mehr um andere Mädchen. Dann fand ich heraus, daß sie mit einem anderen ging. Doch das schmerzte mich nicht sehr, und ich gab ihr den Laufpaß. Ich war fünfzehn Jahre alt und einsam und suchte nach dem einzigen Mädchen, dem ich ganz vertrauen konnte. Zum Frühlingsanfang in meinem fünfzehnten Lebensjahr wurde mein Vater krank, und ich war an der Reihe, alle Arbeiten zu erledigen. Ich meine, ich habe die Stelle meines Vaters einnehmen müssen, und das ist mir überhaupt nicht leichtgefallen.

Eines Abends gab es eine Tanzveranstaltung in der Schule. Dort habe ich mit einem Mädchen getanzt, das etwa drei Jahre jünger war als ich. Sie sah gar nicht schlecht aus. Ich hörte die Leute von ihr erzählen, daß sie zu Hause sehr fleißig und in der Schule ziemlich erfolgreich war. Also traf ich sie hin und wieder, bis wir schließlich zusammen gingen. Ich wußte, daß sie besonders schöne Handschuhe anfertigen konnte, und bat sie, ein Paar für mich zu stricken. Es waren die besten Handschuhe, die ich in meinem Leben gesehen habe. Deshalb bezahlte ich ihr einen Dollar dafür. Ein Dollar bedeutete viel Geld in meiner Jugend.

Während ich mich jeden Tag glücklicher fühlte, ging es meinem Vater immer schlechter. Meine Mutter pflegte ihn, doch er wurde einfach nicht wieder gesund. Schließlich sorgte der Lehrer dafür, daß mein Vater ins Krankenhaus von Nome eingeliefert wurde. Dort ist er ungefähr zwei Wochen später gestorben. Was für ein trauriger Tag für uns, als wir die Nachricht von seinem Tod erhielten! Aber wir konnten es nicht ändern. Ich zerbrach mir den

Kopf, wie ich meine Mutter und meine Schwestern ernähren sollte. Ich war nämlich noch zu jung, um arbeiten zu gehen.

Im darauffolgenden Sommer lebte ich ungefähr einen Monat lang in Kotzebue, um im Hafen Geld zu verdienen. Das hat uns zwar geholfen, aber es reichte nicht für den Winter. Deshalb begann ich damit, Armreifen aus Elfenbein zu schnitzen und bei der Kooperative abzuliefern. Das war unsere Rettung, wenn ich etwas verkauft hatte, denn wir kamen dann ziemlich gut über den Winter, und meine Freundin und ich, wir verstanden uns prächtig. Wenn ich einen Armreifen zu Geld gemacht hatte, konnte ich ihr im Warenhaus sogar etwas kaufen. Manchmal bekam ich neun oder zehn Dollar für einen Armreifen.

Ich war sechzehn Jahre alt, als ich einen Schneefuchs erlegte. Eines Tages befand ich mich wieder auf der Jagd und ging am Eis entlang, als ich einen Schneefuchs entdeckte, der direkt auf mich zugelaufen kam. Ich blieb stehen, um mein Gewehr aus dem Futteral zu holen. Als ich es gerade abstreifen wollte, nahm der Fuchs Witterung auf und machte kehrt. Mit dem Gewehr in der Hand trat ich die Verfolgung an. Ich rannte und hetzte ihn fast eine Stunde lang, bis ich ihn schließlich überholen konnte. Hinter einem Eisberg ging ich in Deckung und erwartete ihn. Nach wenigen Augenblicken war er bis auf anderthalb Meter herangekommen, so daß ich ihn mühelos abschießen konnte. Junge, war ich erschöpft! Ich mußte mich erst eine Viertelstunde ausruhen und meine Zigaretten rauchen, bevor ich mit meiner Beute den Heimweg antreten konnte. Diesmal hatte ich bestimmt Glück, denn ich verkaufte das Fell für zwölf Dollar an den Laden, nachdem ich es abgezogen und gedörrt hatte.

Als es Sommer wurde, brauchte ich nicht mehr arbeiten zu gehen, weil ich mit der Elfenbeinschnitzerei gutes Geld verdiente. Wenn große Schiffe bei uns vor Anker gingen, ruderten wir in unseren Fellbooten hinaus und priesen unsere Erzeugnisse an. Ich war natürlich mit dabei und verkaufte manchmal vier oder fünf Armreifen und andere Kleinigkeiten. Im Sommer legten zwei oder drei Schiffe bei uns an. Bisweilen war ich das Schnitzen leid, aber ich wußte, daß wir wieder am Hungertuch nagen würden, wenn ich nichts dagegen unternahm.

Vor dem Walfang (zwischen Alaska und Sibirien)

Ja, nun verstand ich, wie schwer mein Vater arbeiten mußte, als er noch für uns sorgte, und wie sehr er sich abmühte, damit wir es warm hatten und gesund blieben. Und ich verstand auch, wie schwer es meiner Mutter fiel, uns alle satt zu bekommen. Oft mußte sie bei unseren Nachbarn um Nahrung betteln, und trotzdem machte ich ihr das Leben noch schwerer.

Als ich anfing, ein wenig Geld zu verdienen, wollte ich meiner Mutter für ihre Mühen danken, indem sie nun viel zu essen, etwas zu rauchen und neue Kleider anzuziehen hatte. Aber es reichte einfach nicht. Ich gab wirklich mein Bestes, um meiner Mutter zu helfen, wenn auch nicht meinem Vater. Ich hätte ihn schon über seinen Ärger hinwegtrösten wollen, doch sein Leben war vorbei, bevor ich so weit war, ihn ernähren zu können. Warum habe ich nur so schlimme Sachen angestellt, als ich noch ein Junge war? Aber nun ist es zu spät, sich darüber Gedanken zu machen.

Ich war siebzehn Jahre alt, als mein Mädchen im Herbst zu mir sagte, daß sie bald das Internat in White Mountain besuchen müßte. Ich bat sie, mich nicht zu verlassen, aber es waren natürlich ihre Eltern, die das Sagen hatten, und ich konnte nichts dagegen tun. Sie schwor mir, daß sie mich nicht verlassen wollte, denn es war der Wunsch ihres Vaters, daß sie weiter zur Schule gehen sollte. Ich verstand sehr gut, daß man ihr Wohl im Auge hatte, aber mir kamen Zweifel, ob sie noch meine Freundin sein würde, wenn sie wieder nach Hause zurückkam. Ich mochte dieses Mädchen so sehr, daß die Trennung von ihr richtig weh tat. Was sollte ich nur tun? Sollte ich mir eine andere Freundin suchen, oder sollte ich auf sie warten? [. . .] Ich gelobte ihr, daß ich bis zu ihrer Rückkehr auf sie warten wollte, auch wenn es lange dauern würde. Sie gab mir dasselbe Versprechen und fuhr am nächsten Morgen fort. Nun war ich also allein.

Als ich achtzehn Jahre alt geworden war, konnte ich endlich arbeiten gehen, um ordentlich Geld zu verdienen. Trotzdem war es einigermaßen schwer für mich, weil ich das erstemal auf Arbeit ging. Ich fuhr nach Candle und bekam eine Stelle bei einer Bergbaugesellschaft. Vor einigen meiner Kollegen hatte ich Angst, wenn sie sich betranken, weil ich damals den Alkohol noch nicht kannte. Später wollte einer der Jungen, daß ich auch einmal einen

Schluck Whiskey probierte. Ich lehnte ab, weil ich von den Aufsehern im Lager nicht erwischt werden wollte. Doch mein Freund versicherte mir, daß ich von einem einzigen Schluck bestimmt nicht betrunken sein würde. Deshalb probierte ich davon. Es war das erstemal, daß ich Alkohol getrunken habe, und ich schwor mir, es nie wieder zu tun.

Mit meinem Chef kam ich auf der Arbeit gut aus. Ich mußte Eisbarrieren mit Dynamit wegsprengen und bekam mehr Geld dafür als die anderen, mit denen ich arbeitete. Mein Job endete Mitte September, und ich wurde ausgezahlt und fuhr nach Kotzebue. Ich wollte noch im selben Monat nach Hause gehen, aber ich blieb in Kotzebue hängen. Deshalb fuhr ich schließlich nach Nome weiter und fing dort eine andere Arbeit an. Damals lernte ich ja das Stadtleben überhaupt zum erstenmal kennen und dachte, ich wäre in einer wirklich großen Stadt gelandet.

Ich hatte viel Spaß in Nome, bis ich zu trinken anfing. Diesmal war es Wein und schmeckte anfangs sogar ganz gut, doch nach zwei Stunden konnte ich mich an nichts mehr erinnern. Als ich wieder zu mir kam, lag ich auf einem sehr harten Bett. Ja, ich lag tatsächlich im Bett und zwar im Gefängnis. Junge, hatte ich einen Kater! Mein Chef hatte mir meinen Lohn ausgezahlt, bevor ich mich abends betrank, doch meine Geldbörse war verschwunden, als ich aufwachte. Meine Taschen waren leer, und ich sorgte mich um mein Geld. Es waren immerhin achtzig Dollar.

Es muß acht Uhr morgens gewesen sein, als ich geweckt wurde. Gegen ein Uhr holte mich ein Polizist heraus. Als ich vorgeführt wurde, saß dort der Richter und sprach mit mir, ohne die Zigarette aus dem Mund zu nehmen. Ich hatte gar nicht den Eindruck, vor Gericht zu stehen, eher wie zu Hause bei einem Privatgespräch. Ich hatte noch nie von einem Richter gehört, der während der Verhandlung rauchte, und muß sehr überrascht ausgesehen haben.

Er hat mich zwar freigelassen, aber mit der Verwarnung, daß ich einige Tage absitzen müßte, um ordentliches Benehmen zu lernen, wenn ich noch einmal betrunken aufgegriffen würde. Eine einzige Nacht auf der harten Pritsche ohne Matratze hätte mir schon gereicht. Als ich aus dem Schlammloch entlassen wurde, erhielt ich sogar mein Geld zurück. Die Polizei gab es mir, bevor ich gehen durfte, und ich war unheimlich glücklich. Vor lauter Freude habe ich jedoch nicht gleich zu feiern angefangen, sondern bin nach Hause gegangen und habe mich aufs Ohr gelegt.

Mit Frühlingsanfang war ich in Candle wieder eingestellt worden und rechnete mir aus, daß ich nach der Arbeit zu meiner Familie zurückkehren wollte. Ich arbeitete bis September und fuhr dann nach Kotzebue. Obwohl ich bereits auf dem Heimweg war, bin ich doch nach Fairbanks weitergereist und habe dort eine Beschäftigung bei der Alaska-Eisenbahn angetreten. Als ich nach Fairbanks hineinfuhr, war ich wirklich überwältigt. Ich wußte nicht, wohin ich gehen sollte, als ich in die Stadtmitte kam und ziemlich verloren über die Second Avenue wanderte.

In Fairbanks wohnte ein Ehepaar aus meinem Heimatort, das ich sogleich zu erreichen versuchte. Endlich hatte ich sie gefunden und freute mich sehr über unser Wiedersehen. Als sie mich das erstemal zu sich nach Hause mitnahmen, konnte ich mir gar nicht merken, wohin wir gegangen waren. Aber irgendwie kamen wir doch noch an unser Ziel, und es gab genügend Platz für mich, so daß ich bei ihnen bleiben konnte.[. . .]

Nach dem Abendessen zeigten sie mir die Stadt. Ich traf die verschiedensten Arten von Menschen, gute, böse und häßliche Menschen. Wir gingen auch ins Kino und dann nach Hause. Ich habe dort wirklich Sachen erlebt, die mir nie zuvor begegnet waren. Künftig wollte ich daher nur noch ins Kino oder in eine Billardstube gehen und nie wieder in eine Bar! [. . .]

Damals fand ich immer eine Beschäftigung. Im Herbst bekam ich sogar einen Brief von der Alaska-Eisenbahn, daß mein Job für mich reserviert war, falls ich für sie arbeiten wollte. Also nahm ich meine alte Arbeit wieder auf. Im folgenden Winter schrieb ich meinem Mädchen und bat sie, mich im Frühjahr in Anchorage zu besuchen. Ich versprach ihr, dort in der ersten Junihälfte auf sie zu warten. Doch sie ist nicht gekommen. In ihrer Antwort ließ sie mich wissen, daß sie befürchtete, die Schule für immer zu verlassen, wenn sie mich jetzt in Anchorage treffen würde.

Ich war einundzwanzig Jahre alt und dachte, daß ich sie heiraten könnte, wenn sie mich in Anchorage besuchte. Sie hatte sehr wohl verstanden, daß ich ihr einen Antrag gemacht hätte, wenn sie meiner Einladung gefolgt wäre. Immerhin war es besser für sie, auf der Schule zu bleiben. Allerdings hatte ich viel Geld gespart, weil ich annahm, daß ich mein Mädchen in Anchorage wiedersehen könnte. Ich wollte sie unbedingt zur Frau bekommen, doch es klappte nicht. Mit einem anderen Mädchen wollte ich mich auch nicht trösten. Also blieb mir nur die Hoffnung, daß ich sie eines Tages heiraten könnte, sofern mir niemand zuvorkam. [...]

Mit zweiundzwanzig Jahren kam ich nach Cape Lisburne, wo viele Jungen aus meiner Heimat arbeiteten. Wie habe ich mich gefreut, sie nach all den Jahren, in denen ich nicht zu Hause gewesen war, wiederzusehen! Doch was habe ich angerichtet? In ihrer Gesellschaft fing ich das Trinken an, nur um fröhlich mit ihnen zu sein. Ich trank fast den ganzen Tag, als ich in Cape Lisburne war. Ich war verrückt, doch schließlich war das ja mein Leben, dachte ich. Drei Wochen später hatte mich mein Boß gefeuert . . .

Also kehrte ich noch im selben Herbst mit kaum hundertfünfzig Dollar in der Tasche nach Hause zurück. Nach all den Jahren der Arbeit – wofür hatte ich mein Geld ausgegeben? Für Alkohol! Wie beschämend war es doch für mich, als ich nichts anderes in meinem Koffer nach Hause mitbrachte als Alkohol. Es ist wirklich keine Freude, so dumm zu sein wie ich. In all den Jahren hatte ich für nichts gearbeitet! Meine Mutter lebte noch, und ich hatte ihr nicht einmal ein Geschenk gekauft! Ein junger Mann wie ich hätte es tatsächlich besser wissen müssen. Doch ich konnte jetzt nicht mehr umkehren und noch einmal von vorne anfangen. Das Leben hatte mir wirklich eine Lehre erteilt.

In jenem Herbst lebte ich zu Hause und verliebte mich in ein anderes Mädchen. Sie war noch ganz jung und bestimmt sehr hübsch. Doch ich wußte nicht, daß sie schon einen Freund hatte. Ich sagte ihr, daß sie sich nicht mehr um ihn kümmern sollte, aber sie hörte nicht auf mich. So wurde ich dreiundzwanzig Jahre alt und wartete immer noch auf meine alte Freundin. Ich hörte, daß sie Fairbanks besucht hatte, nachdem ich von dort fortgegangen war. [...]

Im Januar 1953 bekam ich eine Arbeit bei der Alaska-Eisenbahn. Als ich dort beschäftigt war, schrieb mir meine Schwester, daß meine Freundin nach Hause zurückgekommen war. Ich konnte es eine Zeitlang nicht glauben; schließlich schickte ich ihr eine Karte zum Valentinstag, um herauszufinden, wie sie darauf reagieren würde. Es kam aber keine Antwort. Ich arbeitete noch bis Mitte März und fuhr dann nach Nome. Ich konnte gar nicht schnell genug nach Hause kommen. [. . .]

Als ich aus dem Flugzeug stieg, sah ich mich überall nach meiner alten Flamme um. Ich konnte sie aber nirgendwo entdecken. Ich machte mir schon Sorgen, ob ihr vielleicht etwas zugestoßen war. Ich besuchte erst einmal meine Freunde, und schließlich begegnete ich ihr, doch wir sprachen kein Wort miteinander. Ich glaube, wir waren beide zu schüchtern. Am nächsten Abend gab es eine Tanzveranstaltung, und ich war ziemlich nervös, als ich mit ihr tanzte. Keinen Tag mehr ließ ich sie aus den Augen.

Dann war es Zeit für den Walfang. Gewöhnlich sind acht Leute in einem Fangboot unterwegs. Mit dem Koch sind es neun. In meiner Mannschaft war mein Mädchen der Koch, und so bekam ich endlich eine Gelegenheit, mit ihr zu sprechen. Bei Anbruch der Dunkelheit stellten wir ein Zelt auf und einen Ofen, um uns warmzuhalten. Als alle schlafen gegangen waren, kroch ich zu ihr und unterhielt mich mit ihr. Um mit dem Wichtigsten anzufangen – sie hatte selbstverständlich die ganze Zeit auf mich gewartet. Wir waren uns einig, noch im selben Sommer zu heiraten. Endlich wurde es Mai, so daß wir zusammenziehen konnten, obwohl wir noch nicht verheiratet waren, weil wir noch auf die Post mit dem Trauschein warten mußten. Nun wußte ich, daß ich bekommen hatte, was ich immer suchte, als ich auf mein Mädchen gewartet habe. Es wurde Juni, bis wir richtig verheiratet waren.

Ich dachte zwar, daß ich zum Leben alles beisammen hatte, was man so braucht. Doch wir hatten kaum etwas in unserem Haus, als wir heirateten. Wir besaßen gerade einen Eimer, zwei oder drei Tassen und ein Eßbesteck. Ich erhielt alle zwei Wochen Arbeitslosenunterstützung und meine Frau einmal im Monat sechzig Dollar. Jedesmal, wenn der Scheck eintraf, kauften wir Lebensmittel und einige Teller dazu. Nun wußte ich, wie schwer es ist, für den Lebensunterhalt einer Familie zu sorgen. Aber wir besaßen wenigstens ein eigenes Heim. Es war das Haus meiner Eltern, denn meine Mutter lebte jetzt bei meiner Schwester.

Schließlich bekamen wir Nachwuchs. [...] Was für eine Freude es ist, einen kleinen Stammhalter zu haben! Ich bin kaum noch zum Arbeiten gekommen, seit wir ein Baby hatten. Ganze zwei Wochen lang konnte ich nichts Besseres mit mir anfangen, als zu Hause zu bleiben und unserem Kind zuzusehen. Ich konnte es einfach nicht begreifen, Vater geworden zu sein. Aber es ist auch nicht leicht, als Vater für ein warmes Haus und die Ernährung der Familie sorgen zu müssen. Doch das stört mich nicht.

Alles ging gut, bis ich im Frühjahr 1955 nach Barrow gegangen bin, weil ich schon im Oktober wieder heimfahren mußte, nachdem man meine Mutter ins Krankenhaus eingeliefert hatte. Am Tag meiner Rückkehr erhielt ich die Mitteilung des Arztes, daß meine Mutter gestorben war. Nun hatte ich weder Vater noch Mutter. Es ist bestimmt schwer, auf eigenen Beinen zu stehen, aber es ist noch schlimmer, keine Eltern mehr zu haben. Man findet immer Nahrung und Heizmaterial, doch keine Eltern mehr, wenn man sie durch den Tod verloren hat. [...]

Vor einiger Zeit bekamen wir einen zweiten Sohn. [...] Wir haben jetzt zwei eigene Kinder und ein süßes kleines Mädchen, das wir adoptiert haben. Sie ist vier Jahre alt, und ich liebe sie sehr. Es macht wirklich viel Spaß, verheiratet zu sein. Manchmal werden uns die Lebensmittel knapp, doch irgendwie schlagen wir uns immer durch. Ich glaube, das ist alles.

Quellennachweis

Textquellen

Acoma
Leslie A. White (Hrsg.): The Autobiography of an Acoma Indian. In: Smithsonian Institution, Bureau of American Ethnology, Bulletin 136, Anthropological Paper No. 32, Washington, DC, 1943, S. 327–337

Paiute
Julian H. Steward (Hrsg.): Two Paiute Autobiographies. In: University of California Publications in American Archaeology and Ethnology, Vol. 33, No. 5, Berkeley, Ca., 1934, S. 425–438

Mesquakie
Truman Michelson (Hrsg.): The Autobiography of a Fox Indian Woman. In: Smithsonian Institution, Bureau of American Ethnology, Annual Report 40, Washington, DC, 1925, S. 297–337

Cheyenne
Truman Michelson (Hrsg.): The Narrative of a Southern Cheyenne Woman. In: Smithsonian Miscellaneous Collection, Vol. 87, No. 5, Washington, DC, 1932, S. 1–9

Arapaho
Truman Michelson (Hrsg.): The Narrative of an Arapaho Woman. In: American Anthropologist, N. S., Vol. 35, Menasha, Wisc., 1933, S. 596–610

Winnebago
Paul Radin (Hrsg.): The Autobiography of a Winnebago Indian. In: University of California Publications in American Archaeology and Ethnology, Vol. 16, No. 7, Berkeley, Ca., 1920, S. 3–67

Ojibwa, Cree
Ruth Landes (Hrsg.): Life Histories. In: Columbia University Contributions to Anthropology, Vol. 31, New York, NY, 1938, S. 227–247

Skagit
June M. Collins (Hrsg.): The Personal Document of a Coast Salish Indian. In: Columbia University Contributions to Anthropology, Vol. 36, New York, NY, 1949, S. 292–338

Inuit
James W. VanStone (Hrsg.): The Autobiography of an Alaskan Eskimo. In: Arctic Journal of the Arctic Institute of North America, Vol. 10, No. 4, Montreal, Can., 1957, S. 196–210

Bildquellen

Die Aufnahmen des amerikanischen Fotografen Edward S. Curtis (1868–1952) wurden in den Jahren 1907 bis 1930 in seinem Sammelwerk ›The North American Indian‹ veröffentlicht. Wir geben in vielen Fällen zum erstenmal die einzigen erhaltenen Originalfotografien wieder. In seinem Werk hat ihnen Curtis die folgenden Bildunterschriften gegeben:

Seite 2: A Desert Cahuilla Woman (Eine Frau des Cahuilla-Stammes in der Wüste), 1924.
Seite 19: A Feast Day at Acoma (Ein Festtag in Acoma), 1904, Ausschnitt.
Seite 29: An Acoma Man (Ein Mann aus Acoma), 1904.
Seite 41: Washing Wheat, San Juan (Beim Waschen von Getreide am San-Juan-Fluß), 1905, Ausschnitt.
Seite 55: The Mountain-Sheep Hunter, Sioux (Sioux-Indianer auf der Jagd nach Bergschafen), 1904, Ausschnitt.
Seite 71: Basket Maker, Skokomish (Korbflechten bei den Skokomish-Indianern), 1912, Ausschnitt.
Seite 87: The Rush Gatherer, Arikara (Arikara-Indianerin beim Schneiden von Schilf), 1908.
Seite 101: Oglala Girls (Mädchen der Oglala-Indianer), 1907, Ausschnitt.
Seite 117: Goldenrod Meadows, Piegan (Piegan-Indianerinnen zur Blüte des Goldrutenstrauchs), 1911.
Seite 147: Waiting in the Forest, Cheyenne (Cheyenne-Indianerin wartet im Wald auf den Geliebten), 1910.
Seite 153: Camp in the Cottonwoods, Cheyenne (Zeltlager der Cheyenne-Indianer unter Pappelbäumen), 1910.

Danksagung

Die Übersetzung und Bearbeitung der Texte erfolgt mit Genehmigung des Arctic Institute of North America, der Columbia University Press, der Smithsonian Institution (National Anthropological Archives) und der University of California Press. Für die Anfertigung der Bildvorlagen und für die Erlaubnis zur Wiedergabe der Fotografien dankt der Herausgeber der Library of Congress, Prints and Photographs Division (E. S. Curtis Collection), sowie den National Archives of Canada.

Literaturauswahl

Allgemein
William C. Sturtevant (Hrsg.): Handbook of North American Indians. Washington, DC, seit 1978

Acoma
Leslie A. White: The Acoma Indians. In: Smithsonian Institution, Bureau of American Ethnology, Annual Report 47, Washington, DC, 1932

Paiute
Julian H. Steward: Ethnography of the Owens Valley Paiute. In: University of California Publications in American Archaeology and Ethnology, Vol. 33, Berkeley, Ca., 1934

Mesquakie
William Jones: Ethnography of the Fox Indians. In: Smithsonian Institution, Bureau of American Ethnology, Bulletin 125, Washington, DC, 1939

Cheyenne
John H. Moore: The Cheyenne Nation. A Social and Demographic History. Lincoln, Neb., 1987

Arapaho
Alfred L. Kroeber: The Arapaho. In: American Museum of Natural History, Bulletin 18 (1902–1907). Nachdruck: Lincoln, Neb., 1983

Winnebago
Paul Radin: The Winnebago Tribe. In: Smithsonian Institution, Bureau of American Ethnology, Annual Report 37, Washington, DC, 1923

Ojibwa
Gerald Vizenor: The People named the Chippewa. Narrative Histories. Minneapolis, Mn., 1984

Cree
Michael G. Johnson: Identity and Demography of the Cree Indians. In: Völkerkundliche Arbeitsgemeinschaft, Abhandlungen 12, Nortorf 1965

Skagit
June M. Collins: Valley of the Spirits. The Upper Skagit Indians of Western Washington. Seattle, Wash., 1974

Inuit
Robert F. Spencer: The North Alaskan Eskimo. A Study in Ecology and Society. In: Smithsonian Institution, Bureau of American Ethnology, Bulletin 171, Washington, DC, 1959

Themenverzeichnis

Völkerkundler verstehen die Begegnung von Menschen aus verschiedenen Kulturen als Feldsituation, in der beide Seiten Bezeichnungen finden müssen für das ungewohnte Verhalten und die fremdartigen Vorstellungen, mit denen sie konfrontiert werden. Erst die richtige Benennung für das Erlebte trennt die bloße Erscheinung von der kulturellen Tatsache, ermöglicht eine Gegenüberstellung ähnlicher Kulturen, eröffnet ein tieferes Verständnis für andere Menschen und informiert den Betrachter über die Erwartungen, die in einer konkreten Situation an ihn gestellt werden.

Das folgende Verzeichnis weist einige Phänomene und Elemente nach, die in den vorhergehenden Geschichten dargestellt und beschrieben wurden. Es gibt dem Leser Hinweise auf einige Erfahrungen, die man in verschiedenen Kulturen sammeln kann. Häufig klärt sich ein unbekanntes Denken oder Tun, wenn man es mit einem anderen Zusammenhang vergleichen kann. Gesichtspunkte zu einem solchen anderen Verständnis der Texte wurden unter den folgenden Überschriften zusammengestellt: Bildung, Brauchtum, Familie, Gefühle, Gesellschaft, Körper, Natur, Technik, Wirtschaft.

Bildung

Mittel

Gesellschaft

Rollen

Gruppen

Handlungen

Einrichtungen

Körper

Gesundheit, Krankheit

Das Land, das Ausland heißt

»Die jetzigen Deutschen denken
in ihrer Mehrheit, der schamlose
Satz ›Ich habe nichts gegen
Türken‹ sei das Nonplusultra der
Weltoffenheit und Toleranz.«
(Klaus Theweleit)

Gegen den Mangel an Selbst-
wahrnehmung: acht Beiträge,
eine Auswahl aus Theweleits
neueren Vorträgen, Essays und
Interviews nicht nur, aber auch
über Deutschland.

dtv 30449

Naturgeschehen
Naturerkenntnis
Naturwissenschaft

Schämen sollen sich die Menschen, die sich
gedankenlos der Wissenschaft und Technik
bedienen und nicht mehr davon geistig erfaßt
haben als die Kuh von der Botanik der
Pflanzen, die sie mit Wohlbehagen frißt.

Albert Einstein

Timothy Ferris:
**Das intelligente
Universum**
dtv 30479

Karl Grammer:
Signale der Liebe
Die biologischen
Gesetze der Partner-
schaft
dtv 30498

Philip Johnson
Laird:
**Der Computer im
Kopf**
dtv 30499

Was ist Zeit?
Zeit und Verant-
wortung in Wissen-
schaft, Technik und
Religion
Hrsg. von Kurt Weis
dtv 30525

Jeanne Ruber:
**Was Frauen und
Männer so
im Kopf haben**
dtv 30524 (März)

Paul Davies /
John Gribbin:
**Auf dem Weg zur
Weltformel**
Superstrings, Chaos,
Komplexität
Über den neuesten
Stand der Physik
dtv 30506

What´s What?
Naturwissenschaft-
liche Plaudereien
Herausgegeben von
Don Glass
dtv 30511 (Dez.)

Jean Guitton/Grichka
u. Igor Bogdanov:
**Gott und die
Wissenschaft**
Auf dem Weg zum
Meta-Realismus
dtv 30516
(Januar)

Darwin lesen
Eine Auswahl aus
seinem Werk
Herausgegeben von
Mark Ridley
dtv 30519
(Februar)

Die besten Geschichten schreibt das Leben selbst

Christy Brown:
Ein Faß
voll Leben

Selbstbildnis
eines
irischen
Jungen,
den sie
»Krüppel«
nannten

dtv

Charlotte Gerber:
LügenLeben
Die erschütternde
Geschichte einer
gutbürgerlichen
Kindheit
»Ich habe meine
Seele ausgekotzt« –
Charlotte Gerber,
Tochter einer Berner
Beamtenfamilie,
deckt schonungslos
die verlogenen
Strukturen ihrer gut-
bürgerlichen Kind-
heit auf, die durch
Mißbrauch und
Ausbeutung zum
Trauma wurde.
30472 (Juni)

Renate Daimler:
Verschwiegene Lust
Frauen erzählen von
Liebe und Sexualität
im Alter
›Verschwiegene Lust‹
bricht das Schweigen
um ein Tabuthema:
Liebe und Sexualität
sind kein Privileg der
Jugend, sondern Be-
standteil unseres
ganzen Lebens. Ein-
undzwanzig Frauen
über sechzig berich-
ten, wie sie lieben
und was sie fühlen.

Sie zeigen, daß »frau«
sich nicht als »Alte«
fühlen muß, und
machen Mut zum
Liebesleben jenseits
der Fruchtbarkeit.
30473 (Juni)

Christa Jänicke:
Mein Leben mußte
warten
Der Weg einer trok-
kenen Alkoholikerin
(Originalausgabe)
Eine »trockene«
Alkoholikerin gibt
Rechenschaft über
ihre Erfahrungen:
»Hundertprozentige
Sicherheit vor den
Gefahren eines Rück-
falls wird es nie ge-
ben. Aber ich habe
unendlich viele Mög-
lichkeiten gefunden,
daß die Bedrohung
an Macht verliert.
Und von diesen
Möglichkeiten will
ich berichten.«
30474 (Juni)

Christy Brown:
Ein Faß voll Leben
Selbstbildnis eines
irischen Jungen,
den Sie »Krüppel«
nannten

Der packende Be-
richt des schwerst-
behinderten Christy
Brown über seine
Kinder- und frühen
Jugendjahre im
Dublin der vierziger
Jahre – geschrieben
mit außergewöhn-
licher erzählerischer
Kraft und bestem
irischen Humor.
30476 (Juni)

Elisabeth van
Hoesel:
Liebesmüh mit alten
Eltern
Aus dem Tagebuch
einer guten Tochter
Was tun, wenn der
einzigen Tochter
nichts anderes übrig-
bleibt, als die alten
Eltern bis zum Tod
zu pflegen? Ein ehr-
licher Rechenschafts-
bericht in vielen all-
täglichen Szenen.
30475 (Juni)